印顺法师佛学著作系列

成佛之道

(增注本)

释印顺 著

中华书局

图书在版编目(CIP)数据

成佛之道:增注本/释印顺著. —北京:中华书局,2010.6
(2024.2重印)
(印顺法师佛学著作系列)
ISBN 978-7-101-07483-3

Ⅰ.成… Ⅱ.释… Ⅲ.佛教-研究 Ⅳ.B948

中国版本图书馆 CIP 数据核字(2010)第 130460 号

经台湾财团法人印顺文教基金会授权出版

书　　名	成佛之道(增注本)
著　　者	释印顺
丛 书 名	印顺法师佛学著作系列
责任编辑	陈　平
责任印制	管　斌
出版发行	中华书局
	(北京市丰台区太平桥西里 38 号　100073)
	http://www.zhbc.com.cn
	E-mail:zhbc@zhbc.com.cn
印　　刷	三河市宏盛印务有限公司
版　　次	2010 年 6 月第 1 版
	2024 年 2 月第 12 次印刷
规　　格	开本/880×1230 毫米　1/32
	印张 9 5/8　插页 2　字数 195 千字
印　　数	26001—27500 册
国际书号	ISBN 978-7-101-07483-3
定　　价	42.00 元

"印顺法师佛学著作系列"出版说明

释印顺（1906—2005），当代佛学泰斗，博通三藏，著述宏富，对印度佛教、中国佛教的经典、制度、历史和思想作了全面深入的梳理、辨析与阐释，取得了一系列重要学术成果，成为汉语佛学研究的杰出典范。同时，他继承和发展了太虚法师的人生佛教思想，建立起自成一家之言的人间佛教思想体系，对二十世纪中叶以来汉传佛教的走向产生了深刻影响，受到佛教界和学术界的的高度重视。

经台湾印顺文教基金会授权，我局于2009年出版《印顺法师佛学著作全集》（23卷），系统、全面地介绍了印顺法师的佛学研究成果和思想，受到学术界、佛教界的广泛欢迎。应读者要求，我局今推出"印顺法师佛学著作系列"，将印顺法师的佛学著作以单行本的形式逐一出版，以满足不同领域读者的研究和阅读需要。为方便学界引用，《全集》和"系列"所收各书页码完全一致。

"印顺法师佛学著作系列"的编辑出版以印顺文教基金会提供的台湾正闻出版社出版的印顺法师著作为底本，改繁体竖排为简体横排。以下就编辑原则、修订内容,以及与正闻版的区别等问题,略作说明。

编辑原则

编辑工作以尊重原著为第一原则,在此基础上作必要的编辑加工,以符合大陆的出版规范。

修订内容

由于原作是历年陆续出版的,各书编辑体例、编辑规范不一。我们对此作了适度统一,并订正了原版存在的一些疏漏讹误,主要包括以下几项:

1. 原书讹误的订正:

正闻版的一些疏漏之处,如引文、纪年换算、人名、书名等,本版经仔细核查后予以改正。

2. 标点符号的订正:

正闻版的标点符号使用不合大陆出版规范处甚多,本版作了较大幅度的订正。特别是正闻版对于各书中出现的经名、品名、书名、篇名,或以书名号标注,或以引号标注,或未加标注;本版则对书中出现的经名(有的书包括品名)、书名、篇名均以书名号标示,以方便读者。

3. 梵巴文词汇的删削订正:

正闻版各册(特别是专书部分)大都在人名、地名、名相术语后一再重复标出梵文或巴利文原文,不合同类学术著作惯例,且影响流畅阅读。本版对梵巴文标注作了适度删削,同时根据《望月佛教大辞典》、平川彰《佛教汉梵大辞典》、荻原云来《梵和大辞典》等工具书,订正了原版的某些拼写错误。

4. 原书注释中参见作者其他相关著作之处颇多,为方便读者查找核对,本版各书所有互相参见之处,均分别标出正闻版和本版两种页码。

5. 原书中有极少数文字不符合大陆通行的表述方式,征得著作权人同意,在不改变文义的前提下,略作删改。

印顺法师佛学著作对汉语佛学研究有极为深广的影响,同时在国际佛学界的影响也日益突出。我们希望"印顺法师佛学著作系列"的出版,有助于推进我国的佛教学以及相关学科的研究。

中华书局编辑部
二〇一一年三月

目　录

自　序………001

偈　颂………001

第一章　归敬三宝………001

第二章　闻法趣入………025

第三章　五乘共法………041

第四章　三乘共法………087

第五章　大乘不共法………167

 # 自　　序

　　佛法是理智的宗教，不仅是信仰的。所以义理的开导，或是修持的指示，都是通过理性，而有丰富的、正确的内容。由于通过理性的随机适应，自由抉择，所以弘传中的佛法，可说是多彩多姿的。但这在一般人的心目中，容易引起二项观念，不能完整地把握佛法。那二项是：一、佛的教说、菩萨与祖师们的弘传，都是适应不同的时间地区、不同的根性好乐，而给以适宜的教导。所以方便多门，或浅或深，或事或理……有些是不相同的，有些还似乎是矛盾的。适应不同根性的不同教法，真是万花筒一样，初学者不能统摄条贯，每有不知如何是好的感觉。二、由于众多的教说，有内在的关联性，常从一端而说到其他。如衣服一样，提起衣领（当然这是最适当的），拉住袖口，或扯到衣襟，都可以得到衣服的全体。但在一般人，对一一法门的应机特性，一一法门的浅深次第，一一法门的相互关联，每被忽略而笼统地觉得都是差不多的。这种杂多而又差不多的观感，会引起相反的同一倾向。有以为：彼此相同，所以一法就等于一切。这样，不需要广修遍学，一经一佛一咒的佛法，大大地发展起来。其实是不能完满地把握佛法，取一滴水而弃大海，却自以为大海都在这里。

有的，不能完满地总持佛法，对自己多少理会的法门，赞扬到极点，觉得这是最殊胜的、最究竟的。有了这，就有了一切；或以为有了这，就不需要别的。总之，佛法的多彩多姿，适化无方，凡不能统摄总贯，不能始终条理，都会犯上偏取部分而弃全体的过失。这种家风，使佛教走上空疏贫乏的末运！

佛法的统贯条理，对于一般信众的持行来说，原是不能苛求的。但弘传佛法的大德们，是不能不有的必要胜解。这才能应机说法，而始终保持佛法的完整性，不致于落入杂乱与偏向的窠臼。对于这，天台与贤首宗，是有功绩的！因为台贤大师们，统摄了全部佛法，而组成浅深的进修历程，显出彼此间的差别，又显出彼此间的关联。这难怪过去学教的法师，不是天台四教，就是贤首五教了！但台贤的重心在圆教，直入圆教，才是台贤大师们的真正意趣，所以仍不免偏取。这如太虚大师说："贤台虽可以小始终顿，藏通别圆，位摄所余佛言，然既为劣机而设，非胜根所必须。纵曰圆人无不可用为圆法，亦唯俟不获已时始一援之，而学者又谁肯劣根自居，于是亦皆被弃。"虚大师深感于中国佛教末流的空疏贫乏，所以以"五乘共法"、"三乘共法"、"大乘不共法"，统摄一切佛法，开显由人而成佛的正道。这与西藏宗喀巴大师，宗承印度的中观与瑜伽，以"共下士道"、"共中士道"、"上士道"，而综贯成佛的菩提道次第，恰好相合。所以对"福德资粮，则人天具摄；智慧资粮，则声缘相协；律及经论，皆所依止；仅取一分，不成菩提"的全体佛教，虚大师给以非常的赞仰。这样的圆满佛教，应该是值得积极弘扬的佛教。

如来说法，总是先说"端正法"——布施，持戒，离欲生天

（定）。然后对有出世可能的，授以出世法门。由于佛法的重心在出世（出世是胜过世间一般的意思），所以集经者，对于佛的"端正法"，总是略而不详。古典阿毗昙，还以五戒为首，而后起的阿毗昙，也就不见了。这种以二乘法为本的倾向，宗喀巴大师也不能免，所以他说的共下士法，把"念死"作为入道的要门。其实，不念死，未尝不能熏修人天善业。这样的下士道，虽顺于厌离的二乘，但不一定顺于悲济的大乘道。对于这，虚大师深入佛乘，独具只眼，揭示了如来出世的真实意趣——教导人类，由人生而直趣佛道。所以着重熏修十善正行，不废世间资生事业，依人乘正行而趣向佛乘，而不以厌离（如念死）为初学的法门。人乘正行而趣向佛道，也就是摄得五乘共法、三乘共法功德而趣入佛道。但由于某些众生的根性偏狭怯弱，佛（及古德们）这才对于大乘，旁立二乘究竟的方便道。在大乘法中，也旁开由天乘行而入佛乘，由二乘行而入佛乘的方便道。所以从虚大师抉择开示的全体佛教来说，一切无非成佛的法门。这不但综贯了五乘共法、三乘共法、大乘不共法的三阶，而且还综贯了正常道与方便道的一切，圆满显示了佛道次第的全貌，导归于究竟无上的佛地。

　　从前在香港时，就想依据虚大师的开示，参考宗喀巴的菩提道次，综合在法藏中的管窥一斑，写一部简要的《成佛之道》，综贯一切佛法，而归于一乘。这一直到一九五四年，在台湾善导寺的共修会中，才由浅而深，编几句偈颂，一面编，一面讲。但为了事缘，特别是大乘部分，非常的简略。一九五七年秋，把过去编的偈颂，修正补写，为女众佛学院讲说。一九五八年冬，再加修正删补,开始为自己所编的偈颂,写下简单的解说。去年底,在善光寺度旧历年,这才全部脱稿。算起来,已经过六个年头了! 这部二十万字的《成佛之道》,正在排印流通,所以略说本书的意趣——综贯一切佛法而向于佛道,以为序。

一九六〇年十月序

偈 颂

第一章 归敬三宝

有海无边际，世间多忧苦，流转起还没，何处是依怙？
积聚皆销散，崇高必堕落，合会要当离，有生无不死，
国家治还乱，器界成复毁：世间诸可乐，无事可依怙。
鬼神好凶杀，欲天耽诸欲，独梵依慢住，亦非归依处。
归依处处求，求之遍十方，究竟归依处，三宝最吉祥！
正法以为身，净慧以为命，智月朗秋空，礼佛两足尊。
三世佛无量，十方佛亦尔。悲愿来浊世，礼佛释迦文。
智圆悲无极，断障无余习，三德等究竟，方便示差别。
丘井空聚落，朽故寂无人，彼岸林泉乐，礼法离欲尊。
正法妙难思，善净常安乐，依古仙人道，能入于涅槃。
依法以摄僧，和乐净为本，事和或理和，礼僧众中尊。
敬僧莫呵僧，亦莫衡量僧，随佛修行者，住持正法城。
三宝真实德，无漏性清净。化世真亦俗，佛法得长存。
自誓尽形寿，归依佛法僧，至心修供养，时念诸胜利。
此归依最尊，此归依最胜，不由余归依，得乐得安隐。

所说归依者，信愿以为体；归彼及向彼，依彼得救济。
若人自归命，自力自依止，是人则能契，归依真实义。

第二章　闻法趣入

由闻知诸法，由闻遮众恶，由闻断无义，由闻得涅槃。
如器受于水，如地植于种，应离三种失，谛听善思念。
病想医药想，殷重疗治想，随闻如说行，佛说法如镜。
趣入正法者，应亲近善士，证教达实性，悲愍巧为说。
观德莫观失，随顺莫违逆。佛说满梵行，学者应尊敬。
离彼三途苦，不生长寿天，佛世生中国，根具离邪见。
生死流转中，人身最难得。忆梵行勤勇，三事胜诸天。
难得今已得，精勤修法行，莫使入宝山，垂手叹空归。
闻法而发心，随机成差别。下求增上生，现乐后亦乐。
中发出离心，涅槃解脱乐。最上菩提心，悲智究竟乐。
依下能起上，依上能摄下；随机五三异，归极唯一大。
不滞于中下，亦不弃中下，圆摄向佛乘，不谤于正法。

第三章　五乘共法

正信归依者，应修于正见，及修于正命，胜进不为难。
所说正见者，人生之正观。心净或不净，利他或损他；
善行不善行，佛子应谛察。有报必由业，微小转广大，
能引或能满，决定或不定，现生或后报，诸业不失坏。
随业报善恶，五趣常流转，随重或随习，或复随忆念。
由业往后有，薪尽火相传。生死常相续，圣者得解脱，

偈 颂

凡圣缚脱异，深信勿疑惑。流转五趣中，身心多苦迫。
大地狱极热，近边遍游历，八寒及孤独，是诸苦中极。
旁生种种异，吞啖驱使苦。饿鬼常饥渴，不净以为食。
悉由三不善，恶行之所感。人中苦乐杂，升沉之枢纽；
人本误鬼本，习俗谬相沿。天趣初欲界，色及无色界。
身胜寿亦胜，乐胜定亦胜。诸苦由恶业，乐由善业集。
苦乐随业尽，修善宜积极。若时能行善，而未作善业，
一旦苦果临，尔时复何为？求人而得人，修天不生天。
勤修三福行，愿生佛陀前。依资具得乐，依施得资具；
故佛为众生，先赞布施福。施以舍以利，由悲由敬别，
心田事不同，功德分胜劣。施应如法施，勿随至怖报，
求报及习先，希天要名等。克己以利他，坚忍持净戒。
以己度他情，莫杀莫行杖，勿盗勿邪淫，勿作虚诳语，
饮酒败众德，佛子应受持。五戒尽形寿，众福之所归。
加行日夜戒，随顺出离者。不杀盗邪淫，不妄语两舌，
不恶口绮语，离贪嗔邪见。诸善之根本，佛说十善业，
人天善所依，三乘圣法立。欲乐不可著，散乱多众苦，
依慈住净戒，修定最为乐。调摄于三事，心一境名定。
渐离于分别，苦乐次第尽。四禅四空处，慈等四无量，
佛说诸定法，次第而修习。布施多杂染，禅定向独善，
依人向佛道，戒行为宗要。心性怯畏者，佛说应修念。
系念佛法僧，戒施天功德。如入光明聚，阴暗一时失。
正念弥勒尊，求生彼净土，法门最希有，近易普及故。
见佛时闻法，何忧于退堕？

第四章　三乘共法

一切行无常，说诸受皆苦；缘此生厌离，向于解脱道。
随机立三乘，正化于声闻。解脱道远离，苦乐之二边：
顺摄乐行者，在家修法行；顺摄苦行者，出家作沙门。
此或乐独住，或乐人间住。或是随信行；或是随法行。
虽复种种性，同修出离行。佛说解脱道，四谛与缘起，
甚深诸佛法，由是而显示。苦集与灭道，是谓四圣谛。
苦者求不得，怨会爱别离，生老与病死，总由五蕴聚。
所谓五蕴者，色受想行识，取识处处住，染著不能离。
此复由六处，取境而生识。或六界和合，世间苦唯尔。
苦生由业集，业集复由惑，发业与润生，缘会感苦果。
业有身语意，善恶及不动。业灭如种习，百千劫不失，
随业感生死，不出于三界。烦恼贪嗔痴，不善之根本，
痴如醉如迷，嗔重贪过深。佛摄诸烦恼，见爱慢无明。
我我所摄故，死生永相续。苦集相钩缠，死生从缘起，
佛说十二支，如城如果树。无明之所覆，爱结之所系，
有识身相续，相续而不已。缘识有名色，从是有六处，
根境相涉触，从触生于受，缘受起于爱，爱增则名取，
因是集后有，生老死相随。灭应灭于惑，惑灭则苦灭，
解脱于痴爱，现证寂灭乐。能灭苦集者，唯有一乘道。
三学八正道，能入于涅槃。初增上尸罗，心地净增上，
护心令不犯，别别得解脱。在家五八戒，如前之所说。
出家戒类五：沙弥沙弥尼，比丘比丘尼，及式叉摩那。

于中具足戒，戒法之最胜，殷重所受得，护持莫失坏。
极重戒有四：淫行不与取，杀人大妄语，破失沙门性。
余戒轻或重，犯者勿覆藏，出罪还清净，不悔得安乐。
能持于净戒，三业咸清净。密护于根门，饮食知节量，
勤修寤瑜伽，依正知而住。知足心远离，顺于解脱乘。
此能净尸罗，亦是定方便。进修于定学，离五欲五盖。
不净及持息，是名二甘露。依此而摄心，摄心得正定。
能发真慧者，佛说有七依。增上慧学者，即出世正见。
佛为阿难说：缘起义甚深：此有故彼有，此生故彼生；
无常空无我，惟世俗假有。此无故彼无，此灭故彼灭；
缘起空寂性，义倍复甚深。此是佛所说，缘起中道义，
不著有无见，正见得解脱。又复正见者，即是四谛慧；
如实知四谛，应断及应修，惑苦灭应证，由灭得涅槃。
先得法住智，后得涅槃智；依俗契真实，正观法如是。
正思向于厌，向离欲及灭。正语业及命，净戒以为性。
始则直其见，次则净其行；足目两相成，能达于彼岸。
正勤遍策发，由念得正定，依定起证慧，慧成得解脱。
佛说诸道品，总集三十七，道同随机异，或是浅深别。
此是圣所行，此是圣所证，三乘诸圣者，一味涅槃城。
通论解脱道，经于种熟脱，修证有迟速，非由利钝别。
见此正法者，初名须陀洹，三结断无余，无量生死息。
二名斯陀含，进薄修断惑。三名阿那含，离欲不复还。
断惑究竟者，名曰阿罗汉，毕故不造新，生死更无缘。
此或慧解脱，或是俱解脱，六通及三明，世间上福田。

明净恒不动,如日处晴空;一切世间行,不染如莲花。
或不由他觉,从于远离生,名辟支迦佛,合说为二乘。

第五章　大乘不共法

耻有所不知,耻有所不能,耻有所不净,回入于大乘。
不忍圣教衰,不忍众生苦,缘起大悲心,趣入于大乘。
或以信愿入,或智或悲入。或依声闻入,或天或人入。
趣入大乘者,直入或回入,相应诸教法,实说方便说。
众生有佛性,理性亦行性。初以习成性,次依性成习;
以是待修习,一切佛皆成。发心名菩萨,众生之上首。
世出世功德,悉由菩萨有。菩萨之所乘,菩提心相应,
慈悲为上首,空慧是方便。依此三要门,善修一切行;
一切行皆入,成佛之一乘。菩萨之学处,十善行为本,
摄为三聚戒,七众所通行。退失菩提心,嫉悭与瞋慢,
障于利他行,违失大乘戒。总摄菩提道,六度与四摄;
渐入于诸地,圆满佛功德。身及诸受用,三世一切善,
为利诸众生,无惜而行施。下士为己施;中士解脱施;
利他一切施,是则名大士。财法无畏施;难施殷勤施。
闻施心欢喜,胜于寂灭乐。或有不应施,自他及所为。
施以舍心胜,常修于意乐。三轮处处著,是施名世间;
三轮空相应,出世波罗蜜。戒断于损他,普施无所畏。
失戒众患本,恶趣亦贫困。持戒三善本:增上决定胜;
为他净尸罗,则入于大乘。受持净戒者,如护于浮囊。
不轻于毁犯,持犯俱不著。摄护于众生,菩萨修忍度。

耐怨安受苦,及谛察法忍。嗔他有何益?自他增忧苦。
嗔火烧善根,忍则五德具。施戒及安忍,多为在家说。
广聚福资粮,是佛色身因。佛说精进度,福智之资粮。
无厌心如海,力尽而不止。推延著世乐,自轻心怯弱。
满果亦难行,久处于生死,资粮广无边,练心勿退屈!
怯弱下劣者,希求易行道。佛有胜方便,摄护于初心。
于中殊胜者,往生极乐土,弥陀佛力持,不退于菩提。
不舍现法乐,而向于菩提,药师大悲愿,东方现净土。
胜解坚固力,欢喜休息力,能修于四力,精进不为难!
三乘诸胜德,悉由定慧生。修习止观者,应先修习止;
止成观乃成,次第法如是。依住堪能性,能成所作事。
由灭五过失,勤修八断行。懈怠为定障,信勤等对治。
正念曾习缘,令心不余散,明记不忘念,安住而明显。
圣说是所缘,能净惑障者,或顺于正理,能向于出离。
大乘多修习,念佛与念息。念佛由意念,真佛非像佛;
观相而持心,善识于方便。念息数随止,非风非喘气。
觉了沉与掉,正知不散乱。为断而作行,切勿随彼转。
灭时正直行,断于功行失。内住亦续住,安住复近住,
调顺及寂静,次最极寂静,专注于一趣,等持无作行:
圣说止方便,不越九住心。若得轻安乐,是名止成就。
明显无分别,及妙轻安乐,是道内外共,由观成差别。
般若波罗蜜,最尊最第一!解脱之所依,诸佛所从出。
现证由修得,修复由思闻;善友及多闻,实为慧所依。
般若本无二,随机行有别;般若诸经论,于此最亲切。

诸佛依二谛，为众生说法：依俗得真谛，依真得解脱。
世俗假施设，名言识所识。名假受法假，正倒善分别。
自性如何有？是观顺胜义。苦因于惑业，业惑由分别，
分别由戏论，戏论依空灭。诸法因缘生，缘生无性空；
空故不生灭，常住寂静相。法不自他生，不共不无因；
观是法空性，一切本不生。我不即是蕴，亦复非离蕴，
不属不相在，是故知无我。若无有我者，何得有我所？
诸法性尚空，何况于彼我！惑业由分别，分别由于心，
心复依于身，是故先观身。无我无我所，内外一切离，
尽息诸分别，是为契真实。真实无分别，勿流于邪计！
修习中观行，无自性分别。以无性正见，观察及安住。
止观互相应，善入于寂灭。善哉真般若！善哉真解脱！
依无等圣智，圆满诸功德！法性本无二，随机说成异。
了义不了义，智者善抉择。诸法从缘起，缘起无性空；
空故从缘起，一切法成立。现空中道义，如上之所说。
一切法无性，善入者能入。或五事不具，佛复解深密。
或是无自性，或是自相有。缘起自相有，即虚妄分别。
依识立缘起，因果善成立。心外法非有，心识理非无。
达无境唯识，能入于真实。或以生灭法，缚脱难可立，
畏于无我句，佛又方便摄。甚深如来藏，是善不善因。
无始习所熏，名为阿赖耶。由此有生死，及涅槃证得。
佛说法空性，以为如来藏。真如无差别，勿滥外道见！
方便转转胜，法空性无二。智者善贯摄，一道一清净。
成熟众生道，佛说以四摄：布施及爱语，利行与同事。

初修菩提心，习行十善业；成就心不退，入于大乘道。
以诸胜解行，广集二资粮；经一无数劫，证入于圣位。
初住极喜地，生诸如来家，断除三种结，施德最增胜。
戒德满清净，名为离垢地。发光地忍胜，慧火除诸冥。
进满修觉分，焰慧见无余。难胜静虑胜，善达诸谛理。
第六现前地，慧胜住灭定，佛法皆现见，缘起真实性。
常寂常悲念，胜出于二乘。远行于灭定，念念能起入；
方便度炽然，二僧祇劫满。进入不动地，无相无功用，
尽断三界惑，大愿极清净。以如幻三昧，三有普现身。
善慧无碍解，圆净一切力。第十法云地，诸佛光灌顶，
智增澍法雨，长善如大云。菩萨所修道，三祇历十地。
顿入与渐入，随机有差别。三僧祇劫满，登于妙觉地。
佛身最寂灭，平等无分别。如彼摩尼珠，妙用利群生。
法性所流身，念念现一切。佛事菩萨事，二乘众生事；
三世尽十方，依正悉无碍。于一现一切，一切入于一。
十力四无畏，十八不共法，大悲三不护，妙智佛功德。
佛住于净土，十八事圆满。与诸菩萨众，受用于法乐。
诸法真实义，及证真实慧，无变异差别，是故无别乘。
佛得不动身，悲愿化三有，示净或示秽，咸令入涅槃。
为除众疲乏，化作可爱城；终示真实相，故唯一佛乘。
一切诸善法，同归于佛道；所有众生类，究竟得成佛。

# 第一章　归敬三宝

　　学佛,就是向佛学习。我们以佛为理想,以佛为师范,不断地向佛学习,如达到了与佛平等,那就是成佛了。佛是大觉者,大悲者,功德圆满者,究竟无上的大圣者。想从薄福无智的生死凡夫,修习到这样至高无上的佛果,并不太容易。这一定要修学应修的法门,遵循成佛的正道,才能由近而远,自浅入深,到达成佛的目标。所以发心学佛,应该修习成佛的法门,遵循成佛的正道。成佛的法门、正道,就是"成佛之道"。佛法,为了适应不同的根性,所以有种种道:福德道,智慧道;难行道,易行道;世间道,出世间道;声闻道,菩萨道……然究竟说来,并无二道,一切无非成佛的法门,无非是"欲令众生开、示、悟、入,佛(之)知见"①,所以说:"一道一清净,一味一解脱";"方便有多门,归元无二路"。如长江、大河,从发源地起,有种种溪涧,种种湖泊,种种江河,都汇入而同趣大海一样。一切法门,无非是成佛之道,所以《阿含经》与《法华经》中,称佛法为"一乘道"。

　　三宝,是佛法的总纲。"归敬三宝",是进入佛门的初基。

---

　　① 《妙法莲华经》卷一(略引)(大正九·七上)。

三宝的功德，真是无量无边，不可思议，但如不能归向三宝，就不能得到，无缘受用，正像不进入公园的大门，就不能领略林园花木的幽胜一样。所以发心学佛，首先要归依三宝。

有海无边际，世间多忧苦，流转起还没，何处是依怙？

归依，要有求归依的诚心。如人落在大海中，随波逐浪，四顾茫茫。在这生死边缘，见到草束浮沤，也会伸手攀援；听到风响鸟鸣，也会大声呼救。求救护的心情，恳切万分，可说唯有此求生的念头。那时，如有船只经过，抛下绳索或救生圈来，还不立刻抓住，尽力攀登船只吗？求归依的诚恳，应该如落海者的求生一样，这才能圆满成就归依的胜妙功德。

现在，就以浮沉苦海来譬说。世间以众生为本，有情识、有生命的众生，是世间的现存事实，所以佛经称众生为"有"。每一众生，向过去看，一生又一生，无边无际。在没有了脱生死以前，未来也还是一生又一生，没个边际。众生的生命流（有），无限延续，如大"海"的茫"无边际"一样。现在这一生，不过生命大海中泛起的一个浪头而已。

从过去到现在，从现在到未来，一世又一世。在这时间推移的过程中，名为"世间"。众生在世间，苦多乐少，乐尽苦来，实在是"多忧"多"苦"，所以佛说为"忧悲恼苦纯大苦聚"①。充满忧苦的众生世间，如海中的漩"流"一样，"转"来转去。忽而上生天上人间，忽而下坠地狱、傍生、饿鬼——三途。升"起还"要沉"没"，沉没又会浮起，转来转去，始终转不出去。这样的流转

---

① 《杂阿含经》卷三（大正二·一七中）。

苦海,头出头没,还有比这更可悲可痛的吗?人类如落在大海中,随波逐浪,四顾茫茫,还知道求救求护。众生浮沉生死苦海,怎么不求救求护,寻求解脱自在,超登彼岸呢!想到这里,求归依救护的心情,油然而生,自会恳到迫切起来。然而,"何处是"真归"依"处,何处是可恃"怙"处呢?总不能乱抓草束浮沤为救生圈呀!

积聚皆销散,崇高必堕落,合会要当离,有生无不死,国家治还乱,器界成复毁:世间诸可乐,无事可依怙。

有的不知道求归依,有的求归依而误信邪师外道。为什么不求归依?死心眼儿迷著了现世的事情,以为极有意义,充满福乐。等到事到临头,从金色梦中醒来时,悲哀失望,再也来不及了!迷恋的现事很多,主要的有六种:

一、财富的"积聚":有些人以为经济第一,有了钱什么也行得通,甚至说"有钱使得鬼推磨"。不知无论富有到什么程度,财富终归要"销"解"散"失的。不要以为这是他们不会经营,过分浪费;财富是个人所不能自主的,所以佛说"五家所共"①。逢到大水、大火,遇到盗贼、恶王,还有生了不肖的儿女:财富是转眼就完了。积聚财富,不但为了经营与保存,引起种种忧苦,有时财富更成为苦难的直接原因。明末,李闯入北京,对一般富有的大臣宰官,用夹棍与脑箍来追索金银;金银是完了,腿也断了,脑骨也破了,有的连命也丢了,这就是佛说盗贼与恶王的实例。财富本身,多忧多苦而无法保存,还能说有钱就有办法吗?

---

① 《大智度论》卷一一(大正二五·一四二中)。

二、"崇高"的(名位与)权位：这是一般所迷恋的。在位时，叱咤风云，得心应手，大有一切由我的气概。然而，崇高"必"然"堕落"。近一些说，慕尼黑时代的希特勒，那还了得！可是等到柏林失陷前夕，也就一筹莫展，只有一死了事。史达林主宰苏联三十年，一切荣耀归于史达林。可是尸骨未寒，就被他的党徒清算。在佛教传记中，顶生王统一四洲，上升忉利天，与帝释共同治理天宫，但末了堕落人间，不免忧愁而死。那位自称天地之主、人类之父的天帝，也还是不免堕落驴胎马腹去。崇高的地位，实在是不足依怙的。

三、亲爱眷属的"合会"：或是父母儿女、夫妇的会合，洋溢着家庭的温暖。或是学校中的师生、同学，社会上的同事，意气相投，互相扶助，结成深厚的友情。人是被称为社会的动物，能有亲人益友，共住合作，这是极理想而又安心的事。然而，由亲爱的而变为冤家，这姑且不说。不论是怎样的亲爱共住，总"要当"来分"离"的。一旦生离死别到来，抛下父母，丢下妻儿，孤苦凄惶地各奔前程，谁还顾得了谁呢！

四、生存：经验告诉我们，凡是"有生"的，"无"有"不死"的。死亡的事实，铁一般的到处都是，可是人类对于自己，总好像是不会死的。生存，一切才有意义，于是为名为利，争取一切来属于自己。就是口头说到要死，而对人对事，还是毫不觉悟。"人生不满百，常有千岁忧"，这是颠倒的"不死觉"，永生与长生的邪见，都由此而来。然而，你真听说有不死的吗？——上面四句，是有名的四非常偈。

五、"国家"的繁荣：国家对于我们，可说是安全的保护者。

国家的强盛繁荣,对于国民的安乐与自由,是有密切关系的。因此,有的以为:只要国家强盛,我们便有了着落。可是国家的强盛,不一定等于自己(自己的家)的安乐。不但政治上的派系起伏,不完全以是否忠于国家为标准;而国家一直在一治一乱的流转中,"治"平而"还"为纷"乱"。中外历史,是无可置疑的实证。所以,以国家为唯一依怙,是不正确、不安全的。

六、社会进步:有的以为:人是社会的动物,社会的文明,一直在进步中;这就是人生的真正意义,何必为个己着想,求觅空虚的归依?这是见群体而不见个己的偏见!社会文化的进步,姑且看作人生的真正意义。然人类社会的活动,依于所住的"器界"(我们住的世界——地球),是不能离开这一据点的(即使转移到另一世界,也还是一样)。但器世界是在凝"成"而"复毁"坏,坏了又成立的流转过程中。请设想一下:地球一旦坏了,那时的人类文明、人生的真正意义何在?以社会进步为人生真正意义的人物,才是真正空虚的幻想者!

总之,一般人不能引发求归依的热心,是由于迷惑了眼前的短暂意义,在人"世间诸"般"可乐"事上,生起错觉。经上面一一的论究,证明了这些"无"有一"事"是真正"可依怙"的。一切都是非常非乐,那什么才是可归依处呢?

鬼神好凶杀,欲天耽诸欲,独梵依慢住,亦非归依处。

知道求归依了,可是又每为外道邪宗所误。归依的对象,不但是依赖他,也是以他为典型而效法他,就是没有这种自觉的心境,也是会受熏染的,所以这是不能不谨慎的。归依的宗教对象,形形色色,现在略说三类,从他们的缺点中,说明他不是真正的可归依处。

一、"鬼神"：照中国的说法，天神，地祇，人（死为）鬼，人死而有功德的也成为神。这是各式各样的，风神、雨神、山神、水神、土地神、五谷神……山精木怪，魑魅魍魉；《易经》所说的"精气为物（即魅），游魂（指无人祭祀的孤魂）为变"[①]，都是。据佛经说：鬼是饿鬼；神是四大王众天所统摄的，主要是夜叉、罗刹、那伽（龙）、摩睺罗伽（蟒神）、迦楼罗（金翅鸟）等，或是大力鬼王，或是高等畜生。还有基督教所传的魔鬼（大龙，蛇）、鬼灵、生着翅膀的天使等。这些鬼神，确有一些功德，有一些神力，也有向善而为高级天服役的。在某种情形下，确能给人以多少助力，所以常为人所崇拜：恳求赐福，求他驱逐邪恶，或者请求不要伤害。然鬼神都充满烦恼，他们的德性，有时还不及人类；特别是嗔恚成性，嗜"好凶杀"伤害。他们所要人类供给的，是牺牲——血肉，甚至要求以人为牺牲。如人而不恭敬供养，或者冒犯了他，就会用残酷的杀害来报复——狂风、大雨、冰雹、瘟疫等。这等于人间的黑社会、恶势力，在你不幸时，也许会拔刀相助，慷慨解囊，可是你可不能得罪他，或者使你就此落入罪恶渊薮。从前，大勇法师在北平，想去西藏学密宗，依照密宗规例，请得一护法神，据说是广济寺的狐仙。狐仙来护法了，却反对大勇法师去西藏；要去，他就非捣乱不可。真的是来时容易去时难，费了好大力量，才把他赶走。俗语说："引狼入室"，"引鬼入门"。鬼神的崇拜者，每每因为得罪了鬼神，弄得家败人亡，这

---

① 《周易·系辞上》。

真是何苦呢!孔子到底是人类的伟人,他的"敬鬼神而远之"①,不失为聪明的办法!

二、"欲天":欲是物质的五欲——微妙的色声香味触,男女的性欲。天是光明的意思,即一般的天、帝。在这三界中,欲界共有六天,最下是统摄八部鬼神的四大王众天,向上是忉利天(三十三天)、夜摩天、兜率天、化乐天、他化自在天。这六天,同有物质的贪欲、男女的淫欲,所以称为欲天。欲天中,与人类关系最切的,要算忉利天王释提桓因——帝释了。他崇尚和平,爱好道德,希望人类进步。虽为了天国的统治,偶尔也发动战争,但宽恕敌人,以不杀为主。他成为多神王国的大帝,通过鬼神而统治人间。天女围绕,与中国传说的玉皇大帝相近。比起鬼神来,欲天当然高尚得多,毛病就出在迷恋"耽"著"诸"般"欲"事上。在物欲与性欲的享受中,不免骄奢淫佚,沉醉于糜烂的生活,而智慧与德性的精神生活,反而会退落下来。从前,帝释曾请佛说法,可是回去不久,连佛说的是什么也忘记了。"欲为苦本",这种物欲享受而容易堕落的诸天,自身不保,还需要求归依呢!

三、"独梵":欲界以上,叫做色界。色界分四禅,初禅又分三天——梵众天,梵辅天,大梵天。梵是清净的意思,与圣洁的含义相近。梵众天,如人民;梵辅天,如官吏;大梵天如独一无二的帝王,所以称为独梵。梵天是非常清净的,没有淫欲,也不再贪恋世俗的物欲。德行方面,慈悲博爱的精神,非常高尚。这在

---

① 《论语·雍也》。

一般宗教中,可说是佼佼者了!据佛经说:大梵天出现,还没有臣民,也还没有欲界——地球等住处。大梵天想有天地,欲界也就渐渐凝成了。想有人,人也恰好出生了。由于大梵天心"依""憍""慢"而"住",不免引生狂谬的知见,以为天地由他而创造,人类由他而出生。他生存一较长的时间——一劫半,便向他的臣民宣说:自己是常住不变,无始无终。印度的大梵天,与基督教的耶和华相合。梵王的净行——克制世俗的情欲,与慈爱精神,原是可称赞的。可惜狂慢的邪说,奴视一切,成为信我者生、不信我者灭亡的大独裁者。一神教的邪毒,泛滥世界,成为罪恶的一大根源。试想:如不是夸大狂,增上慢,这位流转生死苦海的大梵天王或耶和华,凭什么说创造万有呢?凭什么说常住而无始无终呢?

梵天以上,还有二、三、四禅天,以上还有无色界天。但与人类没有什么接触,只是极少数人能信受奉行,不能成为社会共信的宗教,所以也就不说了。一般的宗教,不外乎鬼神,多神教的大神,一神教。如上所说,都是不离烦恼,不出生死,都还是自救不暇的苦恼众生,所以说"亦非归依处"。

归依处处求,求之遍十方,究竟归依处,三宝最吉祥!

人们感到生死的苦迫,想寻求"归依","处处"去"求",虽然"求之"不息,"遍十方"——四方、四维、上下——都求过了,却尽是些鬼神,鬼神王国的大神,创造神,都不是真正的归依处。这才知道,"究竟"的真"归依处",唯有佛教的"三宝"。佛、法、僧三者,都是希有难得的,价值无上的,妙用无比的,所以都称之为宝。归依三宝,使我们化凶为吉,化难成祥,离恶向善,转黑暗为光明，离苦痛得安乐。这一切吉祥事，都能够成就，所以说"最"为"吉祥"。

一切都值不得归依，唯有三宝才是真归依处，这不是自赞毁他，而是从事实与理由两方面得来的结论。事实是：释迦佛成佛不久，创造神梵天王从天上下来，恳请如来说法。他觉得，他对于他的儿女（自以为是他的儿女），实在是毫无办法了。释迦佛答允了他，这才大转法轮，救度人类。梵天王也就作了佛的弟子，得到了离欲的圣果。还有，过去世中，与玉皇大帝神格相近的帝释天，自己知道快死了。不幸的是，死后要堕落猪胎中。他忧愁苦恼，去请大梵天王、大自在天等设法；甚至天南地北，山中水边，到处去请问鬼神与外道仙人，结果是一切徒然。末了，他遇到佛陀，听佛说法，这才救免了猪胎的厄运，还生天国。多神教的大神与一神教的创造神，都非归依佛不可。"归依处处求，求之遍十方"，正是帝释天的亲身经历。至于理由，下面将分别赞叹三宝功德，说明三宝功德的究竟，所以真是众生的归依处。

正法以为身，净慧以为命，智月朗秋空，礼佛两足尊。

先论赞佛宝功德。佛是梵语，意思是觉者。佛所觉证的，是"正法"，正法也可译为妙法。法是可轨可则的，不变不失的，所以正法是中正而不偏邪的，微妙而非浅显的真理；这是有永久性、普遍性的绝对真理。圆满觉证了正法，才名为佛，所以佛是"以"正法"为身"的，名为法身，也就是绝对真理的具体显现者。

佛为什么能圆满觉证呢？因为佛有无漏（离一切烦恼杂染）的清"净"智"慧"。智慧最清净，所觉证的正法也就最清净，所以称为"最清净法界"（法界即法身）①。正法是无往而不在的，迷了并不损减，觉证了也没有增多，有净慧才能证觉清净的正法，所以佛"以"净慧"为命"，称为慧命。

法身与慧命的统一，就是佛。现在举譬喻说：佛的"智"慧，如明"月"一样；净慧的体证正法，如明月的"朗"照"秋"夜的晴"空"一样。如没有云翳，月光皎洁，蔚蓝色的虚空，在月光中也分外清净。这是说：清净觉照的佛智，彻底证觉正法，正法也究竟清净显现于净慧之中。经上说："菩萨清凉月，游于毕竟空"②；菩萨尚且如此，何况是佛呢！

法身与慧命，到达彻底圆满，这是值得众生归敬的。"礼"是敬礼，如礼拜问讯是身礼，赞叹功德是语礼，虔信恭敬是意礼。要这样的三业礼敬，来表示我们对于"佛"的归信。"两足尊"是赞叹佛的，有二种解说：一、两足就是人类，佛为人类中的最尊胜者，所以名两足尊。如经说："正觉两足尊，生马四足胜。"③二、两足是福德与智慧的圆满。有大福德与大智慧的，不但是佛，大菩萨等也都是如此的。但在福德与智慧圆满的圣者中，佛是最尊最胜的，所以名两足尊。

三世佛无量，十方佛亦尔。悲愿来浊世，礼佛释迦文。

佛是大觉圣者的通称，谁能圆满地觉证了正法，谁就是佛，所以发心学佛的人多，成佛的也多。从时间上说：过去世、现在

---

① 《摄大乘论本》卷上（大正三一·一三六下）。
② 《大方广佛华严经》卷四三（大正九·六七〇下）。
③ 《杂阿含经》卷三六（大正二·二六三下）。

世、未来世——"三世"出现的"佛",是"无量"的。现在是释迦牟尼佛;向上推,过去是迦叶佛、拘那含牟尼佛、尸弃佛、毗婆尸佛等;未来是弥勒佛、楼至佛等。过去佛无量无数,未来佛也如此。如从空间上说:东,南,西,北,东南,西南,东北,西北,上,下——"十方"世界的"佛","亦尔"——也是这样的。十方的世界无量,佛也无量,如东方现有不动佛、药师佛,西方现有阿弥陀佛等。学佛的归依三宝,应归敬三世十方一切佛。

然从这个世界的我们来说,有一位是应该特别归敬的,那就是本师释迦牟尼佛。释迦佛在菩萨因中,本着救苦救难的大"悲"心,忍苦忍难的大"愿"力,不愿往生净土,发愿在秽土修行成佛,因为秽土众生太苦了,需要救济太迫切了!"我不入地狱,谁入地狱"的伟大精神,由释迦佛完满实践出来。他"来"五"浊"恶"世"的此土成佛,便是为了救护我们,不遗弃我们这些苦恼众生。过去二千五百年左右,释迦佛诞生于印度,经出家、修行、成佛的历程,然后我们这个充满罪恶的黑暗世界,有了佛法的光明。这一世界的佛教,由释迦牟尼佛而来;对我们来说,真是恩德无穷!释迦佛的伟大,不但为我们所尊敬赞叹,十方诸佛也异口同声地赞叹呢!如经上说:"彼诸佛等,亦称赞我(释迦牟尼)不可思议功德。"[①]所以,我们在归敬十方三世佛而后,应特别敬"礼"本师"佛"——"释迦文"。释迦文,即释迦牟尼的异译。这等于归依僧是归依一切僧,但对自己的归依师,有着更大的恩德一样。

---

① 《佛说阿弥陀经》(大正一二·三四八上)。

智圆悲无极，断障无余习，三德等究竟，方便示差别。

再依古代圣者的赞佛法，以三德来赞佛。佛的"智"慧，究竟"圆"满，不但觉了一切法的本性，也觉察一切法的特性、形态、作用、关系等；觉了现在，也觉了过去、未来。从种种方面，觉了一切法的种种相，所以佛名一切种智。众生的苦痛，不能解决，无非是愚昧作怪。佛的智慧圆满，所以不但自己解脱，也能以无量的方便善巧（智慧的妙用）来解脱众生。这是赞佛的智德圆满。佛陀救苦的大"悲"心，不限于一人、一事、一族、一地区、一世界，而遍为一切世界、一切众生、一切苦难而发心。悲心的深切，彻骨彻髓，真是"无"所不用其"极"。因位菩萨，如观音、地藏等，已经是大悲大愿到了不得，何况佛果呢！这是赞佛的恩德圆满。有的智慧高而悲心薄；有的重悲爱而不重智慧；有的悲智并重，但由于内心的烦恼杂染还不能彻底清净，所以算不得究竟。唯有如来，"断"尽一切烦恼——理障，事"障"，甚至"无"有丝毫"余习"。这是赞佛的断德圆满。什么叫余习？就是无始以来，久习烦恼的惯习性。佛弟子阿罗汉，烦恼都断了，习气还有余留的。所以有的还要骂人（骂惯了，脱口而出，连自己都不觉得），有的还会蹦蹦跳跳，有的还是坚执己见。唯有佛，才能将烦恼与余习完全断尽，这才是最清净、最圣洁！基督教徒，每说耶和华是圣洁的，其实，他动不动就发怒，杀人千千万万，甚至用洪水来淹没地球，几乎连人类和动物都断了种。狂慢凶狠到这步田地，还能说圣洁吗？我们归信佛，不是迷信，也不是为了与佛有什么同族等关系。佛教徒是，谁能圆满一切功德，我们就归敬谁。真能究竟圆满一切功德的，唯有佛，所以我们要归依他,不归依外道的天神。

智德,恩德,断德——"三德",一切佛都是平"等"的,都是"究竟"圆满的。不能说甲佛愿力大,乙佛愿力小;或者说乙佛智慧高,神力大,丙佛要小些。因为如佛与佛之间,有大小、多少的差别,便有不圆满的,不圆满的就不能称为佛。所以"佛佛道同","佛佛平等"。但从经典看来,佛的色身有大小,寿命有长短,国土有净秽,弟子有多少,正法住世也不一致。要知道,这是佛的"方便示"现,为了适应众生的根机,才有这种种"差别"。并非佛的真实功德不同,切勿妄生分别!——上来赞叹佛宝功德。

丘井空聚落,朽故寂无人,彼岸林泉乐,礼法离欲尊。

这是赞叹法宝的功德。上二句,含着两个譬喻,要分别解说。"丘井",是枯井。有人在旷野散步,一不小心,落在枯井里。亏得一手攀住井里的枯藤,这才不致落到井底。井底有四条毒蛇,张口吐舌地望着他。一只老鼠,正在咬那枯藤,说不定就会断下来。在这危急的情况下,仰头见藤上有蜂蜜,他伸舌去舔那蜂蜜,便什么都忘了!甚至蜂群的飞来螫人,他也在甜蜜的享受中忽略了。这是说:众生在生死旷野里,由于业力,感到了五蕴身。枯藤,是命根。老鼠的咬那枯藤,如无常的侵逼,一息一息地过去,命根快就会断了。无论是丘井、枯藤、鼠咬,都譬说无常的苦迫,所以说"朽故"。四蛇,是四大,四大不调和,就会生病而致人于死,如毒蛇的伤人。蜂蜜,如五欲的快乐。人在生死无常的苦迫中,享受些少的欲乐,便忘记了。不顾蜂群的来螫,如对于五欲而来的苦果,也不管。生死大苦,都不能使众生警觉,真是愚痴极了!

"空聚落",是无人的村庄,所以说"寂无人"。有人想逃避国王的罪罚,路过一无人的村庄。他想住下来,过一宿再走。忽听见天人说:走呀!这是盗贼来往地带,如遇见盗贼,怕会丧身失命呢!这是说:有人想脱离魔王的控制,修学佛法,有的在六根门头失败了。空村,如六根。六根——见闻觉知,一般以为是内有自我,而实是没有自我(无人)可得。此无我的六根,触对六尘境界,引起有漏的六识,如盗贼。六识游历六根,不应该贪的起贪,不应该嗔的起嗔,种种烦恼,劫夺功德法财,有的因此而堕落恶道。所以,想出离三界的魔王统治,修学佛法,就不应该为六根所欺诳;应该向前进行,到达安全的境界。

上面说起的逃难的,离开盗贼往来的空村,前进到国境边沿,被大河挡住了去路,而追捕的人却快要追来。那时,他望见大河"彼岸"——不属国王的境界,有园"林"流"泉",真是又安全、又快"乐"。他就不顾一切,游过大河,这才离了死亡的恐怖,真的可以休息了。这譬喻说:学佛法的,不受六根的诳惑,渡过生死大河,这才越出魔王境界,到涅槃彼岸,可以享受不生不灭的寂灭乐,到达了大休息的境地。

上面从"诸行无常","诸法无我",说到"涅槃寂灭"——这是三法印,是佛法的三大真理。而涅槃又是通过无常、无我而实现的,为一切圣者的究竟归宿,这就是我们要归依"礼"敬的"法"宝。如世俗修习禅定的,也能出离一部分的烦恼——欲,但三乘圣者,由慧而得涅槃,才是究竟离欲,在一切离欲中,涅槃为最尊最胜,所以说"离欲尊"。

正法妙难思,善净常安乐,依古仙人道,能入于涅槃。

涅槃，为一切圣者、一切学佛者的归依处。由于证入的程度不同，有有余涅槃、无余涅槃、大般涅槃等差别。实则，涅槃就是"正法"。正法是自证的境地，微"妙"得"难"以"思"议，所以说"如人饮水，冷暖自知"。今依经论的方便开示，略加说明。一、正法是"善"：这是胜义的绝对完善。二、是"净"：由于正法不是烦恼等杂染所能污的，也不是烦恼杂染等所能缘起的，所以名为清净。三、是"常"：正法是超越时间性的，不生不灭，本来如此。四、是"安乐"：这是没有生老病死、忧悲苦恼的，是离系的绝对乐。总之，正法不可思议，功德也不可思议。

从智慧的境界说，名为正法。如从智慧证入正法而得真自由来说，名为涅槃，所以，正法就是涅槃，只要"依"着往"古"——过去诸佛大"仙人"的正"道"，就"能"证"入于涅槃"的解脱。说到古仙人道，《阿含经》与《楞伽经》等都曾说到。因为正法是本来如此的；能入涅槃的修行正道，也是本来如此的。过去一切佛，无不经历此正道而得入涅槃；这不是释迦佛所造作的，是古佛的常道，所以名为古道。——上来赞叹法宝功德。

依法以摄僧，和乐净为本，事和或理和，礼僧众中尊。

释迦佛成佛说法，就有好多人随佛出家，佛就把他们组织为僧伽——或简译为僧。僧是群众，是有组织有纪律的集团，所以古人意译为"和合众"。佛凭什么来集结僧众呢？不是凭自己的才能，所以佛说"我不摄受众"[1]。佛是"依法以摄"受他们，

---

[1] 《长阿含经》卷二《游行经》（大正一·一五上）说："如来不言我持于众，我摄于众"，引文取意。

使之成为"僧"伽的。法,是人生的正道,究竟的涅槃;佛是以此法来感召大众,让大众为这人生大事而集合拢来。法也是律法制度,就是契合于人生正道的规制;佛是本着这自他共处的完善法则,制为规章法度来组织大众的。

依法而组合的僧众,以"和乐净"三者"为"根"本"的特色。一、和合,这又有"事和或理和"二种。事和又分为六,名为六和。1.见和同解:大众有一致的见解,这是思想的统一。2.戒和同遵:大众奉行同一的戒律,这是规制的共同。3.利和同均:大众过着同样的生活受用,这是经济的均衡。思想、规制、经济的和同,为佛教僧团的实质。能这样,那表现于身心的活动,彼此间一定是:4.身和共住;5.语和无诤;6.意和同悦了。此六和,是出家僧众所应该一致奉行的。还有理和,是佛弟子证到的真理——法或涅槃,内容是彼此完全一致,所以说:"心心相印";"与诸佛一鼻孔出气"。这是圣者所特有的,而且是通于在家出家的。单是事和,是世俗僧;理和是胜义僧。不过,释迦佛在这五浊恶世,依法摄僧,成为住持佛教的中心力量,却是着重事和。二、安乐:僧众在这事和(或理和)的集团中,大众都能身心安乐,精进修行。三、清净:在和乐的集团中,互相勉励,互相警策;如有了罪恶,也能迅速地忏悔清净,僧团才能做到健全。佛制的僧伽,原来是这样完善的集团。

从自修到身心清净来说,僧伽是使我们得安乐得清净的殊胜因缘,是陶贤铸圣的大冶洪炉。从利他的弘扬佛法来说,僧伽是推动佛法的集体力量。僧伽为三宝之一,佛弟子应归依敬"礼僧"伽。宗教的大众集团,本不限于佛教,如印度的六师沙门团,都是有僧众的。但在各教的僧"众中",奉行佛法的僧伽,最为"尊"胜,所以称赞为众中尊。

敬僧莫呵僧,亦莫衡量僧,随佛修行者,住持正法城。

  僧宝为归依的对象,所以特为在家的信众,说此一颂。在家的信众们,应该尊"敬僧"伽:或是内心的诚敬;或是语言文字的赞叹;或是身体的礼拜。禀承僧众的意思,为比丘僧服务;随僧众所需要的,随分随力,以衣服、饮食、医药、床敷、日用品来供养。对于僧众,千切不可生轻慢心。近代中国,信佛信法、敬佛敬法的还有,而信敬僧伽的实在太少。或是但敬归依师,或是敬一二人,三宝的归敬不具足,难怪佛法的希有功德,不易生长起来。

  僧众这么多,当然"龙蛇混杂",有圣僧,也有凡僧,有持戒清净的,也有毁戒不净的。在家弟子们,如见有不清净的,不合法的,应承认:这是出家人的"僧事",自有僧伽依照一定的规律去处理。切"莫"随便"呵"毁"僧"伽全体,或者呵毁一人或少数人。真诚护法的信众,可以向僧伽提出意见,处理的责权还是属于僧伽。依佛制,没有逐出僧团以前,犯了罪,国法也不能随便处罚。遇有诤执,国王也只能依律来表决,不能以自己的意见来决定。否则,只有造作毁辱僧伽的重罪,或反而增加僧众的诤执。

  还有,凡是出了家的,就成为僧伽的一员。你不要多生分别:年高或者年少,男众或者女众,博学或者浅学,精进或者放逸,持戒或者犯戒,老乡或者外籍。凡是僧伽的成员,都应尊重恭敬,一律布施。因为僧伽犹如大海,有大龙也有鱼虾,有藻苔也有珍宝；大海是不加简别，一样含容的。然世间尽多是这种人，或重持戒的，或重禅定的，或重念诵的，或重威仪的，或重义学的，就此妄生分别，说长说短，某优某劣，拥护谁，反对谁。信众们！切"莫"心不平等，"衡量僧"伽！僧众的功德，不是一般所能认识的。例如一般的偏重老年，轻视少年，不知"生年上座"只是皮皱发白，只是六根衰朽，想贪著受用而不能，与佛法功德有什么关系呢！

　　信众对于僧众，应该信仰：凡是出家而属于僧伽的，虽程度千差万别，但同样是"随佛修行者"。只要有出家众，就会有寺院，有圣像，有经书，就有三宝可尊敬。佛法，始终是由于出家僧而延续下来的。所以分别起来，不免有高下、优劣、凡圣的差别，而总合起来，却成为一有力的僧团，"住持"如来的"正法"，坚固得金"城"汤池一般，不为天魔外道所破坏。大家不妨反省：自己对于佛法的最初起信，或最初引起兴趣，不一定都是贤圣吧！所以说：破戒比丘而服袈裟的，还是人天福田。真诚的在家信众，应特别尊敬僧伽（团体），爱护僧伽，从旁助成僧团的和乐清净；切不可呵毁嫌责，或以权力来从中斗争。佛世，僧伽发生了诤执，连佛的话也不肯听，分成二部。佛对信众们说，这都是僧，都应该供养。所以，"如破金杖为二分，二俱是金"①，实可为在家信众的座右铭。——上来赞叹僧宝功德。

三宝真实德，无漏性清净。化世真亦俗，佛法得长存。

　　三宝，是我们的归敬对象，在一切宗教的教主、教理、教徒

---

① 《四分律》卷四三（大正二二·八八三中）。

中,三宝是最圆满、最清净的。然佛像与僧众,不一定能符合这一意义吧！这应该知道：如现在,佛是或玉,或石,或金,或铜,或木雕,或土塑,或纸画的佛像;法是三藏经典,或古今大德的法义;僧是出家众。这称为住持三宝,是佛灭后,佛教流传于世间时的三宝,恭敬供养,依此而归向于真实的三宝。又如释迦佛出世时,释迦佛是佛宝;佛所开示的教说——四谛、缘起、涅槃等是法宝;随佛出家的凡众圣众,是僧宝。这是化相三宝,是佛出人间教化时,以此三相为三宝。恭敬供养,依此而归向十方一切佛、正法、一切贤圣僧。化相与住持三宝,都是佛教在世间的具体形相;以此为归依对象,从而更深入一层。

论究到真实的归依处,是"三宝"的"真实"功"德",这在古来,又有好多分别,现在略说二类。一、佛的无漏功德是佛宝:依声闻来说,是五分法身;依大乘说,是无上(四智)菩提所摄的一切无漏功德。正法或涅槃,是法宝。有学无学的无漏功德是僧宝:依声闻乘说,即是四双八辈的无漏功德;依大乘说,是菩萨,摄得声闻、辟支佛的无漏功德。二、大乘教所说:究竟圆满所显的最清净法界(摄得体相业用),是佛宝。少分显现清净法界的,是僧宝。遍十法界而不增不减、无二无别的法界(或名真如、实相等),是法宝。平常所说的一体三宝、理体三宝、常住三宝,都不过此一意义的不同解说。所以,三宝的真实功德——真实的三宝,是"无漏"的,是不与烦恼杂染相应的,也不为烦恼杂染缘起的。又是"性清净"的:无漏的有为功德,称为清净;无为功德,不但是离垢清净,在杂染中,也还是本性清净的。无漏而性净的三宝,才是真正的归依处。

不过,从佛法"化"导"世"间、利益众生来说,不但应该归敬于"真"实的三宝功德,"亦"应归敬于世"俗"事相的住持三宝(佛世为化相三宝)。因为,但归依世俗,自不免流于形式的崇拜;而专重胜义(真实),也不免过于高深,不是一般所能明了。所以必须归依现实事相的住持三宝,依此进向真实的三宝。佛教的重视"像教",其理由就在此。住持三宝为事象的,从此表显真实三宝的功德,这才能浅深由之,事理无碍,"佛法"才能"得长存"世间,为一切众生作救护,作福田。

自誓尽形寿,归依佛法僧,至心修供养,时念诸胜利。

佛法僧三宝,是没有污染的,具足功德的,所以是真正的归依处。受归依的,先要恳切忏悔,生恭敬心、清净心。长跪合掌,在归依本师前,依师长教,"自"己立下"誓"愿说:我弟子某某,"尽形寿,归依佛",两足尊;尽形寿,归依"法",离欲尊;尽形寿,归依"僧",众中尊(三说)。愿大德忆持,慈悲护念,我是优婆塞。我从今者乃至命终,护生。归依佛竟,归依法竟,归依僧竟(三说)(依《大名经》及律说)①。凡发愿受持归依的,哪怕是生死关头,也不能中途变悔。就是说笑,也不可说我不信三宝,或者说我不是三宝弟子。如归依而又弃舍,生生世世,受苦无穷。所以,要切记"尽形寿归依"的誓言。

归依了三宝,应该以"至"诚"心"来"修供养"。对于佛像

---

① 《大名经》,《阿毗达磨顺正理论》卷三七说:"佛告大名:诸有在家白衣男子,男根成就,归法僧,起殷净心,发诚谛语自称:我是邬波索迦,愿尊忆持,慈悲护念";"我从今者,乃至命终,护生"(大正二九·五五二下——五五三上)。

（佛塔）、经典、僧众，即使是不大庄严（例如佛像的工巧不妙），不大清净，也不可轻慢，要一律生尊敬心。供养佛，如礼拜、赞叹、右绕，及供奉香、花、伎乐、灯明、幢、幡、宝盖等庄严具。供养法，如书写、印刻，或者庄严经典，以香、花等来供养。供养僧，是衣服、饮食、坐卧具、医药、日用杂物，但必须佛法所认为清净的（僧众可以用的），切勿供养不如法的物品。至于最上的供养，没有比依从如来的法教，听从僧众的指导而切实奉行的了！

我国的佛教徒，都修早晚课诵，时间比较长；对在家事务忙的信徒，多少有些不适合。最好，依印度旧法，日三时，夜三时——六时修行：次数不妨多，时间不妨短些。修三归依"时"，要忆"念"归依三宝的"诸"般"胜利"——功德。如一、成为佛弟子；二、是受戒的基础；三、减轻业障；四、能积集广大福德；五、不堕恶趣；六、人与非人，都不能娆乱；七、一切好事，都会成功；八、能成佛道。如能时时忆念归依三宝的种种功德而修习，那对于修学佛道，成就信心，获得希有功德，是非常容易成就的。

此归依最尊，此归依最胜，不由余归依，得乐得安隐。

依上面所说，"此归依"三宝，在一切归依中，"最尊"，"最胜"。如有求归依的真诚，那当然非归依佛教的三宝不可了！不要邪正不分，以为归依什么宗教都一样！其他宗教的教主、教法、教徒，没有能究竟离染污的，也没有具足功德的；自救不了，怎能为他人作归依处呢？所以，即使归依外道，也决"不"会"由"其"余"的"归依"，而能"得"到有为功德的安"乐"，"得"

到无为功德的"安隐"。安隐,就是安稳,指涅槃的究竟常乐而说。

所说归依者,信愿以为体;归彼及向彼,依彼得救济。

归依的要求、归依的对象、归依的仪式,都已经说过了。但"所说"的"归依",到底是什么呢?这是深切的"信"顺,信得这确是真归依处,的确是能因之而得种种功德的。知道三宝有这样的功德,就立"愿"做一佛弟子,信受奉行,恳求三宝威德的加持摄受。归依,就是"以"此信愿"为体"性的。所以受了归依,就要将自己的身心"归"属"彼"三宝,不再属于天魔外道了。随时随地,都要倾"向彼"三宝,投向三宝的怀抱。例如迷了路的小孩,在十字街头乱闯,车马那么多,不但迷路,而且随时有被伤害的危险。正在危急时,忽见母亲在他的前面,那时,他投向母亲的怀抱,归属于母亲而得到平安了。归依三宝的心情,也应该这样。能这样,就能"依彼"三宝的威德,"得"到"救济"。在梵语中,归依是含有救济意义的。所以,三宝的功德威力,能加持受归依的,摄导受归依的,使他能达到离苦常乐的境地。总之,从能归依者说,归依是立定信愿,恳求三宝的摄受救济。从所归依的三宝说,不思议的功德威力,加持受归依的,引摄众生,迈向至善的境地。

若人自归命,自力自依止,是人则能契,归依真实义。

一般说来,归依是信仰,希愿领受外来的助力,从他力而得到救济。一般他力宗教,都是这样的。然佛法不只如此,而更有不共外道的地方。佛在涅槃会上,最后教诫弟子说:"自依止,法依止,不余依止。"①这是要弟子们依仗自力,要自己依着正法去修学,切莫依赖别的力量。这正如《楞严经》中阿难说的:"自我从佛发心出家,恃佛威神,常自思惟,无劳我修,将谓如来惠我三昧,不知身心本不相代"②,一切还得靠自己去修习。所以归依的深义,是归向自己(自心,自性):自己有佛性,自己能成佛;自己身心的当体,就是正法涅槃;自己依法修持,自身与僧伽为一体。佛法僧三宝,都不离自身,都是自己身心所能成就显现的。从表面看来,归依是信赖他力的摄受加持;而从深处看,这只是增上缘,而实是激发自己身心,愿其实现。所以说:"若人自"己"归命"——命是身心的总和,归命是奉献身命于三宝。能依"自力,自"己"依止"自己而修正法,而不是阿难那样的,以为"恃佛威神,无劳我修",那么"是人"也就"能契"合于"归依"的"真实义"了。

---

① 《大智度论》卷二(大正二五·六六下)。
② 《大佛顶如来密因修证了义诸菩萨万行首楞严经》卷一(大正一九·一〇九上)。

第二章　闻法趣入

　　上来归依三宝。归依以后,应该"多闻正法",这才能趣入佛道。有以为:佛法在乎修行,听法有什么用?岂不见楞严会上,阿难尊者"一向多闻,未全道力"①,不能免脱摩登伽女之难吗?不知道阿难尊者,问题在"一向多闻",而并不是闻。一切圣典,都说修学佛法,非闻法不可。如什么都不闻,怎么会知道了生脱死?怎么知道有极乐世界,阿弥陀佛?怎么知道有向上一着?怎么知道这是佛教正法?如一切都不听不闻,连归依三宝也不会呢!

由闻知诸法,由闻遮众恶,由闻断无义,由闻得涅槃。

　　这是圣典中赞叹闻法功德颂②,可说佛法中一切功德,都由闻法而来。说到"闻法",龙树菩萨说:由三处闻:一、从佛闻法;二、从佛弟子闻法;三、从经典闻法③。从佛及弟子闻法,是亲闻

---

　　① 《大佛顶如来密因修证了义诸菩萨万行首楞严经》卷一(大正一九·一〇六下)。
　　② 《菩提道次第广论》卷一引《听闻集》颂(卷一·九上)。
　　③ 《大智度论》卷一八(大正二五·一九六上)。

语言的开示,所以经上说:"此方真教体,清净在音闻。"①不过释迦如来涅槃以后,我们只能从佛弟子闻法了。虽然十方诸佛——东方药师、西方弥陀佛等现在说法,但对于此时此地的我们,除非已经闻法修行到相当程度,是不可能亲聆佛说的。从经典闻法,就是自己"以古为师",从阅读经论中去了解佛法。所以,从佛弟子闻法,或者阅读经教,都称为闻法;学佛法,就从此下手。

多闻正法,略说有四类功德:一、"由"于听"闻"正法,能"知"道"诸法"。什么是诸法?如善法恶法,有漏法无漏法等。听了,才知道这一切,知道应该修集,或者应该舍弃。又,法是合法的意义——善:听了佛法,就知种种善法,可以依着去修学。二、"由"于听"闻"正法,能"遮"止"众恶"。或是内心的恶念,或是见于身语的恶行。如听闻了正法,知道什么是恶的,有什么恶果,就能将恶心息下来,遮止恶心的现起。三、"由"于听"闻"正法,能制"断"种种"无"意"义"事。有些外道,虽有求解脱心,却误入歧途,修种种苦行——不食、不卧、裸形等,以为修这些苦行,可以得道。他们自己修苦行,也以苦行来教导学众。这些苦行,佛名之为无义,就是毫无意义的、自找苦吃的愚痴事。听闻了佛说的正法,自然就远离这些苦行,正道修行,不落外道窠臼了!四、"由"于听"闻"正法,如法修行,能"得涅槃"解脱。这样,佛法的一切功德,不是都由听闻而能得到吗?

---

① 《大佛顶如来密因修证了义诸菩萨万行首楞严经》卷六(大正一九·一三〇下)。

如器受于水,如地植于种,应离三种失,谛听善思念。

佛在开示正法时,总是告诫听众说:"谛听谛听!善思念之!"因为,如听法而不能如法,那就不能得到闻法的功德了。现在举两个譬喻,来说明听法时应离去的三种过失。

初喻,"如"在天下雨时,以应量"器"——钵或杯盆等,承"受于"雨"水","应离"去"三种"过"失"。一、如将钵或杯,倒覆在空地上,那雨水就不能进去。二、如钵或杯中,有秽汁毒素,那即使受到了水,不但无用,而且还会害人。三、如钵或杯有了裂缝,那即使清净无毒,也还是漏得一无所有。这如听法的人,一、如不注意,不专心(如倒覆),那听了等于没有听。二、虽然专心听,可是心有成见,有怀疑,有邪执(如有秽汁毒素),那对于听受的正法,不能生起功德,反而会引发邪见毁法的罪恶。三、心中虽没有成见疑惑,可是内心散乱,事务忽忙,不久还是忘得一干二净。像这样的听法——有了三种过失,那就不能得闻法所应得的功德,所以说应该"谛听",应该"善思",应该善"念"。

第二喻,"如"在"地"上种"植"谷豆等"种",也有三失:一、落在砂石上,那是不会发芽的。二、落在荆蔓丛生的土内,即使能发芽,也无法生长,不久就枯萎了。三、落在肥沃的土上,没有莠草障碍,可是没有深藏在土内,不久就被鸟雀啄去了。如播种而如此,有什么收获呢?听闻佛法也如此:闻法——闻熏习,就是出世心法种。但如不注意领受;或领受而与杂染心相杂;或心虽清净,而是不久又遗忘了。如这样的闻法,是不会有结果的。所以闻法而求有利益,必须离去三种过失,好好地听闻、思惟、忆念才得。

病想医药想，殷重疗治想，随闻如说行，佛说法如镜。

当听法的时候，要用什么态度来接受佛法呢？释迦佛说：众生身有三病——老病死；心有三病——贪嗔痴：如来为此而出世①。换言之，佛是大医王，法是良药，僧是护病者——三宝的出现世间，是为了救济众生身心重病的。所以听闻佛法的，应该有这样的观想。一、"病想"：自己从无始以来，就为身心重病所缠绕，弄得求生不能，求死不得。生死死生，苦痛无穷。自身有重病，所以有忧苦，这是必须确定认识的。如不觉得自己有病，或觉得有病而不肯求医药，那就与佛法无缘了。二、"医"想：知道自身有重病，非一般人（外道）所能医治：佛弟子——说法师，才是能治此重病的良医。所以亲近善知识，恭敬供养，如病人的信赖医师、礼聘医师一样。三、"药想"：医生治病，不是读读药方就有效，要使用治疗的针药。说法师也如此，开示教导修行方法，要依着法药去服用，才能根治身心的重病。否则，如读药方而不服用，那有什么用呢！如经上说："我虽宣说极善法，汝若闻已不实行，如诸病者负药囊，终不能疗自体病。"②四、"殷重疗治想"：生死大病，真是病入膏肓。幸遇良医良药，也要久服法药，才能见效。可是有些学众，希望立刻见效，少少修习，还不能解脱生死重病，就失望而懈怠下来。这样的不能励力进修，那还

---

① 老病死，见《杂阿含经》卷四六（大正二・三三九下）。贪恚痴与老病死，见《杂阿含经》卷一四（大正二・九五下）。

② 《菩提道次第广论》卷一引经（一一上）。

有什么希望呢!

佛法,不是知识的传授,更不是作为娱乐的消遣品。佛法是认清自己有病,而求良医法药的。所以"随"所听"闻"的正法,应痛下决心,"如"所"说"而努力修"行"。"佛"曾"说"过:我说的"法,如镜"子一样①,是要你反照自己的。佛法这么说,就得观察自己,有没有种种过失,种种功德?如有过失,就应该惭愧忏悔,远离过失。如没有过失,应生欢喜心。如观见自己有功德,应该生欢喜心;如没有功德,应努力去修习。总之,听闻佛法,是作为自己修持的准绳;听法而能见于实行,这是最重要的!

趣入正法者,应亲近善士,证教达实性,悲愍巧为说。

正法,虽可以从经典去了解,但主要还是要从说法师去听闻。法师的开导,比起自己阅诵,到底迅速而容易得多。所以为了要"趣入正法",进求佛道,"应"该"亲近善士"——善知识,尤其是大乘善知识。佛曾以:"亲近善士,听闻正法,如理作意,法随法行"②,说为预入圣流所必备的四大条件,这可见亲近善知识的重要了。

怎样才算是善知识呢?这不是因为他徒众多,寺院大,相貌好,或者是世法场中多知多识。因为他有:一、"证"德,指三学修证:戒清净成就,定成就,观慧成就。二、"教"德:深入经藏,成就多闻,能开示导引学众,进修大乘正道。三、"达实性":实性是正法的别名,这或者由现证慧通达,或是从闻思教理得通

---

① 《菩提道次第广论》卷一(一一下)。
② 《阿毗达磨法蕴足论》卷二(大正二六·四五八中)。

达。四、"悲愍"：有慈悲心，不是为了名闻利养，而是能清净（为利益众生）说法。五、"巧为说"：成就辩才，能善巧方便地为众说法，所以容易了解，容易得益。如成就这些功德，那就是了不得的大善知识了！可是末法时代，全德的善知识是难得遭遇的；而修学佛法，却又不能没有师友，所以不能不退求其次。经上说：如有八分之一的功德，也可以亲近①。《涅槃经》说"四依"——四种可以为人依止的师长：初依人，虽没有断烦恼，证实性，但已能通达佛性义十六分之一②。总之，末世善知识难逢，如于佛法的行解，有一分长处，胜过自己，也就不妨如法亲近了。

观德莫观失，随顺莫违逆。佛说满梵行，学者应尊敬。

无论是全德的善知识，少分功德的善知识，如不能如法亲近，都不能得应得的功德。所以对于善知识，要"观"察他的功"德"，"莫观"察他的过"失"。如听受善知识的教导，或从举止动静、待人接物处去学习，只要有一分长处，就注意他的长处而修学。这样，虽然是少分功德的知识，也可以得到法益。反之，如不观功德，专在善知识的缺点上着想，不是这样不对，就是那样不够，那虽然逢到全德的大善知识，也毫无利益。因为全德善知识，也不能一切圆满，没有一些缺点的。所以亲近善知识，应随时提醒自己：来这里做什么？不是为了寻求知识的过失，而是想学习师长的长处。能这样，就到处有师长可亲近，随处都能得

---

① 《菩提道次第广论》卷一所引《妙臂请问经》（一五下）。
② 《大般涅槃经》卷六（大正一二·六三九中）。

益。孔子说:"三人行,必有我师焉"①,也就是这个意思。

亲近善知识,扼要地说,要"随顺"师长的意旨,使师长欢喜,切"莫违逆"师命。就是师长有所呵责,也应受责,不可生嫌恨心、恚恼心。怎么能使师长欢喜呢？一、要随力供养种种财物；二、为师长服劳务；三、照着师长的开导教授去修行。佛法的恭敬亲近善知识,完满地表现"尊师重道"的精神。假使师长要你作种种非法呢？那是不应该随顺的,但应该婉转地说明不能奉行的意思。修学佛法,如不能如法尊敬师长,想得到佛法的功德,那是完全不可能的。如经上说:"若彼于师,住嫌恨心,或坚恶心,或恚恼心,能得功德,无有是处。"②

某次,如来赞叹善知识的功德,阿难说:半梵行者,所谓善知识。"佛说":莫作是言。纯一"满"净"梵行"清白,所谓善知识③。阿难的意思,亲近善知识,那清净梵行,可说已完成一半了。可是佛的意思,亲近善知识,可说圆满清净梵行,已经完成。佛是怎样的重视善知识！所以"学者","应"该"尊敬"供养善知识。亲近善知识的功德,《华严经》等都说得非常详明。

离彼三途苦,不生长寿天,佛世生中国,根具离邪见。

古人说:"善知识难遇,佛法难闻。"遇到这难得的良好机缘,切莫看得太容易了！要知道得闻佛法,要离八难才得。一、二、三,要脱"离"地狱、傍生、饿鬼——"三途"的"苦"报。如生

---

① 《论语·述而》。
② 《菩提道次第广论》卷二引经(二二上)。
③ 《杂阿含经》卷二七(大正二·一九五中)。

在这三恶道中,就没有听法的机缘了。虽然大力鬼王、龙王等,也有来听法的,但是机缘太少,而且还不能出家受戒,随佛修行。四、要"不生"在"长寿天"中。无色界有四天——空无边处,识无边处,无所有处,非想非非想处;色界有无想天,寿命都极长,如非想非非想天的寿命有八万大劫。这些,都是没有机缘听法的。据《增一阿含经·八难品》说:凡是生天的,都称长寿天,都是难得闻法修行的。所以上不生诸天,下不堕三途,唯有人身,才能逢此难逢的佛法。不过,生得人身,也还要:五、生逢"佛世",佛出世与佛法住世的时代。如生在佛出世以前,佛法衰灭以后,那人身也无缘闻法修行了。六、还要"生"于"中国"。中国,对边地而说。凡有佛或僧众弘扬佛法的地方,就是中国,反之便是边地。如生长边地,没有佛法,那虽然与佛同时,也不能闻法修行。七、还要六"根具"足:如眼盲,耳聋,舌不能说话,心狂或暗钝到不能明了事理,那虽然佛世,生在中国,也是徒然了!八、虽没有上来所说的障难,可是生长邪见家;或是生长外道教区,外道家庭;或是颠倒邪见,久习成性,那也还是与佛法无缘,所以说"离邪见"。这八事,平常称为八难,是学佛的障难。依梵语,应译为"八无暇",就是八种没有修学佛法的时机。这样,我们不落八难,是应该怎样的欢喜呀!

生死流转中,人身最难得。忆梵行勤勇,三事胜诸天。

有人把人生看得太无意义了,或是知能低,或是环境坏,于是自怨、自恨、自虐,不能发心来修学佛法。不知道在这"生死流转"的五趣"中","人身"是"最"为"难得"的。这是希有难得的机会,如看轻自己而空过了,实在是太不值得。人身的难得,可从两方面说：一、在生死流转中，生恶趣的多如大地土，生善趣的，少得如爪上的灰尘。生善趣的，如生天上，就长期受乐；等到从天殒没，又是堕落的多。所以人身的难得，譬如盲龟的浮沉大海中，海中飘着一块木板，中间有一孔，盲龟伸出头来，恰恰在木孔中，这是怎样的难以遇到！流转生死而得到人身，也是这样的不容易！

还有，人身虽有种种苦痛，不如意事，但实是很难得的。据经上说：人的"忆"念、"梵行"、"勤勇——三事"，不但不是三恶道所及，还"胜"过"诸天"多多①。人能忆念过去，保存历史的经验，因而人类的思考力、推理力，特别发达：这叫做忆念胜。人能不计功利，克制自己，修习梵行——清净行，使自己的身心清净合理，有利于人群等。为了这，克己牺牲都愿意，人类的道德精神非常伟大，叫做梵行胜。人类为了达成某一目的，能忍苦忍难，精勤勇猛地做去，非达到目的不止，这叫勤勇胜。儒家说智仁勇为人类的三达德，与佛说大体相同。所以，人为众生中最可宝贵的，成贤成圣，成佛作祖，都是尊重此人类的伟大，而努力向上所作成的。经上说：如诸天命终，其他的天就说："愿得生于安乐趣中。"他们所仰望的乐土，就是人间。人身还是诸天所仰望的乐土，怎么生而为人，反倒自怨自卑，空过此生呢？

难得今已得，精勤修法行，莫使入宝山，垂手叹空归。

人身"难得，今已得"到了，那应该怎样的欢喜，把握这难得的时机，"精勤"地"修"习正"法行"呢！生命是无常的，经说

---

① 《阿毗达磨大毗婆沙论》卷一七二引经（大正二七·八六七下）。

"人命在呼吸之间"①,切勿等待明日、明年,或者将来。趁此大好时光,在佛法门中,勇往直前地行去,才能于佛法有所得益。"莫使"悠悠忽忽,空过一生,等到一息不来,于佛法中还是一无所得。如"入宝山",见种种奇珍异宝,却不知急急地拣取受用。等到时间到了,离开宝山,这才"垂"着一双"手",徒然地懊悔慨"叹","空"空地"归"去。生前不努力,临死徒伤悲,这有什么用呢?

闻法而发心,随机成差别。

　　亲近善知识,听"闻"正"法而发心"来修学。由于众生的根性不同,一味的佛法,也就"随机"差别而"成"为种种"差别"了。说到发心,就是立定志愿,所作所行,以所愿为目标而前进。发心,并不是偶然的起心动念,要发起信愿,达到坚定。

　　如来或大菩萨说法时,如听者为一人,那当然应机说法,适合听者的根性,授以浅深不同的法门。如在大众中,如来有不可思议的神力,所以在听众听起来,都各以为,佛说他能懂的语言,说他要听的法门。所以说:"佛以一音演说法,众生随类各得解。"②在这种情形下,不妨说,闻到什么法门,自己便是适应于这种法门的根机了。可是,一般说法师,不易有"一音说法"的能力,也不一定有识别根机的能力,那只有弘扬自己所解所行,或大多数能解能行的法门。听众听到这样法门,便不一定是适应这一法门的根性了。有的从经典去闻,无论是随手取来,或是循序而读,或是听人说而选读,都不能说遇到什么就是什么根机

---

① 《四十二章经》(大正一七・七二四上)。
② 《维摩诘所说经》卷上(大正一四・五二八上)。

了。例如藏地密法盛行,南方小乘盛行,汉地从前禅宗盛行,几乎到处如此,你能说藏地都是密宗根性,南方都是小乘根性,汉地从前都是顿悟的根性吗?所以自己是什么根性,主要依自己所发的心愿而定。切不要读诵受持某种法门,便自以为是什么根机了。从前,西藏有一喇嘛,修习成佛的密法,结果却证了声闻果。有人以此事问善知识,善知识说:修密法而证小果,总算还好,还有修习密法而成天魔外道呢!所以,不要偏执什么法门,是大是妙,还是检点自己的发心要紧。

下求增上生,现乐后亦乐。中发出离心,涅槃解脱乐。最上菩提心,悲智究竟乐。

关于向上的发心修学,真是万别千差,说不能尽。但归纳起来,不外乎三类:增上生心,出离心,菩提心;这就是弥勒菩萨所说的下士、中士、上士①。

佛法中"下"品人(这是佛法中的下品,在一般世间,是上品)的发心,是"求增上生"心。什么叫增上生?就是来生所得的果报,比起今生来,要增胜一些,上进一些。例如:相貌,寿命,名誉,财富,权位,眷属,知识,能力,身体的健康,家庭的和乐,朋友的协助等,这一切,都希望来生比今生好得多。在佛法中,这是不彻底的,但却是正当的,因为这确是以正当的方法,求向上的进步。这里面,还分为二类:一、愿生人间;二、愿生天上。这种人天乘根性,求"现"生"乐",更求"后"生"乐"。因为依佛法修持,能得现生安乐,来生也能得善报。不过,在某种情形下,但

---

① 《瑜伽师地论》卷六一(大正三〇·六四三下)。

求后生福乐，就是现生刻苦一些，牺牲一些，也未尝不可。所以现生乐而后生乐的，最为理想；不得已，现生苦而后生乐，也不要紧。至于现生享受而来生受苦；或者现生冤枉受苦，而来生苦痛无边，那不属于如来正法，而是颠倒邪行了。以人天的福乐为目标，因此发心，为此而修行，都属于佛法的下士。凡发此增上生心，那纵然修持出世法，也不过人天福报。反之，如有此愿而却造作种种恶行，那是业力强大，下堕三途，想求增上而不可得了。

"中"品人士，"发"的是"出离心"。增上生心的人天果报，虽说不落恶道，而且是向上进步。但进步又进步，终究在三界以内流转，并不能到达究竟地步。如生天的，从欲界而色界，从色界而无色界，一直生到非想非非想天，再也不能上进。一旦业力享尽，又开始堕落。由此深刻理解，感觉得"三界无安，犹如火宅"，而发起出离三界生死的志愿。能这样发心，修集出世的法行，那就能了脱生死，得"涅槃"的"解脱乐"。解脱乐，是从离去烦恼而得到的，与世间乐的乐极生悲、乐去苦来，完全不同。这是彻底了脱生死，不再流转，比起下士的人天善果，彻底究竟得多！这里面，又分二类：一、声闻乘，二、缘觉乘，合称为"二乘"，发心与结果，大体相同。上面说过，发出离心的，虽修大乘胜法，而充其量也不过证得小果。反之，如发出离心而不修出离行，或者造作非法恶行，那又是业力胜过愿力，连人天善报也不可能呢！

"最上"品人，发的是大"菩提心"。梵语菩提，是觉悟的意思。如来果位的一切功德，称为"无上正等菩提"，是以大觉为中心而统摄一切功德的。发菩提心，就是上成佛道的大志愿。中士的出离心，虽说是究竟的，但还不够高尚。这犹如船舶在中途失了事,大家落在水里。如有人不顾一切,尽力游登岸上,望着水中的难友们,无动于衷,自己舒适地躺下来休息。从脱险来说,那人是成功的;从人类的德性来说,这人是不圆满的。所以,有人不愿独善其身,不愿个己解脱,而发愿来自救救人,自利利他,希望能与一切众生,同登彼岸。但这要怎样才有可能呢?唯有佛,能完成此一大志愿;佛的大智、大悲、大愿、大力,才能彻底地救度众生。这样,就以佛为榜样,而发成佛的大志愿,这就是菩提心。菩提心发起了,修菩萨行,自利利他;到究竟圆满时——成佛,有大"悲"大"智",能得最极"究竟"的大涅槃"乐"。本着这上成佛道、下化众生的目标,而发心修行,才是佛法中的上上发心、上上品人。希望学佛同人,大家能以此为目标而修行!

依下能起上,依上能摄下;随机五三异,归极唯一大。

佛法,虽有下、中、上法的分别,但从究竟的意义——一切无非成佛之道的立场来说,这不是独立的,不相关的,而有着相依相摄的内在关系。如图:

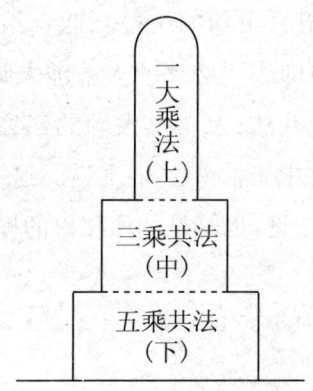

这一三层的高塔,由底层到最高层,有着相依相摄的关系。从相依来说:依底层为基础,才能建立中层;依(下)中层为基础,才能建立上层。如一心想建最上层,而不从下中建起,那一定是脱空妄想,永不成就。这样,在佛法的三类中,也是"依下"士法"能起"中士法,依中士法能起"上"士法。这如龙树菩萨说:"以得增上生,渐得决定胜"①;决定胜,就是中上的究竟解脱法。这一次第,本是《阿含经》中所说的"诸佛常法"。提婆菩萨也说:"先遮止非福,中间破除我,后断一切见,若知为善巧。"②遮非福,是离恶行善的下士法;破我,是无我解脱的中士法;断一切见,是尽一切戏论的上士法。能知这一先后次第,才能于一切佛法而得善巧。所以提婆菩萨又说:"正等觉说此,方便如梯级。"③

从相摄来说:如三层塔的建立,有中层就有下层;有最上层就一定有中下层。所以在佛法中,"依上"士法,"能摄"得中下士法;依中士法,一定能摄得"下"士法。如《法华经》中说:二乘为三百由旬,大乘为五百由旬。然五百由旬中,就含摄得三百由旬;三百由旬,就是五百由旬的中站。这一相摄的见地,为贯摄一切佛法、善巧一切佛法所必须的。太虚大师称下士法为五乘共法,中士法为三乘共法;宗喀巴大师的《菩提道次第广论》称下士法为共下士道,中士法为共中士道。这一"共"字,就是汉藏智者不谋而合的正见,也就是相依相摄的标帜。

---

① 《菩提道次第广论》卷三(四〇下)。
② 《菩提道次第广论》卷三(四〇下)。
③ 《菩提道次第广论》卷三(四〇下)。

依上面的道理，所以从适应众生来说，佛法是"随机"方便，有"五"乘——人乘、天乘、声闻乘、缘觉乘、菩萨乘的不同；或着重出世法，佛说有"三"乘——声闻乘、缘觉乘、菩萨乘的别"异"。根机不同，法门当然也有不同了。然从如来出世本怀来说，一切法门无非成佛之道，"归"宗究"极，唯"有"一"乘，或"大"乘。这不是说，一切众生都要成佛，归根结底，有一乘法就得了。这是说，从佛法归于究极的立场说，一切（上中下）佛法，都是成佛的一乘——大乘法。例如声闻乘（中士）的修出离行，得涅槃果，而佛在法华会上，认为这是方便说，其实就是大乘法，所以说："汝等所行，是菩萨道。"①《大智度论》也说："二乘智断，即是菩萨无生（法）忍。"②又如《法华经》说："一称南无佛，皆已成佛道"③等。一香一花的供养，一举手一低头的敬礼，一称佛名，这些人天善法（下），在同归大乘的立场，都是成佛的一乘法。

一乘与大乘，有些人觉得不同，其实是一样的。如《法华经》及《胜鬘经》，都说一乘法，有时也就称为大乘。不过，大乘一名，多用在与二乘相对处；而一乘，多用在一切都要成佛的说明上。同样的情形，如着重因位，就称为菩萨乘；如着重果德，就名为佛乘。这只是随义而立名不同，在修学佛道的全体历程上，都先后贯摄而没有胜劣的差别。

不滞于中下，亦不弃中下，圆摄向佛乘，不谤于正法。

---

① 《妙法莲华经》卷三（大正九·二〇中）。
② 《大智度论》卷七一（大正二五·五五五上）。
③ 《妙法莲华经》卷一（大正九·九上）。

佛法的始终次第，上来已简略说明。所以修学佛道，"不"应该"滞"留"于中下"士的历程上，如滞留于中士下士法，就成为人天道、小乘道，而不能契合如来说法的本意了。如从新竹来福严精舍，停滞在半路上，虽说风景幽美，但不登观音坪，不到福严精舍，怎能见山色湖光，海波塔影呢！发菩提心，以成佛为目标，也就"不"应该舍"弃""中"士及"下"士法。因为这一切都是菩萨所行道，都是成佛的法门。有些人求高求妙，以为大乘不需要中下士法。不知道弃舍了三百由旬，怎能到达五百由旬的宝所呢！因此，经历菩提正道的修学者，要"圆"满贯"摄"一切——中下法，而同"向"于"佛乘"，切"不"可好高骛远，谈玄说妙，在一味的无边法门中，横生枝节，以致"谤于正法"。毁谤正法，有两类人：一、以为某经某法，不是佛法。这类谤法，可说人人都能发觉，知道远离。二、有人以为，我是大根机，不需要中下法。有以为，因果善恶等法门，为下愚人说，与我无关。有以为，大乘法中，只要某部经（甚至是其中的半部）、某佛、某咒就好了。有了某经、某佛、某咒，就等于一切佛法，再不用其他了。有以为，只要真实修行，不要闻思经教。这些人，可说是异途同归，都是舍弃了无边经典，舍弃了无边行门。取一滴水而弃大海，却自以为大海尽在于此。这在他们个人，愚痴锢蔽，似乎过失还小；而对于佛法的弘扬，却成为大障碍。这一类的毁谤正法，由于不识佛法纲宗。论上说："无慧之信，增长愚痴"，愚痴是怎样可怕呀！

# 第三章　五乘共法

发增上生心,修集生人生天的正常法门,是佛法中的下士道。这也就是出世圣法的根基,所以名为五乘共法。这是说:修出世的三乘圣法,虽不求人天果报,但不能不具足这人天功德。这如从新竹去台北,虽不必在桃园下车,却不能不经历到桃园的旅程。如但以求生人间天上为目标,就名为人乘、天乘,是佛教的共世间法。如儒家,近于人乘;道教、耶教、回教,通于天乘。既然一般世间法,也可能达成生人生天的目的,那么求生人间天国的人,何必一定要归依三宝,修学佛教的五乘共法呢?佛法并没有说,求生人间天上,非归依三宝,修佛教的人天乘不可。可是,如归依三宝而修五乘共法,不但更为稳当,而且已进入佛乘的大门。只要向上胜进,就可直入出世法了。反之,如信其他宗教,虽也能生人生天,但没有在三宝中积集善缘,或反而引起不必要的固执(宗教的成见)。对依人天法而进入出世法的大道,不但不能贯通,反而壅塞了。所以同是求生人间、天国,归依三宝,在佛法中修行,也比归信其他宗教好得多!

正信归依者,应修于正见,及修于正命,胜进不为难。

凡"正信"三宝而受"归依"的,就成为佛弟子,佛教信徒。

佛弟子修学五乘共法,要从哪里入手呢?在学佛的理解方面,"应"该先"修于正见"。在学佛的行为方面,先要能够"修"习"正命"。佛曾说:正见与正命的人难得。对这二项,如能修习成就,那"胜进"也就"不为难"了。向上修学出世法还不难,何况求生人间天上呢!

正见,是正确的见解,见与知识不同,见是从推论而来的坚定主张,所以正见是"择善而固执之"的。学佛要有正见,如开始旅行,要对旅途先有一番正确的了解,而确信这是到达目的地的正路。正确的认识,不一定成为正见。如现在听说地球绕日而转,可说是知识;但伽利略为了这一知识,不惜为基督教所迫害、囚禁,这才是见。所以,要将正确的知识时时修习,养成坚定的正见。正见,有世间正见、出世间正见。五乘共法中,还只是世间的。正见虽只是坚定不移的见地,但力量极强,如经上说:"假使有世间,正见增上者,虽复百千生,终不堕恶趣。"①

什么是正命?命是生存,生活。无论是在家出家,都不能不生活;衣食住行等一切经济生活,合法的得来受用,就名为正命。正常的经济生活,是非常重要的;大部分的罪恶,都从经济生活的不正常而来。学佛的在家众,不但要是国法所许可的,而且还要不违于佛法的。如以杀生(如屠户,猎户等)、盗、淫(如卖淫,设妓院等)、妄语(以欺骗为生,走江湖的,多有这一类)、酒(如酿酒,设酒家等)为职业的,佛法中名为"不律仪",是邪命,障碍佛法的进修。出家众,凡依信众布施而生存的,是正命。如兼营

---

① 《杂阿含经》卷二八(大正二·二〇四下)。

医（完全义务，不犯）、卜、星、相等为生，或设法骗取信施，就是邪命。如法的经济来源，不奢侈不吝啬的消费态度，是正命。要这样，才能与佛法相应，否则人身也许不保，还说得上了生死吗？在抗日战争初期，香港某居士，念佛极虔诚，有一所广大而幽静的别墅，他函请印光大师离开战区，来香港安住。印老问他，才知他世代以酿酒起家。印老说：你把酒业歇了，我才能来香港。可是这位老居士，舍不得。学佛而不修正命，也许就是中国佛教衰落的原因。学佛法，一定要职业合法，宁可短期内因职业改变而受到苦痛，决不能长此邪命下去，自害害人！

所说正见者，人生之正观。

上面"所说"的"正见"，到底是什么？依人世间的正见来说，就是"人生之正"确见解；也就是正确的人生"观"。观察人生的意义，人生应遵循的正道，从正确观察而成为确信不移的定见，便是正见。对于修学佛法，正见是太重要了，如航行的舵一样。佛曾说：得正见的，特别是在家信众，极为难得。如有人虔诚地信仰三宝，乐善好施，明白佛理，看来是一位典型的良好佛弟子。可是到了衰老到来，有的就听人胡说，为了什么营养问题，素食几十年，又重开杀戒了。有的遇到疾病缠绵，一时不得痊愈，于是求神，问卜，扶乩，求耶稣，什么都去试试看。有的经济情形不好，就去求财神；为了想中奖券，去仙公庙求梦。有些人修持精进，到了晚年，为了爱著那必朽的身体，就去修精炼气，向外道看齐。几年前，台北一位佛弟子，听说有修有学，可是为了长寿与健康，去接受移植猴子脑下垂腺的手术，结果送了命。这都是正见不具足，不能修成坚定不移的确信，这才身体与环境不良，就动摇而转向了。学佛的，慢谈了生死、开悟，先修成正见再说。

心净或不净，利他或损他；善行不善行，佛子应谛察。

　　佛说的世间正见，经中说有一定的文句，现在略分为四类。

　　一、正见有善有恶。确信我们的起心作事，有善的与不善的，也就是道德的与不道德的。佛法的正见，从确见世间（出世间）有道德的定律着手。如坚决地否定道德，那便是邪见了，如印度的六师外道、怀疑哲学、唯物论的顺世外道等。

　　什么是善不善呢？从自己的内心说："心净"是善的；如"或不净"，那就是不善的。我们的内心，经常有一些烦动恼乱（烦恼）的不净因素，如不起杂染的烦恼，而心起清净的因素，就是善。这如与贪、嗔、痴，相反的无贪、无嗔、无痴，崇尚贤善而轻拒暴恶的惭、愧，使心安定清净的信心，实现止恶行善的精进。这些，都是净的、善的；反之，如贪、嗔、痴、无惭、无愧、不信、放逸等，就是不净的不善了。从见于事行的对他影响来说，那么如有"利"于"他"的，是善；如"或"有"损"于"他"的，是不善。人与人（人与众生），都有着关系，应该是互助共济的合作，遵行自他共处的和乐法则。如所作为而有害于他，那即使有利于己（损他利己），也是不善而不可为的。如有利于他，那即使有损于己（损己利他），也是善的而应该做的。从内心与对外影响，决定"善行"与"不善行"的差别。行，是动作，内心的动作名意行，身体的动作名身行，语言的动作名语行，这都是有善与不善的，所以说善行不善行。这一切，佛弟子，或继承佛陀家业的"佛子"，"应"该审"谛"地观"察"。不但要确实信有善与不善，而且要分别什么是善,什么是不善,修成坚定不移的正见,作为我们起心做事的准绳。

有报必由业,微小转广大,能引或能满,决定或不定,现生或后报,诸业不失坏。

二、正见有业有报。有善有恶,这除少数的邪见而外,一般人都是信认的。可是,善与恶,约行为的价值而说,自有他应得的果报。如不能对此有定见,那在某种环境下,善恶的信解就会动摇了。从前,有位忠君爱国的大臣,被帝王处了死刑。临死时,他对儿子说:"我要教你作恶,可是恶是做不得的。我要教你行善,我可没有作恶呀①!"他自己行善而没有好报,于是对善恶就发生了疑惑。所以不但要正见善恶,还要正见善恶的业报。

一切众生所"有"的一切果"报","必"然是"由"于"业"力所招感。有业然后有报,有种种不同的业,所以有各各不同的报;业是非常多、非常复杂的,所以果报也是极多而又极复杂的。什么是业?什么是报呢?业是事业,是动作。我们的内心、身体与语言的动作,凡由于思力——意志力所推动的,都是业。但现在所要说的,指从我们身口意业的或善或恶的活动,而引起的一种动力,这是道德与不道德的价值。行善作恶等事业,如农工的工作劳动。业力,如劳动所得的工价——货币。凭工作所得的货币——(代表)劳动价值,就能拿来换取适当的用品;所以有某种业力,就能感得某类的果报。说到报,严密的意义是异熟——异类而熟;这在因果系中,属于因果不同类的因果。如为

---

① 《后汉书·范滂传》。

善而得天国的福乐，作恶而堕受地狱的苦痛。依所作的业力，感受苦或乐的报，这是正见的重要项目。唯有这样，善恶才有一定的价值。

关于业报的意义，应该略说几项重要的。

1. "微小"的业力，是可以"转"化为"广大"的。这是说，小小的善业或恶业，如不断地造作，就会积集而成重大的业力。如《法句》说："莫轻小恶，以为无殃，水滴虽微，渐盈大器。"①善业也如此。这与古人所说："勿以恶小而为之，勿以善小而不为"，意义一样。还有，如造作害人的恶业，本来算不得重大，可是自己对于这一恶业，时时觉得害得巧妙，害得满意。这样的不断随喜恶业，小恶的力用会广大起来，与大恶一样。同样的，虽只是小小的善业，如自己能时时生欢喜心，小善也就渐渐地成为大善了。所以，我们不应该忽略轻业，不可随喜恶业，而应该随喜善业才好。

2. 在种种业中，有一类特强的业力，"能引"我们感到五趣中的一趣报体，或生天上，或堕地狱，或堕傍生。其中又有种种类别，如傍生中或虎或鱼等。凡由强业而感得一趣的总报体（"得蕴，得处，得界"），成为某趣的众生，叫引业。还有一类业，并不能引我们感得生死的总报体，却"能"使我们对于这一报身的种种方面，得到圆"满"的决定，叫满业。如生而为人，尽管万别千差，而同样是人，人是引业所感的总报。余如六根有具足与不具足，相貌有庄严与丑陋，容色有黑白，目睛有威光或无威光，

---

① 《法句经》卷上（大正四·五六五上）。

音声有优美或粗俗,嘹亮或低滞……这种人各不同的差别,都由不同的满业而感得。不过,其中还有业报与现生功力(长养)的差别:如人类的目光望远,有一定的限度(也是人各不同的),这是业力。经药物、营养、保护、训练,使达到限度中的极限,或老年而目力很好,这就有赖现生功力的长养了!

3. 业又有"决定或不定"二类;其中又有时与报的不同。有的业,要感什么报,是决定了;而在什么时候受报,现生或来生,是不决定的。有受报的时间是决定了;而所感的什么报,还没有决定。有所感的果报、受报的时间都定了;这如造作五无间业——杀父、杀母、杀阿罗汉、出佛身血、破和合僧的,来生一定要堕落地狱。也有时与报都不决定的,这大致是轻业。依古德说:一切业,都是不决定的。换言之,一切业都有改善可能性的。所以只要能痛下决心,什么恶业,都有化重为轻,或不定受的希望。《盐喻经》说:犯了重大恶业的,只要有足够的时间(如老死迫近,就难了。但依《观无量寿佛经》,还有念阿弥陀佛的一法),痛下决心,"修身,修戒,修心(修定),修慧",重业是可以轻受或不定受的。这如大量的盐,投入长江大河中,水是不会咸的。反之,虽造作较小的罪,却不知道修身、修戒、修心、修慧,还是要招苦报的。这等于少量的盐,放在小杯里,水还是咸苦的①。这是业不决定的有力教证。大乘法中,观业性本空,能转移忏除重罪,也就是修慧的意义。所以,犯了重恶业的,不必灰心,应深切忏悔,修学佛法。

---

① 《中阿含经》卷三《盐喻经》(大正一·四三三上——中)。

4. 从造业与受报的时间来说，可分为三时业："现"报业，是这一生造业，现在就会感果的。"生"报业，要等身死以后，来生就要感报的。"后报"业，是造业以后，要隔一生、二生，或经千百生才受报的。所以造业受报，不能专在现生着想，如说："行恶见乐，为恶未熟，至其恶熟，自见受苦。行善见苦，为善未熟，至其善熟，自见受乐。"①在这三时业中的现报，可能是轻业报，也可能是重业的"华报"。因为现生的果报，是以前善恶业力所招感决定了的；没有死，是不能有根本或重大改变的。轻业为什么可以受现报呢？因为轻业不致改变这一生的重要报果。例如政府现由某党主政，自有其根本政策，不能作相反的重要变革。在野党如有不重要的意见，现政权是乐意采用的。重业为什么现受华报（对将来的果报而说）呢？因为业力太重，对现有报体，起着重大的影响。这等于在野党的势力太强大了，现政权不能不接受多少意见，只要不危及政权的存在与该党的主要政策就好。至于生报业及后报业，都是有轻有重的。

总之，业是有种种不同的，但有一点是绝对相同的，就是"诸业"在没有受报以前，如不是修证解脱，那是怎么也"不"会"失坏"的。有业，就会有果报；今生不受报，来生不受报，就是千千万万生，业力照样存在，只要因缘和合，还是要受报的。《三昧水忏》的缘起中说：西汉时，因袁盎的中伤，而杀害了晁错。袁盎所作的杀业（教他杀），一直没有受报。直到后身为悟达国师时，那已是晚唐了。悟达国师因贪染沉香座，恶业才感报

---

① 原文待考。《法句经》卷三："妖孽见福，其恶未熟，至其恶熟，自受罪虐。祯祥见祸，其善未熟，至其善熟，必受其福"（大正四·五六四下），与此文相近。

而患人面疮。这传说,也就表示着业力不失坏的意义。

随业报善恶,五趣常流转,随重或随习,或复随忆念,由业往后有,薪尽火相传。

三、正见有前生,有后世。善恶有报,多数人是能信受的。但有些人,只信现业现报,不信后世。可是行善作恶,现报的只是少数,那就不能不错觉为"天道无知"了。有些人,只信善恶业的报在子孙,如说:"积善之家,必有余庆,积不善之家,必有余殃。"中国人谈阴骘的,大致不出此二者。不知世间尽多是:父贤而子不肖,父不肖而子贤的。而且,如没有子孙,那他的善恶业岂不是就落空了。有些人,只信今生到来生,不信前生,如耶稣教等。这虽能依此使人离恶向善,但不明过去世,对于现生果报的万别千差,就无法说明,也就无法使人生起合理的正信。耶稣说:生盲的,是为了神要在他身上显现权力。其实,耶稣并不能答复这一问题,因为现世界中,生盲的人多着呢!所以,不但要正见善恶、业报,还要进一步的对于前生后世有坚定的信解,发生正见。

众生造作了种种的业——善业,恶业,引业,满业,生报业,后报业等;"随"着这样的"业"力,而感到来生的果"报"。善业,其报是在"善"趣的人间、天上;恶业,就报在"恶"趣的地狱、傍生、饿鬼。地狱、傍生、饿鬼、人、天,总名为"五趣"。众生从无始以来,就随着业力的善恶,"常"在这五趣中"流转",一生一生地延续不已。趣,是趣向,就是随业而往生的所在;有此五类,所以名五趣。或者加上阿修罗(意译为非天)为六道,道就是趣的别译。大小乘经论中,或说五趣,或说六趣。阿修罗多住在大海中,为数不多,所以如摄在鬼趣或傍生趣,就合为五趣了。流转即是轮回,这不是说五趣升沉,前生后生,有着一定的次序;是说上升或下坠,转来转去,总之不出这五趣的范围。以今生来说,造作的业,多得难以计算;而过去生中未了的业力,又积压到现在;真是前业未清,后业又来。这样的越来越多,如今生死了,那到底哪一种业招受后报呢?这是不能确定的,但不出三大类:1. 有"随重"的:或造作重大的善业;或造作重大的恶业,如五无间业等。业力异常强大,无论意识到或者没有意识到,重业一直占有优越的地位。一到临命终时,或见地狱,或见天堂,那就是"业相现前",是上升或下坠的征兆。接着,或善或恶的重业,起用而决定招感未来的果报。2. "或"有"随习"的:既没有重恶,也没有大善,平平地过了一生。在这一生中,虽无显著的重业,但所作的善恶业,在不断的造作状态下,对于某类善业或恶业,养成一种习惯性,这也就很有力量了。到了临命终时,那种惯习了的业力,自然起用而决定招感来生的果报。从前,大名长者问佛:我平时念佛,不失正念。可是,有时在十字街头,人又多,象马又多,连念佛的正念也忘了。我想,那时候如不幸而身死,不知道会不会堕落?佛告诉他说:不会堕落的。你平时念佛,养成向佛的善习,即使失去正念而死,还是会上升的。因为业力强大,不一定与心相应的。如大树倾向东南而长大的,一旦锯断了,自然会向东南倒的①。所以止恶行善,能造作重大的善业,当然很好;最要紧的,还是平时修行,养成善业的习性,临终自然

---

① 《杂阿含经》卷三三(大正二·二三七中——下)。

会因业力而向上。3. "或"有"随忆念"的：生前没有重善大恶，也不曾造作习惯性的善恶业，到临命终时，恍恍惚惚，大有不知何往的情形。到末后，如忽而忆念善行，就引发善业而感上升人天的果报。如忽而忆念生前的恶行，就能引发恶业而堕落。对这种人，临命终时的忆念，非常重要。所以当人临终时，最好能为他说法，为他念佛，说起他生前的善行，让他忆念善行，引发善业来感果。净土宗的临终助念，也就是这一道理。不过，这是随忆念的，如随重随习的众生，到临命终时，业力最大——如重业与习业是恶的，那就很难使他忆念三宝，或施戒等功德了。学佛修行，到底平时要紧！

众生在生死中，是不得自在的，听"由业"力摆布。现在的生命，经过了死亡阶段，就转而开始一新的生命——"往后有"。这样的死而又生，前生与后世之间，不一不异、不断不常的延续，确是甚深而不容易明见的。由业感报，死生相续，在圣者是毫无疑问的。特别是得了天眼通（外道也能得到，所以外道也有多少信解业报的前生后世），对这是看得明白不过。可是一般凡夫，没有清净智，对于生前死后，不免黑漆一团，什么也不知道。虽有极少数的不昧前因，能知道前生，也被庸俗的唯物论者所抹煞。所以最好是依佛法修学，得清净智，发天眼通，去亲自证实这一问题。此外，唯有仰信如来的教说，及从推理去信解了。

教理的说明，初学还是不容易，现在姑且举一"薪尽火相传"的比喻来说明。庄子说："薪火传也，不知其尽也。"① 庐山远

---

① 《庄子·养生主》。

公大师,就曾引用来比喻死生相续的道理。如前薪燃烧发光,等到薪尽火熄时,又延烧到另一薪,火又旺盛起来。前薪不是后薪,后火也不是前火,而后火不能不说由于前薪的火而来。这等于说,前生的生命活动停止时,又展开一新的生命;前生不是后世,而后世确是依前生的业力而来。然而从死到生,时间与空间,都可能有距离的,所以死后生前的如何延续,还是需要解说的。依佛法的深义说,身心活动,显现为生命的形态。当死亡时,身心刹那灭去,显著的身心活动(现在的)停顿了,然而过去了的身心活动不是没有,这就是"业灭过去,功能不失"(这不妨说是生命的潜在)。等到因缘成熟时,过去的业力就引发一新的身心活动,开始一新的生命。现在再以薪火相传来比喻:火烧物时,发为熊熊的火光,这如生命的显现活动。等到烧完了,发光的火焰没有了,这等于一期生命的结束,死亡。火熄了,热灰也似乎冷了,如遇到易燃的物件,加上微风的吹拂,又会"死灰复燃"起来,又重新发出熊熊的火光。这等于因缘和合时,过去的业力又会引发一新的生命。死灰复燃的火光,不是前火,而与前火有着不可分离的关系;这如后生不是前生,而后生与前生的行业有关。从前火到后火,时间上可以有一间隔,这如后生与前生间,时间与空间,都不妨有距离的。不过,这到底是比喻而已。如约佛法来说,过去了的业力,在如幻的法性空中,本不可说有时空的间隔,只要因缘和合(如人生,要有父精母血的和合等),就能在另一时间、另一空间,忽然地引发一新生命——身心活动的又一新开始。

生死常相续,圣者得解脱,凡圣缚脱异,深信勿疑惑。

四、正见有凡夫,有圣人。能正见有善恶、业报、前生后世,虽然是难得的,但如不信圣者解脱的自在境地,那人生可真苦了!五趣流转,生死死生,一直这样的升沉下去,这幕演不完的人生悲剧,如何得了!人生,决不是这样无希望的;确信圣者的自在解脱,才能向上迈进,冲破黑暗而开拓无边的光明。所以还要正见有凡夫,有圣人。

众生无始以来,"生死"死生,"常"在五趣中"相续"流转,这是一般的凡夫。经修行而得证的"圣者",能"得"到生死的"解脱"。怎样才算是圣者?凡能现起无漏净智,体证法性——一切法的真如,就是圣人(勿与世间的假名圣者相混)。圣人也有好多阶位,但与凡夫的根本不同点,就在乎有净智、证真理。什么叫解脱?解是解除,脱是开脱。众生在生死中,不得自在,如在罗网中被系缚了一样。圣者得了净智,就断去生死根本的烦恼,这才从生死得解脱,得大自在,得真安乐。

凡夫与圣者,本来同样的报得"有识之身"。只因凡夫愚痴——以无明为主,这才系缚在生死中,不得自在。圣人因修持而得净智——以般若为主,这才解脱生死的系缚。这一"凡圣,缚(解)脱"的差"异",一定要"深"切"信"受,切"勿"存丝毫"疑惑"。因为能信,就知道有圣者,有解脱;也能信圣者有真智慧,大能力;对于圣者的功德,如三明、六通、十力、四无所畏、十八佛不共法等,都能信受。能这样,就是奉行人天乘法门,现时还不能进求出世解脱的佛法,也能渐渐养成出世法种。否则,圣者与圣者的一切功德,都不信了;这不但诽毁事实,熏成邪法种子,也障碍了自身的进修。有些人自作聪明,以凡夫的知见来衡量一切，觉得自己不是圣者，没有净智，没有神通，人就不过如此，哪里会有圣者呢？这种人的愚痴，真是可怜极了。如同样的用黏土做成的瓶子，没有经过火的锻炼，遇水要化，风吹日晒会分裂破坏。如经过火的锻炼，成为磁瓶，遇水不会化，风吹日晒也不会裂了。世间粗事，经过锻炼，还大大不同，何况自称"万物之灵"的人呢！难道依法修行，经般若智火的熏炼，还是凡夫那样的吗？凡夫与圣人的存在，一定要从深切信解中，引发坚定的正见。——上来，说明世间正见的主要内容，为修学佛法者所必不可缺的见地。

流转五趣中，身心多苦迫。

众生在"流转五趣"之"中"，实在不大理想，"身心"方面，常受很"多"的"苦迫"。不过从大苦而到小苦，也会觉得轻松而舒适得多。三恶道苦多，不消多说；人间，也是"不如意事常十九"；诸天享福，也还有忧苦，尤其是一旦命终，自己知道要堕落时，那真是说不出来的忧苦呢！

大地狱极热，近边遍游历，八寒及孤独，是诸苦中极。

先说地狱趣苦。地狱，梵语捺洛迦，是苦处的意思。地狱分四类，共为十八地狱。一、主要而根本的，是八"大地狱"；由于猛火的烧燃，受着"极热"的苦迫，所以也叫八热地狱。依经论说：八大地狱，在此地层底下；地球中心，确是充满烈火的。如有时火山裂口，就会喷出火来。佛经与基督教的《旧约》，都有大地裂开、陷身地狱的记载，所以八热地狱，决在地下——地球中心无疑。有人怀疑：这样的火热，怎会有生命存在呢？不知道，众生业力不可思议！有的入水而死，有的却要在水里才能生活。有的埋在土里会死，有的一直生长在土里。众生不可思议，切勿专凭自己的生理情形去推想一切。八大地狱是：等活，黑绳，众合，号叫，大号叫，炎热，极热，无间。这些地狱，有二种特点：一、都受着猛火的焚烧，及为烈火烧热了铜铁（近于岩浆）所迫害。铁地，铁室，铁鏊，铁槽，铁山，铁绳，铁刀，铁镤，铁椎，铁串，铁炭，铁钉，铁钳，铁丸，这些火热的铜铁，种种的方式来苦迫罪人。二、身体又大，寿命又长（无间地狱寿长一中劫），所以地狱的最苦痛事，不是求生不得，而是求死不能，在业力没有尽以前，怎么也死不了，烧成灰也要活转来。地心深处的无间（梵语阿鼻）地狱，猛火烧燃，苦痛的迫身，连一丝毫的间断都没有，这是罪大恶极的受报处。

二、"近边"地狱，也叫游增地狱。这在八大地狱的附近边缘，是热地狱的流类。每一大地狱，都有四门；从每一门出来，又都有同样的四种地狱。这样，每一地狱有四门，每门有四地狱，就共有十六地狱；八大地狱都如此，就总有一百二十八地狱。八大地狱的众生，受苦完了，从每一门出来，就又必然地周"遍游历"这四地狱，从一处到一处，增受苦迫，所以也叫做游增。四地狱是：一、煻煨，这是火热的灰坑。二、尸粪，这是粪泥坑，坑中有类似粪蛆的利觜虫。三、锋刃，这又有三处：1. 刀刃路；2. 剑叶林，这里有恶狗；3. 铁刺林，这里有铁觜的大鸟——这三处，同受刀箭的苦害。四、无极河，这是沸热的灰水，落在里面，如油镬中煎豆一样。

三、"八寒"地狱：或说从八大地狱——地球中心横去到外边;或说在铁围山的那边。铁围山,为这一世界——地球的边缘,据说是日月所不易照到,寒冷无比。所以推断寒地狱在南北极,大概是不会错的。八寒地狱是:疱,疱裂;嚱哳吒,郝郝凡,虎虎凡(这三处,依寒冷的呼号声得名);青莲,红莲,大红莲(这三处,依肤色及破裂情形得名)。寿命也极长,所以也苦痛不堪。如说:"无比严寒侵骨力,遍身战栗而缩屈,百疱起裂生诸虫,嚼抓脂髓水淋滴,寒迫齿战毛发竖,眼耳喉等悉寒逼,身心中间极蒙蔽,住寒地狱苦最极。"①

　　四、"孤独"地狱:这可说是人间地狱,或在深山,或在海岛,或在旷野,或在深林,到处都有。这不是众多和集一处,而是少数,或一或二的众生,由于个别的业力,感到这地狱一般的苦报,所以叫孤独。最近报载:台湾某处,有一父亲虐待他的生女,关闭在无空气无阳光的暗室中,食不能饱,衣不蔽寒,整整的十五年,还是小孩的样子(发育不良)。不但面无血色,皮肤浮肿,简直不像人样。众生的业力不可思议!在这光天化日、繁荣闹热的所在,会有身受这样苦报的人存在!这该是近于孤独地狱的了。

　　这四类十八地狱,"是诸"受"苦"的一切众生"中",最"极"苦痛的地方。在没有解脱生死以前,人人有此堕落可能性的,应该生大怖畏,勿作恶业。

旁生种种异,吞啖驱使苦。

　　再说"旁生"趣的苦迫。旁生,或作畜生,实包括了人类以

---

① 《菩提道次第广论》卷三引经(五〇下)。

外，近代人所说的一切动物。他们的形态、颜色、住处、生活、寿命，是"种种"别"异"的。佛法每分为：无足的，如蚯蚓等；两足的，如鸟类；四足的，如兽类；多足的，这又有六足、八足，以及更多的足，都是虫类。从住处来说，原本住在大海中，后来分移到各处，这才有在水中的、陆上的、空中的差别。其中，也有两栖的；还有可以飞空，可以着陆，也可以入水的。他们智力的高低、寿命的长短、享受的苦乐，都相差得很远。如龙与金翅鸟等，有的享受还胜过人类呢！然从一般来说，这是非常苦痛的恶趣。经上说：鸟等"心种种故，色种种"①。由于近代的研究，对这已部分地得到证明。如鸟兽的眼睛（引发眼识），能分别认识青、红、紫等颜色，那它身上的毛羽，就有种种艳丽的颜色；如不能认识红等，那毛羽就是灰色的、暗黄的。又如昆虫的保护色，有的形态也还像树枝、败叶。这无非因为常住在这一环境，时时认识这些，因而熏习内心，由心理影响生理的组织，以及外表的颜色。

　　旁生趣的苦迫，主要是互相残杀，互相"吞啖"。大鱼吃了小鱼，大虫吃小虫，这是到处可见的事。蜘蛛布网在屋角，就为了捕杀飞虫。青蛙与鸟类的吞食昆虫，食量都相当惊人。躲在树心的小虫，也有啄木鸟来吃它。蚂蚁平时好吃别的昆虫，就有穿山甲以蚂蚁为唯一食品。龙王，也还有被金翅鸟吞食的厄难。人类对于旁生，也有残杀吞啖的恶习。有的为了它们的皮毛牙角，大量捕杀，还美其名为生产。旁生界，实在是无时无刻，都是相互残杀的屠场！还有，如牛马等，为人类所系缚，鞭策它，"驱

---

　　① 《杂阿含经》卷一〇（大正二·六九下）。

使"奴役它,丝毫不得自在。旁生界的"苦"迫,是仅次于地狱的。从前,释迦佛为太子时,一天去田里察看农耕,见农夫辛苦得很。农夫又鞭策犁田的牛,身上出血,血流到地上,很快地生出虫来;犁过了田,地下的虫类也被暴露到上面,天上的鸟就飞来啖食小虫。太子见到旁生界的残杀吞啖,因而悲悯众生,发起出家修行的大愿。一般人不但没有警觉,没有同情,还吞啖它们,这与旁生有什么差别呢!

饿鬼常饥渴,不净以为食。

三恶趣中的"饿鬼",依字面而说,就可知道是受着"常"患"饥渴"苦迫的众生。饿鬼是五趣之一,与我国俗说的人死为鬼不同。佛法中说:饿鬼有三大类:无财的,少财的,多财的。无财鬼也有三类:1. 炬口(就是焰口),饮食入口,就化为火焰。2. 针口,咽喉细小如针,饮食无法咽下去。3. 臭口,满口腐烂发臭,不能饮食。少财鬼,是多少可以饮食的,也有三类:1. 针毛,2. 臭毛,3. 瘿,都因身体的特征得名。有的遇到饮食,就化为脓血不净;或专食痰唾尿屎等不净。依这一类说,所以是吞啖"不净以为食"物的。多财鬼,享受得相当丰富的,也有三类:1. 弃者,专受人类祭祀而生活的;这与我国传说的神道相近。2. 失者,是以人间遗失的物品为生的。这二类,有时也还要遭遇饥渴的苦迫。3. 大势,那是夜叉、罗刹等大力鬼王,享受与天福相近。虽有这种种,而多数的无财、少财鬼,都是患着极度饥饿的,因此总名为饿鬼。

悉由三不善,恶行之所感。

上面所说的三恶趣,"悉"是"由"于烦恼的"三不善"根,造作杀、盗、邪淫等重大"恶行之所感"得的。欲界的贪欲、瞋恚、邪见(痴)——三者,为不善法的根源;由此烦恼的发动,就会做出种种邪恶的行为。恶行成为恶业,这才感到这恶趣的苦报。如杀生,有从贪欲而引发的,如为了谋财而害命。有由于瞋恚而引发的,如报怨复仇,或者一时的怒火上冲,就把对方杀害了。也有从邪见而引发的,如外道的为了祭天而杀牛羊;台湾的为了拜拜而杀大猪。杀生如此,偷盗、邪淫等也如此。在这三不善根引发的恶业中,上品极重的,就感地狱报;中品的受旁生报;下品的堕在饿鬼。总之,不起深重烦恼,不作重罪大恶,是不会堕落这三恶趣的。

人中苦乐杂,升沉之枢纽;人本误鬼本,习俗谬相沿。

现在要说到善趣的人身,这是我们所最能亲切了解的。受报在"人中",不像三恶趣的苦迫,也不像生天的福乐,人身是"苦乐"参"杂",有苦有乐,忽苦忽乐的。这对于修学佛法,却是良好的环境。因为恶趣苦多,没有修学的闲暇。天上太安乐,一味享受,智慧就会减损,也与佛法不相应。在人间,如以刀磨石,愈磨愈利;生天,如以刀切土,就愈切愈钝了。

在五趣中,人是"升沉之枢纽"。如生天,是由于人身的积集善业,修习禅定。如由天而更向上生,或由恶趣而生天,这都是过去世中人身所作的善业。堕落恶趣,也大半由于人身的恶业。如从天而堕恶趣,这不是由于天身作恶,因为诸天是没有严重恶行的(色界天以上,仅有有覆无记烦恼),这是天福享尽了,过去未了的恶业成熟受报。如从地狱而生旁生或鬼趣,也决不是地狱的众生造了恶业；地狱众生，一味受苦都来不及，还会作恶吗？这都是过去世中，人身所造的恶业。鬼与旁生，除少数的高级而外，大部分是不会造作恶业的。人间的无知小儿、失心的狂者，杀了人，还不负杀人的重罪，何况多数旁生，比小儿更无知，仅凭生得的知能而行动。大鱼吃小鱼，大虫吃小虫，是众生界可悲的现象，是不清净，可以有轻业轻报，但决不会因此而成引业，使众生堕落三恶道的。所以，由业力而升沉（除少数鬼畜），主要为人类善恶业力所招感。堕地狱，是人类的恶业。断善根——极恶到连少许的善根都暂时没有了，也唯有人类才有可能。反之，修禅定而生天，是人身的善业。能出家、持戒、修行、了生死、成佛，也唯有人类才有可能。因此，人身作恶，可以恶极；行善，也可以善到彻底。约五趣升沉来说，人身的行善作恶，是一总枢纽，一切都由此出发，上升或下坠。人身是这样的，应该警惕，不要失却人身，堕落恶道。也应该欢喜，因为了生死、成佛的机会到了！

关于生死轮回，一般人的误解很多。印度教以为：人死了，不问圣人、凡人、善人、恶人，一切都进入阎摩王的都城。恶人们，经过阎摩王的裁判，被送入各种地狱去受刑。中国一向是"人死为鬼"，"鬼者归也"。佛教的轮回观，透过中国人的旧观念，大抵以为：一切死人，都成了鬼。有功德的成为神；有罪的，要经历应得的报应，在不同的地狱中，受十殿阎罗王的惩处。等到受罪完毕，这才按照生前的业行，到各处——人间、畜生去受生。中国一般的佛教徒，不知佛说的生死流转，是"人本"的，是说由人造作善恶业，人死了，就依业力而受天、人、饿鬼、旁生、地狱的果报。大家"误"以为中国式的"鬼本",以为人死了一切都做了鬼。同时,鬼与地狱不分,所以认为在地狱受苦的鬼,受罪完毕,再往人间或旁生去受生。这真是错误极了！然而"习俗"的"谬"说"相沿"成风。有些学佛的,觉得要生天、生净土,而同时没有忘记"人死为鬼"的旧观念。于是口口声声说要生天、生净土,同时又作鬼的打算,冥镪、纸屋等,还是照样地准备。做儿女的,也觉得非此不足以表示孝心。不知人死了,随业力流转,生人生天的也不少,念佛的也有往生西方。怎么一口断定,自己的父母,死了堕落在恶趣的鬼道呢！可能是诬辱父母,不孝之至！中国一般的鬼本论,以谬传谬,由来已久,非从根本上纠正过来不可。

天趣初欲界,色及无色界。身胜寿亦胜,乐胜定亦胜。

"天趣",为生死流转中的善趣,比人间更为胜妙。最"初"是"欲界"天。不但有心有色,而且有五欲与男女欲的环境；众生的烦恼,就系缚于这些境界而不能离的,是欲界。欲界的大地——地面,地下,水中,(近地面的)空中,所有的地狱、旁生、饿鬼、人、阿修罗,都是欲界的；此外还有欲界的天。依于大地中心的须弥山而住的,有四大王众天、忉利天；此二天是地居天。从此以上有夜摩天、兜率天、化乐天、他化自在天,这四天是空居天；一共有六天。欲界六天,都有君臣男女的国家形态,与人间差不多,只是福乐胜妙而已。欲界以上,是"色"界。这是有心识的,有物质(色)的身体与住处,可是没有欲乐。众生的烦恼,系缚于这些(色等)而不能离,所以叫色界。色界天,略分为四禅天,细分为十八天。初禅有三天——梵众,梵辅,大梵。这虽没有男女的差别,但还有君臣人民的国家形态。二禅有三天——少光,无量光,光音;三禅有三天——少净,无量净,遍净;四禅有九天——无云,福生,广果,无想,无烦,无热,善现,善见,色究竟天。二禅以上,都是离群独居的;世界就是自己的宫殿,不像人间有一共同的器世界。此上是"无色界":这是连物质(色)的身体与住处都没有,仅有心识,众生就为这心心法而系著。由于没有物质,不占空间,所以不能说在哪里。但依禅定(生天的因业)来说,这是比色界四禅更高上的。无色界也有四天——空无边处,识无边处,无所有处,非想非非想处天。三界诸天,共有二十八。

天趣,是五趣中最福乐的,现在以四事来说。一、"身胜":身体非常高大,最下的四王天,身长四分之一俱卢舍——合九十丈。八俱卢舍为一逾缮那,依佛教说,一逾缮那即合华里十六里。色究竟天,身长一万六千逾缮那,也就是身长二十五万六千里了。不但身材高大,身体的端严也是人间所不及的。从前,佛弟难陀,娶妻名孙陀利,是当时唯一的美女。难陀出了家,还时时想念她。如来带难陀到忉利天,见了天女,难陀就觉得:孙陀利简直如瞎猕猴,再也不想她了!二、"寿""胜":天趣的寿命极长,最下的四大王众天,寿长五百岁,合人间九百万岁。最高的非想非非想天,寿长八万大劫。在他的一生中,我们这个世界,大破坏而又成立,成立又破坏,就是八万次了。这样的长寿,真是求长生与永生的所不曾梦想的。三、"乐胜":欲天有种种的欲乐;色界从初禅到三禅,不再有忧愁苦恼,都有微妙的禅乐。四禅以上,心境平和而安定,比起欲界的烦嚣动乱,初禅到三禅的喜乐冲动,真是幸福极了!四、"定""胜":空居的欲界天,也有些微定力。初禅以上,就是修四禅及四无色定的果报。一生天上,就长在报得的定中;定力尽了,他的寿命也尽了。从他的寿命悠久,可知色无色天的报得定果,是怎样的殊胜了。总之,在三界生死中,天趣实在是最福乐的!

诸苦由恶业,乐由善业集。苦乐随业尽,修善宜积极。

人都是厌苦求乐的,都是不愿坠落恶趣而愿上生人天的。但这不会因我们的虚愿而成功,要从止恶行善的行业中得来。如三途的苦,人间的苦,欲天也有忧苦:这"诸苦",都是"由"往昔的"恶业"而来。天上的福乐,人间乐,旁生与饿鬼的乐,甚至地狱中(除无间地狱)的些微乐感:种种"乐"报,无不"由善业"的积"集"中来。乐报与苦报,决定依于善恶的行业,所以唯有止恶行善,才能离苦而得乐。

依善恶业而招感的"苦乐"报,不是永久的,是"随"着"业"力的限量而终"尽"的;这是非常重要的见地。如能切实信解,那么如遭逢苦痛逆境,不会失望悲观,因为知道这是恶业所招感,而恶业的力量有限,苦果终于要过去的(就是沦坠地狱,也是会超脱的),何必为苦痛而扰乱自己,应该努力修善,以求得当来的福乐。如遭逢喜乐顺境,也不会得意忘形,骄奢放逸,因为知道这是善业的果报;善业力是有限量的,福乐也是不久要过去的(生非想非非想天,还是不免堕落),怎么可因喜乐而放逸。这譬如年逢荒歉,生活艰难,但这唯有努力耕耘、播种、施肥、灌水、去虫,挨过了饥荒,新谷登场,就可得丰乐了。如年岁丰收,尽管仓廪充足,也唯有努力耕耘、播种、施肥、灌水、去虫。因为不这样,坐吃山空,等到没有可吃的时候,那可就苦了。所以,依于深信业果的正见,厌苦而求乐,那不要管现况怎样,而但知"修善宜积极"。能确立这不问现况如何,但知努力行善的人生观,才是得到了佛法的正见。

若时能行善,而未作善业,一旦苦果临,尔时复何为?

这是警策及时修善的论颂。"若"现"时"不堕八难,不是幼稚老耄,又不是残废颠狂,或者有知识,有能力,有资财,有权位,有名望,着实"能"修"行善"业,这是多么难得的机会!如不知自爱,浪废光阴,"未"能努力修"作善业",岂不可惜!现在的人身乐果,是过去善业所招感的,业力有限量,不能长此维持;既没有行善,那么"一旦"老死到来,当然恶业成熟,"苦果临"头。试问:到"尔时","复"有"何"善可作"为"呢!所以,人生应该趁早行善,不可等待,不可因循!

求人而得人,修天不生天。勤修三福行,愿生佛陀前。

依上来所说,知道应该努力行善,求得人天乐果。但在人乘天乘中,修学哪一乘更好呢?什么才是报生人天的善业呢?怎样才能不为人天福报所拘,或因作恶而堕落呢?本颂,就是解答这三个问题。

一、人乘与天乘,都是善报。依福报来说,天报比人报要胜妙得多。所以应该修人乘法,最好能修天乘法。可是,如上面所说,人有三事,比诸天还强;佛出人间;诸天命终,也以人间为乐土:在这适宜于修学佛法的立场,人间比天上好,人乘法也就比天乘法更可贵!我们以人身来学佛,切不可羡慕天国的福乐,应该修学人乘正法。为了"求"得"人"身,"而"修行人乘正法,当然依业受报,"得"到了可贵的"人"身。至于天乘法,不是完全不可修,但要不是为了生天,并且不愿生天,这样的"修"行"天"法,由于愿力,"不"致随业力而报"生天"上。愿力是不可思议的!不过,高深的天法(禅定),还是不修为妙。恐怕愿力不敌业力,为业力所牵而上生天国,这就落于八难之中,成为学佛的大障碍了。

二、要修集人乘天乘的善业,才能得生人生天的乐果。生人生天的正业,佛说为"三福业",就是布施、持戒、修定。所以唯有"勤修三福"业"行",才能得人天乐报。有些人,不明因果,不修正业,妄想生人生天。如祈求天帝,希望天帝能救度他,达到生天的目的。佛曾呵斥他们:不修善业而祈祷生天,犹如将大石投在大池中,而在池岸上祷告,希望大石能浮起来一样①。古德曾说:"生天自有生天业,未必求仙便得仙。"然世间不知正因正果,不知正路修行,妄想求生人间天国的人实在不少,真是可怜!

三、修集人天善法,怎么能不为人天福报所拘,或者因作恶而堕落呢?这只要发"愿"求"生"人间,逢"佛陀"出世,能在佛"前"闻法修行就得了。如能生逢佛世,见佛闻法,就与佛有缘,与法有缘,与无量学佛法的师长道友有缘。不但熏集佛法善根,而且能广结法缘。这样,来生生在人间,当然会蒙师友的引导启发,归向三宝,见佛闻法修行,又与佛法及无量学佛法的法侣有缘。这样的展转增上,功德增长,不会因作恶而失却人身(人身

---

① 《中阿含经》卷三(大正一·四四〇上)。

而堕落,大多是不曾归依修学佛法)。而且善根增长,法器成熟,自然会由此而进入出世大乘法,为佛道作阶梯了。所以凡未能发出离心、发菩提心的学众,应励行人乘正法,日日发愿:"惟愿三宝慈悲摄受!愿得生生世世,见佛闻法。"发此见佛闻法的正愿,修人乘的正行,保证会不失人身,由此而进入佛道。

依资具得乐,依施得资具;故佛为众生,先赞布施福。

以下,解说三种福业。先说布施福业:如来说法,不像我们现在,一开口就是了生死;生净土;即有即空;即心即佛。对于一般众生,如来总是先说:"说施,说戒,说生天(修定)法。"① 如对此五乘共功德(人天善业)能信受奉行,又能透发出世善根,这才进说出世法门。在这三福业中,如来又总是先说布施。这有着非常重要的道理,月称菩萨颂②,给予明确的开示出来。

人类,要"依"衣食住行医药等必须的"资"生"具",才能"得"到福"乐"。旁生中最低级动物,也要依资以为生的食物,才能得生存的福乐。所以我们的福乐(乐是由生理所引发的乐受),不能离物质的资生具而存在;精神上的种种喜乐,一般也是要依此为基础。所以古人说:"仓廪足而后知礼义";富庶而后兴教化。这种物质生活的福乐,是众生——人类最基本的欲求;佛也从不曾反对人类这种物资欲乐的正当要求,而且是看为首先的,适应众生而说"永断贫穷根本"的佛法。

物质的资具,从何而来?世人但知勤劳工作,发展科学,这

---

① 《中阿含经》卷六(大正一·四六〇中)。
② 《入中论》卷一(一二下)。

是但知当前的现缘,而不知往昔的宿业。佛说:"依"于物质的布"施"善业,所以"得"今生种种物质的"资具"。我们所有的物资,如藏而不用,一死(对自己)就等于零。如自己享用或浪费,也就从此没有了。如将部分的物资布施在福田中,就能感后世物资的福乐。布施功德有大小,福乐也就有差别。这等于将谷子播在田中,将来能得十倍百倍的果实。自然界的一切物资,是众生共业所感的;又依往昔的业力,各摄取部分为自己的而加工享用。业力所感的物资福报,虽需要现生的功力去采集、开发、制造;但如没有施业,没有物资,如贫乏地区,或缺乏某些物资,那一切现缘的功力,也就无法可施了。所以物质的福乐,实在是依于往昔的布施善业而来。

这样,物质的资生具,为人生福乐所必须的,这是基本而首先的正当欲求。此资生具,依于布施的福业,所以,"佛为众生"说法,总是"先赞布施"的"福"报,劝人修集布施功德,以免来生的贫乏艰苦,影响事业的成办、佛法的进修。如来先赞布施,是看清了物资的受用,是建立人间和乐、出世圣法的根本。如贫乏到无以为生,那人间的和乐、出世法的修学,都无从说起了。

施以舍以利,由悲由敬别,心田事不同,功德分胜劣。

五乘共法的布施,着重在物资的布施。怎样才算是布施?凡布"施"要有二大条件:一、"以舍":自己对于该项物资,要有舍心——牺牲心。如被人借去而不能归还;或遗失了;或勉强给予而没有舍心,心痛不已,这都不能说是布施。二、"以利":布施给人(或畜生等),要使人得到利益。如以毒品施人,意图毒害对方等,就不能说是布施。所以布施的定义是:甘心乐意地,牺牲自己的福乐来成就别人的福乐。布施的真精神，就是损己利人。无怪乎利他为先的大乘法，布施功德有着重要的价值。

布施的动机与对象是什么？这也有二类。一、"由悲"：对人类的鳏寡孤独，残废疾病；或者遭水火风等灾害；或者受到兵燹；或如老牛的临死乞命等。以同情的悲悯心而布施，近于现代所说的慈善救济事业。二、"由敬"：对父母的孝养，尊长的供奉，三宝的恭敬供养等，以尊敬心来布施，也含有报德的意味。此二类，布施的动机与对象各"别"。

说到布施功德的胜劣，这要从三方面来说。一、"心"不同：或悲悯与尊敬心深重；或悲敬淡薄；或者没有悲悯与尊敬心，存心不同，那布施虽同，功德却大有差别了。二、"田"不同：田是福田，就是布施种福的地方。如贫穷疾病等是悲田，父母三宝等是敬田。敬田中，供养父母胜于供养尊长。三宝中，如供养初果圣者，不如二果；二果不如三果；……菩萨不如佛。一切布施功德，不及施佛功德，这是福田尊胜的缘故。悲田中，以可悲悯的程度来分别：如少壮不务正业，弄得衣食无着，这虽然可悲悯，当然不及残废老弱的可悲。三、"事不同"：事是所布施的事物。如心同田同，那当然要依布施事物的多寡，而"功德分胜劣"了。这三项中，佛法还是以心为重，所以贫人一钱一果的布施，不一定不如富人十万百万的功德呢！

施应如法施，勿随至怖报，求报及习先，希天要名等。

布施功德的大小，是依动机、对象，及布施的事物而分的。所以有些不纯的、不高尚的布"施"，"应"该避免，而修"如法"的布"施"。什么是不纯的、不高尚的、不合施福业的真意呢？

略说七类"勿"可以的：一、"随至"施：不能自动地发心布施，由于乞化的、募缘的逼上门来，不好意思拒绝而勉强布施，心痛不舍。二、"怖"施：这是发觉到自己的财产、权位、生命，危急而难以保持，怕什么都失去了，于是乎去布施，希望从布施功德中，得到现生消灾延寿、逢凶化吉的果报。这种布施，是一般信徒常有的现象。三、"报"恩施：因为受了人的恩惠，所以现在以酬谢心去布施。这不可说是种福，而只是还债。有些人遇到不顺利的环境，去向神佛许愿。环境顺利了，于是去酬谢布施，这都是不合标准的布施。四、"求报"施：在布施时，就希望别人报答他。甚至为了希望他帮助，希望他为我而献身命，这才时时以隆重的礼物去布施，使他感激而为自己出力。五、"习先"施：自己并无布施的意欲，只是世代或父母传下来，每年总是布施三宝；或布施慈善机关，因而沿习下来，照例行施。六、"希天"施：这是为了求得天神的喜悦，获得天神的护佑；或者希望上生天国而行施。七、"要名"施：为了沽名，这才行施。有些，在大庭广众前，为了面子，不能不慷慨地施舍。这种种布施，当然也有多少功德，但与佛法的布施真意义，到底是相去太远了！应该出于深切的悲敬心，作如法的布施才是。

克己以利他，坚忍持净戒。

现在要说到持戒福业。布施，（主要）是牺牲身外的财物来利益众生，是极有价值的德行，但还不是难得的。止恶行善，达到自心的清净，为佛法的宗要，所以比施舍身外物更殊胜的，是戒了。戒是从"克"制自"己"的私欲中，达到世间能和乐善生的德行，就是从克己"以利他"的。如持不盗戒，不是今日不盗、明日不盗,也不只是不盗张姓、王姓,而是从此以后,不盗取一切人、一切众生的资具。所以持不盗戒,是对一切人、一切众生的资财,给予安全不侵害的保障。如不邪淫,不是限定某些人,而是从此以后,对一切异性,决不以诱惑、强暴等手段,为了满足自己的私欲,而破坏其贞操,破坏其家庭的和好。所以,佛赞五戒为"五大施",这种利他功德,实在比一般布施为大,更有高上的价值。

受持戒行,要克制自己的私欲,所以要有"坚"毅的决心,"忍"受种种的考验:忍受艰难困苦;忍受外来恶劣环境的诱惑、威胁、强迫;忍受内心的私欲而不让它胡闹,甚至要有"宁持戒而死,不毁戒而生"的决心。要这样坚忍地克制情欲,克服环境,才能"持"戒而保持"净戒",不致毁犯戒行;不致多年的持戒功德,毁于一旦(只要一犯,就全部失败了。如人一生守法,一次犯法,就要受法律的制裁)。

以己度他情,莫杀莫行杖,勿盗勿邪淫,勿作虚诳语,饮酒败众德,佛子应受持。

现在说三类戒:五戒、八戒、十善戒,这是五乘共法的戒德。先说五戒。

为什么要持戒?有些不了解持戒的意义,而只是羡慕持戒的功德而持戒,这虽然是好事,但不是理想的。从佛说《阿含经》、《法句》,到大乘经,都说明,这是"以己度他情",因而自愿克制自己情欲的德行。以自己的心情,推度别人(一切众生)的心情,经中称为"自通之法",也就是儒家的恕道。如经上说:"我欲生,欲不死,欲幸福,欲避苦。如有破此欲生,欲不死,欲幸福,欲避苦之我之生命(此据杀生而说),此为我之所欣爱耶?若为我所不喜爱,则我去破与我同欲生,欲不死,欲幸福,欲避苦之他生命,他亦不欣爱此。不独如此,凡为自己不爱不快之法,在彼亦为不爱不快之法,然则我如何以己所不爱不快之法而害他!"①这就是孔子所说的"己所不欲,勿施与人"。耶稣也说过:"要别人怎样待你,你也要怎样待人。"人与人间的正常道德,不难从这以己度他的意识获得(但基督教的道德,是从爱神的前提中得来)。自己厌苦求乐,别人与我一样,那怎可以夺他人的喜乐,增加他人的痛苦?怎可不同情别人的喜乐,不救济别人的苦痛?佛教"与乐拔苦"的慈悲,也就是这种精神的实践。所以克制自己的情欲而持戒,不是别的,就是自通之法,本于慈悲而自愿持戒的。这真是现(世)乐后亦乐的法行!

　　五戒,是在家的善男(优婆塞)善女(优婆夷)所应持的戒律,称为"近事"(优婆的意译)戒。这虽然是家庭本位的戒德,但戒德的基本原理,彻上彻下,就是菩萨戒,也没有例外,不过更彻底、更清净而已。五戒,都是本于"以己度他情"的。一、"莫杀",是不杀生戒。无论是自己动手,或使他人去杀(同意他人去杀也有罪),断了众生命,就是杀生。不过不存心的误杀,虽要负有责任,但不成重罪。在杀害众生中,当然是杀人的罪业最重。"莫行杖",是禁止以刀杖瓦石等伤害众生;伤害,虽还没有构成杀罪,但是杀的流类,不过罪轻一些。二、"勿盗",是不与取戒。无论是国家的、私人的、佛教的,凡有所系属的(有主的)

---

① 《相应部》五五"预流相应"(《南传》卷一六下·二三六)。

一切物资，如不得对方同意，加以窃取、强夺、霸占、吞没，就犯了盗戒。依佛法，不能以饥饿、疾病，或者孝养父母、供给妻儿等理由来盗取，盗取的一律成罪。三、"勿邪淫"，是不邪淫戒。如男女同意，得保护人的同意，不违反国法，经当时公认的婚仪而结为夫妇；这种夫妇的正淫，为家庭组成的要素，子孙延续所必要，是正当的、无罪的。反之，在家士女，即使取得对方的同意，而为佛法所不许（如受八关斋戒时），国法所不容，或为亲属保护人所不同意，都属于邪淫，而为佛教在家信众所应戒除的。因为这不但伤害对方的自由意志，也是破坏家庭和乐，扰乱社会秩序的恶行。四、"勿作虚诳语"，是不妄语戒。为了自己的利益，亲族友朋的利益，或使怨敌受害，而作不尽不实的妄语。不知道的说知道，知道的说不知道；有的说没有，没有的说有；是的说不是，不是的说是。因此虚诳的语言，使自己或亲属得益，使别人受害，是犯了严重的妄语罪。其他的妄语，有罪而轻一些。

　　上面四戒，称为性戒，其本身就是罪恶；无论受戒不受戒，都是犯罪的。不但佛法所不许（不过佛法更彻底），国法也是要制裁的。五、勿"饮酒"，是不饮酒戒。凡是能使人乱性的，就名为酒，绝对饮不得。虽然有些人说，饮酒于健康有益。但从佛法看来，可说一无是处。一、饮酒能乱性，每是不能自制的。醉了，不但误事，而且平时不能说不能做的恶行，都会做出来。律记载有：一位佛弟子，本来持律谨严，为了饮酒醉了，同日犯了杀盗淫妄四重罪。所以说"败众德"。其实，不但佛法中功德，就是世间的家庭幸福、朋友友谊、事业资财，也每因饮酒而破坏了。二、一切罪恶的根源，就是颠倒无知。而饮酒使人陷于迷乱颠倒状态;饮酒成习,对于正念正知是大障碍。有些人,因为常在醉乡,生下儿女来,也精神失常,或者患着严重的白痴症。所以,饮酒虽似乎并非罪恶,而实是障碍智慧、败坏众德的罪魁。所以不但前四戒,"佛子"也"应"该谨严地"受持"不饮酒戒,以护持德行,并进而趣向以慧为本的出世法门。

五戒尽形寿,众福之所归。

上来所说的"五戒",是优婆塞与优婆夷应持的净戒。归依时,自愿说:"尽形寿归依佛法僧";所以五戒,也要"尽形寿"受持。归依是志向三宝的信愿,受五戒是归向三宝的实行。归依而不受持五戒,只可说假名优婆塞、假名优婆夷,实只是假名归依而已。归依时说:"从今日乃至命终,护生",这就是誓愿受戒。戒是本于慈悲的自通法,所以以不杀生——护生为本;不盗、不邪淫等,都是护生的分别说明。有人译"护生"为"舍生",更明显的是举五戒中不杀生戒为例(受戒时,不一定要说明一切戒条,受比丘戒也如此)。所以归依后再受五戒,不过分别戒相而已。真诚地归依三宝,是不会不受持五戒的。有信仰而无行为的改善,便是缺乏真实信仰的明证,算不得圆满的优婆塞。然如来大慈,觉到在家士女的习染深重,一时不容易清净地全部受持;如严格了,反而会不敢来亲近三宝,所以又随各人能持的多少,说有一分(持一戒的)优婆塞、少分(持二戒的)优婆塞、多分(持三戒四戒的)优婆塞、满分(持五戒)优婆塞——四类。所以在归依三宝的在家弟子中,以能持五戒清净的为上上。

受五戒而能持戒清净的,那可说是"众福之所归";如得了摩尼宝,一切珍宝都会来归集一样。由于持戒,现生不犯国法,受到社会的尊重，真是人天欢喜，天龙护持。邪恶的鬼神，退避都来不及，所以事事吉祥。持戒的，不作一切罪恶，心地清净，报生人间天上；也可为定慧所依，引发出世功德。五戒的功德，实在说不尽！

加行日夜戒，随顺出离者。

净戒的第二类，是八支斋戒，也叫近住戒。八支戒是：一、不杀生；二、不盗；三、不淫；四、不妄语；五、不饮酒。此五支，与五戒相同；但不淫戒，在受戒的期限内，就是夫妇的正淫，也绝对禁止，与出家人相同，所以但说不淫。六、不香花鬘严身，歌舞观听（或分为二支），是不得涂脂抹粉插花，及严丽贵重的首饰；歌舞是不能看不能听的，当然自己也不可作。七、不得坐卧高广严丽的床座。八、不得非时食，就是过午不食。后三戒，与出家人相同。八戒中的不非时食，名为斋。在家佛弟子，不能出家修行，而对于出家生活，却非常钦慕。所以佛制八戒，为在家弟子的"加行"，一"日"一"夜"持"戒"。这是"随顺出离"行"者"——阿罗汉等，学习谨严淡泊的出家生活。受此戒的，近于僧伽或阿罗汉而住，所以叫近住戒。五戒是终身持的，但到底是在家的德行，所以短期来学习出家行，受此八戒。如再加受不捉持金银戒，就是正式出家的沙弥戒了。

八支斋戒，佛制一日一夜受持，一般都在六斋日——每月（农历）初八、十四、十五、二十三、二十九、三十日，是印度习俗布施修善的日子。这一天早上，大抵到寺院里来，请阿阇黎传授这日夜戒。当天持戒，不得毁犯，到了明日天光，东方发白，就宣告完毕。下次要持戒，再来请师长传授。在家人，不可能长期过着出家生活,所以佛制一日一夜受持。但有的以为:不必限定一日一夜,随受戒人的发心,三日、五日、一月,都没有不可以的。

比起五戒来,八支斋戒要精严得多。但五戒终身受持,也自有胜过八支斋戒的地方。所以五戒与八戒的功德,随持戒的受持情况而定,很难说谁优谁劣。还有,五戒为在家弟子的正常戒行;进一步地学习出家生活,才偶尔受持八支斋戒。但也有不能终身受持五戒,却发心短期修此八支斋戒。虽属例外,但佛法以导人向善为主,所以也认为可以。

不杀盗邪淫,不妄语两舌,不恶口绮语,离贪嗔邪见。诸善之根本,佛说十善业,人天善所依,三乘圣法立。

净戒第三,十善业也称十善戒。在如来制订的律仪——有授受仪式的律仪中,并无十善业。但依《华严经·十地品》、《优婆塞戒经》等,《入中论》、《摄波罗蜜多论》等,同说十善业道为菩萨戒。从《阿含经》以来,十善业为主要的德行,与五戒并称。佛法中,戒与律仪,是同而又多少不同的。无论是自誓受,从师受,都是戒,根本为十善业。依据修学者环境、根性,制订不同的应守规律,如五戒,八戒等八种律仪(摄尽声闻法的戒律),是戒,也是律仪。所以在这戒福业中,再说德行根本的十善业。

十善业,分身口意三类。身善业有三:"不杀"生、不"盗"、不"邪淫",与五戒的前三相同。语善业有四:"不妄语",不"两舌","不恶口",不"绮语"。不妄语,与五戒同。不两舌是:不存破坏他人和好的动机,东家说西,西家说东,搬弄是非,挑拨离间。不恶口是:不说粗恶的,使人难堪的语言,如呵骂、冷嘲热讽、尖酸刻薄的批评、恶意攻讦等。不绮语是：不说无意义语，如诲盗诲淫，情歌艳曲，说笑搭讪，或者天南地北，"言不及义"。这不但浪费时光，而且有害身心。十善业的重视语业，正说明了这是人类和乐共处的根本德行。人类以语言而传达彼此的情意，如人与人间，尽是些妄语、两舌、恶口、绮语，试问人类的和乐——齐家治国平天下，从何说起？语言的传达，虽说"人口快如风"，到底还不易传播。自从有了文字，就能传远传久；加上近代发明的电话、电视等，这一世界的人类意识，更是息息相通。然而息息相通的，充满了妄语、两舌、恶口、绮语（黄色黑色等），我们现在正进入这样的世界。宣传建设人类的永久和平，而违反人类的正常德行，真是缘木而求鱼了！意善业有三："离贪"欲，离"嗔"恚，离"邪见"。离贪欲是：对于他人的财物、妻室（丈夫）、权位，不起贪恋而欲得的心理，不作取得他财等计划，自己安分知足，离贪欲心。离嗔恚是：对他不起嗔恚忿恨心，不作损害他人的设想。离邪见就是正见，正见有善恶、业报、前生后世、凡夫圣人等。意业虽是内心的，但发展出来，就会成为身语的行为。十善业的反面，是十恶业。离十恶，行十善，实为任何人所应行的德行。

"诸善"业，原是极多的，但从显见的重业来说，是十善。所以善业的"根本"，"佛说"就是"十善业"。在大乘法中，这是菩萨戒；也是声闻、缘觉、天、人——一切善行的根本，所以说："人天善所依"止，"三乘圣法"由之而成"立"。在佛法中，十善业是彻始彻终的德行，如《海龙王经》说："诸善法者，是诸人天众生圆满根本依处，声闻独觉菩提根本依处，无上正等菩提根本依处。何等名为根本依处？谓十善业。"①又说："十善业道，是生人天，得学无学诸沙门果，独觉菩提，及诸菩萨一切妙行，一切佛法所依止处。"②

欲乐不可著，散乱多众苦，依慈住净戒，修定最为乐。

　　现在再说修定福业。有人以为：布施是积极的利他的善行；持戒仅是克己的消极的德行；修定，这有什么福善可说呢？不知道佛法以"自净其意"为关捩，而在世间法中，唯有修定才能达成这一目的。凡是德化的政治，德化的宗教，论究到德行的根本，就不能不探究到内心。如儒者以齐家治国平天下为己任，而这非修身不可。"自天子以至于庶人，一是皆以修身为本"，而修身还要从"致知"、"诚意"、"正心"中做去。根本而彻底的问题，在自己的内心。定心清净而没有染污的扰乱，这还不能说是善吗？这是更可贵的德行！如大学的"知止而后能定"，到"安而后能得"，便是世间修定福业的内心过程。为什么要修定？理由非常多，但主要是，认为这个罪恶的现实人间有两大症结，非修定不能对治。一、"欲乐"：人类对于物质的欲乐，适合自己情意的色声香味触，及男女的欲乐，都是贪恋不舍的。现在的欲乐，耽著不舍。过去的欲乐，念念不忘。未来的欲乐，盲目地追求着。这些欲乐，没有的苦求不已；得到了，又怕失去；失去了，忧苦得了不得！试想：人间的一切问题——社会、经济、政治等一切，哪一样不是为了大家的贪求欲乐而存在。欲乐是"不可

---

① 《菩提道次第广论》卷四引经（六六下——六七上）。
② 《菩提道次第广论》卷四引经（六七上）。

著"的,如刀头的蜜,似乎有味,而不知接着是割舌的苦恼。二、"散乱":人心是散乱的,比猴子的躁动还厉害若干倍。由于内心的散乱,情意容易冲动,认识不能明确(散乱重的,连世间学都不能了解),自己不能控制自己,一味随着环境而转动。散乱为引起颠倒烦恼的有力因素,使人陷溺于多忧"多""苦"的欲海,不能自拔。修定才能不受欲乐的系缚,不为散乱所娆乱,心地明净安定,而有自主的自由。

但修习禅定,不可不先有两项准备,否则可能会弊多于利。一、"依"于"慈"心:修定,不是为了好奇,不是企图满足无限的欲乐,延寿长生,或者为了引发神通来报仇;要存着慈念,就是利乐众生的意念来修定。有慈心,心地就柔和,容易修习成就。成就了,也不会利用定力通力来娆乱众生,如聚众作乱等。二、"住"于"净戒":必须受持净戒(十善等),身口有善良的德行。如行业不端,修定就会招魔着邪。成就定力,也是邪定,结果是成为魔王眷属,自害害人。

在未修前,应确信:在世间法中,"修定"是"最为"安"乐"的。世间乐,莫过于五欲之乐,男女淫乐是最胜了,但比起定乐来,简直不可比拟。定中的喜乐,彻骨彻髓,"周遍浃洽",如大雨滂沱,从沟渠到池沼,到处大水遍满一样。如能确切信解,修定能引发世间无比的喜乐,那在修习时,就能不系恋外物的欲乐,持之以恒,不断不懈地修去。

调摄于三事,心一境名定。渐离于分别,苦乐次第尽。

说到修习禅定的方法,不外乎调摄身心。"调"是调伏,调柔,人心如㤭悷的劣马,不堪驾御;又如恶性牛,到处践踏禾稼,必须加一番调练降伏功夫,使心能伏贴温柔,随自己的意欲而转,所以古来有"调马"、"牧牛"的比喻。调又是调和,身体、呼吸、心念,都要调和到恰好,勿使动乱,才能渐入安定。"摄"是收摄,使心念集中,勿让它散乱。调摄的对象,有"三事"——身、息、心,如《小止观》等说。身体要平稳正直,舒适安和,不得随便动摇,也不使身体有紧张积压的感觉。闭目,闭口,舌抵上颚,也不可用力。调息——呼吸,要使之渐细渐长,不可有声,也不可动形,似有似无,但也要渐习而成,不可过急。调心,使心系念缘中,不散乱,不惛沉,不掉举,心意集中(归一)而能平正,自然安定。三者有相互关系,以心为主,在身体正常的安静中,心息相依,而达定境。

要修习怎样才算得定呢？能达到"心一境"性,就"名"为"定"。定在梵语,是三摩地,意思是等持。等是平正,不高扬掉举,不低沉惛昧。持是摄持一心,不使散乱。初习定时,系念一境,顿时妄想纷飞,不易安住。念如绳索,使心常在一境上转,久之妄念渐息；再进,仅偶尔泛起妄念；久久,能得平等持心,心住一境,如发起身心轻安,就是得定了。

定有种种阶段,由浅入深,即平常所说的四禅八定。现在作一部分的说明。一、约分别来说——"渐离于分别"。众生心都是有分别的,如常人的心念,不是不断地改变所缘,就是不断地更易行解。习定的,使心安住一境,念念相续,"安住明显"——心是极其安定,也非常明了,才能入定。有些人妄念小息,或者惛昧不觉,便以为心无分别了。不知道深入初禅,还是心有分别(不易缘,不易解)；还有粗分别的寻(考虑),细分别的伺,所以叫有寻有伺三摩地。初禅到二禅中间,得中间禅,这才不起粗分别,名为无寻有伺三摩地。到二禅,连细分别也没有了,名无寻无伺三摩地。到此境界,也就不会引发语言了(语言是内心寻伺的声音化)。到三禅,直觉得内心平等清净,"行舍,念,正知",但这是外道所共的,切勿以为心无分别而证得心体本净了。不过约世间法说,二禅以上,就可说超越寻思的无分别定了。

二、约情绪来说——"苦乐次第尽"。在这欲界,有从生理而引发的苦受,从心理引起的忧受。一到初禅,从欲乐烦动而来的忧苦,不会再起了。那时,由于出离欲乐而生起喜乐:喜是内心的喜悦,乐是(身心的)轻安。到了二禅,虽同样的有喜乐,但那是"定生喜乐",不像初得离欲而生的那样冲动。然喜悦到底是跃动的,所以进入第三禅,称为"离喜妙乐",喜悦也没有了。此定的乐受,到达了世间乐的顶点。所以形容极乐,每说"如入第三禅乐"。当然,这是不能与解脱烦恼的"离系乐"相比的。到第四禅以上,乐受也平息了,唯是一味的平静的舍受。这比起有冲动性的喜乐来,实在是更高的福乐!

四禅四空处,慈等四无量,佛说诸定法,次第而修习。

说到定法的浅深阶段,先是"四"根本"禅"——初禅,二禅,三禅,四禅。禅是梵语,静虑的意思,比较的定慧均等,所以佛法是特别重视此禅的。四禅以上,有"四空处"定——空无边处,识无边处,无所有处,非想非非想处。四空处,是世俗的唯心定;定心更深了,慧力却反而昧劣。四禅四空处,总称八定。这是世间共的,外道也能修得。约定力浅深来说,这是定的由浅而深的全貌。

"慈等",是慈悲喜舍"四无量"定。慈是愿人得乐;悲是怜悯众生的苦痛;喜是同情他人的喜乐;舍是心住平等,不偏爱亲人,也不偏恨怨敌。修得四禅的,就可以修习四无量定(但喜无量,限于初二禅)。为什么叫无量?修习时,或慈或悲等,先观亲人,后观怨敌,从一人,少数人,多数人,一国,一天下,一方世界,到十方世界的欲界众生,充满慈悲喜舍心,而愿众生得乐离苦等。缘十方无量众生,能得无量福报,所以名为无量。佛说的修定福业,多为在家人说,就着重此四无量。如此存心,念念不失,与儒家的仁、耶教的博爱,有相通处。这本是共世间的,人间的至德,往生天国的法门。

"佛说"的这些"诸定法",要依着"次第而"一步步"修习"。由初禅而二禅,二禅而三禅,一直到非想非非想处。这是不能躐等的;不过修习纯熟了,也可以超次第或逆次第而修。

布施多杂染,禅定向独善,依人向佛道,戒行为宗要。

上面说:"求人而得人,修天不生天";在这人天乘的法行中,想依人身而渐向佛道,应多修什么呢?应重于持戒。因为世人的修集"布施"福业,"多"不能如法,多"杂"有烦恼"染"污。不论施福怎样广大,如不修戒行,那连人身都不可得,只能在旁生、饿鬼、阿修罗中享痴福,前途万分危险。修"禅定",当然是殊胜的,但在修行时,厌离五欲,或者隐遁山林,专重自己的定乐,走"向独善"的途径。等到报生二禅以上,都是独往独来的。这对于实现和乐人间,而趋向化度众生的菩萨行,是不大相应的。所以希望来生不失人身,并能"依人"身而渐"向佛道",不能不以五戒、十善等"戒行为宗要"。初学菩萨的,名十善菩萨,也是着重十善行的。

有戒行,就能生在人间;即使贫穷,也不一定障碍学佛。如有戒而能修布施,能得人中广大福业,那更好了。同样的,如有戒而没有定,不失人身,有戒而深修定法,反而会上生长寿天,成为学佛的大障碍。所以依人身而引入佛道,应以戒行为主,就是重视人间的道德,健全人格。在这戒行的基础上,应随分随力来布施。如想修定法,应修四无量定,因为这与利益众生的出世大乘法,有着密接相通的地方。

心性怯畏者,佛说应修念。系念佛法僧,戒施天功德。如入光明聚,阴暗一时失。

有些人,心性怯弱,多有种种的怖畏。如夜晚独行,或个人独住静室时,怕神怕鬼。又有怕病的,怕死的,怕死后堕落的。内心充满忧愁变悔,弄得苦恼不堪。像这些"心性怯"弱怖"畏"的,"佛说应修"六"念"法门。念是"系念",忆念,使心在所念的境上转。念是习定的方便,所以深的能得一心不乱,浅的也能念念相续。什么是六念呢?一、念"佛"的相好庄严;智德、恩德、断德等功德。二、念佛的正"法",是清凉能得解脱的。如能受持奉行,什么时候都能通达证知。三、念声闻"僧"的四双八辈,有戒、定、慧、解脱、解脱知见等功德,是世间福田。又念菩萨僧,大悲大智,自利利他。这是系念三宝功德,自己归向三宝,为三宝所摄受护持;自心安住三宝的清净威德中,便能离恶觉,离欲染,也就能离去忧悔怖畏了。经中比喻说:如帝释与阿修罗作战,帝释的部属,那伽、夜叉等,望见了帝释幢(等于帝释的帅旗),就会勇气百倍。众生如正念三宝功德,深信自己为三宝所摄受护持,心得安定,那还有什么畏怯呢?

　　四、念自己能持不破不缺的清净"戒"。五、自己忆念到,曾在福田中,修习如法清净的布"施"。六、自念曾修施戒功德,所以能得七宝庄严,胜妙福乐的欲界"天"报。怕病怕死怕堕落,经中多教修此六念。人不能无病,不能不死,如曾修功德,来生会好过现在,那等于出黑暗而入光明;走出茅屋而进入华堂大厦;免去低级职务而调升高级职务。如能如此忆念,那欢喜庆贺都来不及,还会忧怖吗?其实值得怖畏的,不是老死到来,而是没有修习归依施戒等功德,空过了一生。

　　系念三宝功德,从归信三宝而来。如极乐世界,也还是"念佛、念法、念僧"。如真能圆满地归依三宝,也就会正念三宝。无论是系念三宝功德,忆念施、戒、天功德,都是由念而引发坚定的信解。深信三宝的摄护,深信善因善果的必然,坚定不疑,自然是"如入"大"光明聚",而怯畏忧悔的"阴暗","一"下子就会立"时"消"失"了。

正念弥勒尊,求生彼净土,法门最希有,近易普及故。见佛时闻法,何忧于退堕?

　　或者觉得:释迦牟尼佛已涅槃,弥勒佛还没有来,无论是修六念,或礼佛念佛,总要有一特定的佛为我们的归依处,才能信向坚定,佛与我们特别有缘,才能护持我们,不会退堕。这虽然是对于三宝功德,因果定律,还缺乏深彻的信解,但也确是众生的常情。释迦佛大慈大悲,为此曾经说有"正念弥勒尊,求生彼"弥勒"净土"的法门。弥勒菩萨,为释迦佛法会中,亲蒙授记的此土未来佛。现在生于兜率天；兜率天有一特别区，称为兜率内院。凡是当来下生成佛的，都先生在那里；从前释迦佛，也是这样的。兜率内院，是一清净庄严的净土，弥勒菩萨经常在那里，为无量大众说法。过了一个时期，弥勒菩萨要来这南阎浮提成佛；那时我们这个世界，早已转为净土了。在这弥勒的人间净土中，三会龙华，化度无量众生。所以如能发愿往生兜率净土，就能见弥勒菩萨；将来又随佛下生人间，见佛闻法，这当然会向上胜进，还忧什么堕落呢？释迦佛慈悲的开示，出于《弥勒下生成佛》，及《弥勒菩萨上生经》等。

往生弥勒净土"法门"，比起十方世界的其他净土，真是"最"为"希有"，最为稳当！这可以从三点去说。一、"近"：弥勒现生兜率天，将来到我们人间来，同一世界，同一欲界，论地点是很近的。不像十方的其他净土，总是要过多少佛土。论时间，来生生兜率内院，不太长久，就回到人间来。不像往生其他净土，不知要到何年何月，才能再来娑婆。二、容"易"：兜率净土与将来的人间净土，都是欲界散地，所以只要能归依三宝，清净持戒，如法布施，再加发愿往生，称念南无当来下生弥勒佛，就能往生兜率净土。不像往生其他净土，非要"一心不乱"不可。一心不乱就是定，这是不太容易的。三、"普及"：往生弥勒净土，不一定要发菩提心、出离心，就是发增上生心的人天善根，也能随愿往生。在兜率净土及当来的人间净土，弥勒尊是普应众机，说人天法，说二乘法，说菩萨法，人人能称机得益。在见佛闻法的过程中，向上增进，渐化人天根性为出世根性，化二乘根性为大乘根性，同归佛道。这不像其他净土，连"二乘种"姓都"不"

能往"生",还能应人天根性吗？所以弥勒净土,才是名符其实的三根普被、广度五姓的法门。

有人说：现在往生弥勒净土,将来弥勒佛涅槃后,如还没有了脱生死,那我们要怎么办呢(又怕不能见佛闻法而退堕了)！不知释迦佛慈悲,将我们交与当来下生的弥勒佛。佛佛道同,难道弥勒佛不会开示我们,亲近当来佛吗？有人说：上面说"修天不生天",怎么又说求生兜率天呢？不生天,主要是不依深定而生长寿天。欲界天,尤其是弥勒菩萨的兜率内院,经常见(未来)佛、闻法、修行,当然不妨往生。有人说：为什么不提倡往生弥陀净土呢？要知道,阿弥陀佛的极乐净土,是大乘的不共净土,一般的声闻佛教,就不信不知。这要到大乘法中去说,现在是说贯彻始终的五乘共法。有人说：从前修学弥勒法门的师子觉,发愿求生兜率内院,结果生在外院,享受欲乐；往生兜率净土,怕不大可靠。不知师子觉生在外院的故事,凡弘传弥勒法门的,真谛、玄奘三藏,以及无著、世亲的传记中,都没有此种记载,这只是别有用心者的故意传说而已。

总之,学佛的不论何种根性,只要能以归敬三宝,如法布施,清净持戒功德,发愿回向弥勒净土,在"见佛"而时"时闻法"的修行过程中,保证向上胜进,"何"必"忧"虑"退堕"呢！所以,敬请真诚发愿往生,称念"南无当来下生弥勒佛"！

第四章　三乘共法

三乘共法,是出世间法,是建立在五乘共法的基石上的。如不备人天功德,沉沦在三恶道中,当然不能发心了脱生死。即使现生人间,如作恶多端,无惭无愧,害人害世,丧失了人性;连做一平常人都不成,还会发心了生死吗?所以成就人天功德的,才能修学出世间的三乘共法。五乘共法,上面已说过了,现在来叙述三乘共法。

一切行无常,说诸受皆苦;缘此生厌离,向于解脱道。

出世间的三乘法,根本在出离心,要首先学习发起。世间的一切,是不永恒的,不彻底的,不自在的,也就是世间——众生是苦的。肯定了世间彻底是苦的,才会引发出离心。照一般的感受经验来说,世间有忧苦的,也有喜乐的,也有不苦不乐无所谓的,这是不能说人生世间都是苦的。要知道,"世间是苦"这个论题,是深一层的看法。佛在经上说:以"一切行无常"故,"说诸"所有"受悉皆是苦"①。从表面看,虽有苦受、乐受、不苦不乐的差别;但深刻地观察起来,就不能不说一切是苦。因为世间的

---

① 《杂阿含经》卷一七(大正二·一二一上)。

一切，不问是身心，是器界；是个人，家庭，国家：这都是迁流的、造作的。都是因缘和合所作的，所以说造作。都在生灭、生死、成坏的过程中，所以说迁流。迁流造作的名为行（事象）。这一切行，都是无常的，不永久的。从"诸行无常"去看，那么现前的忧愁苦恼，不消说是苦的了（佛称之为苦苦）。就是一切喜乐，如财富、尊荣、健康、聪明……虽然感到了满足，但到了变化的时候，苦就跟着来了（佛称之为坏苦）。即使是不苦不乐，平淡恬静，既然不离迁流变化，迟早免不了苦。正像航行大海中，烂醉如泥，但直向礁石危滩驶去，你说熟醉不知苦乐的旅行者，不是可悲哀的吗（佛称之为行苦）！所以从这一切行是无常的、不永久的、不彻底的、不可保信的观察起来，就不能不说"诸受皆苦"；不能不说：世间如火宅，三界如牢狱。

　　修学佛法的，如有这种深切的认识，那么无论怎样喜乐，也不会留恋。就是上升天国，尽情享受，也不感兴趣。"缘此"就能发"生厌离"生死的决心。有了这样的认识，引发这样的意欲，从学习中养成了坚强的志愿。苦哉！苦哉！这世间不是安乐乡；不但不能永久地住着，简直一刻儿也住不下去。正像处身在火宅当中，急于要逃出火宅一样。这种厌离心生起来，成为坚定的志愿，就会"向于解脱"生死的大"道"，走上了脱生死的境地。没有这种出离心，一切修行，一切功德，都只是世间法。有了出离心，那一切功德，就被出离心所摄导，成为解脱生死的因素，称为"顺解脱分善"。这就是说：这种善根，已成为随顺趋向解脱的因素了。出离心是出世法的根本，口口声声说了生死的学佛同人，应反省自己，看看自己有没有这种心情。

第四章　三乘共法

随机立三乘，正化于声闻。

发出离心而修出世法的，根机并不一致。统摄来说，佛"随"顺听众的"机"感不同，安"立"了"三乘"的差别。三乘是：声闻乘，缘觉乘，菩萨乘。《法华经》等，从特殊的意义说：佛为声闻说四谛，为缘觉说十二缘起，为菩萨说六波罗蜜。其实出世法都是观甚深义——四谛与十二缘起的。不过在菩萨道中，着重广大行的六波罗蜜多而已。

在这三乘共法中，"正化"的是"声闻"乘；菩萨与缘觉，可说是旁化。因为在三乘共法的《阿含经》等，仅有二位菩萨：一、未成佛前的释迦菩萨，说法时已经成佛，是说法的教主，并不是受教者。二、弥勒菩萨，在释迦佛的法会中，受记作佛。如果说佛说三乘，那么当前的菩萨行者，只有这弥勒一人而已。六（十）波罗蜜，那是古德（"先轨范师"）传来的本生谈，也不知道是给谁说的。缘觉根性，也并不太多。缘觉原是无师而独觉的，是不用禀受教法的。但缘觉根性的大迦叶等，在释迦佛出世说法时，也作了佛的弟子；总算在佛的声闻弟子中，有些是缘觉根性。所以专从此土的释迦佛法来说，主要是声闻乘。在古代，声闻就是佛弟子的通称，也就是听闻佛的声教而悟道的。有这种意义，所以天台宗称之为三藏教，因为这也有菩萨，不但是小乘的。贤首宗却称之为小教，因为事实上，是以小乘声闻法为主的。从释迦佛法的显了边说，虽然如此，如从十方三世一切佛的佛法来说，修学出世法的，确有声闻、缘觉、菩萨的三乘教法。

解脱道远离，苦乐之二边：顺摄乐行者，在家修法行；顺摄苦行者，出家作沙门。

在佛的声闻弟子中,也有种种的根性,先说在家与出家的二类。

释尊的时代,印度社会的风尚正走上极端的路子。有的是乐行者,就是纵欲的享乐主义者,这是大多数。大家在物欲的追求中,争取,享受,为无穷的欲望所奴役。最极端的,有庸俗的顺世外道,还有性欲崇拜的遍入外道,以男女交合为大乐,看作解脱生死的妙法。相反的是苦行者,就是禁欲的克己主义者。这如各沙门团,当时的出家外道。最极端的,是耆那教徒。他们过着极端的苦行,有的不穿衣服;有的冷天卧在冰上,暑天晒在太阳下;或者睡在荆棘上。吃的,有的不吃熟食,专吃野菜水果;有的喝水;有的服气。戕贼自己的身心,被看作神圣的修行。释尊初转法轮,首先揭示了不苦不乐的中道行。认为极端的乐行与苦行,都不能使自己的身心正常,不能引导到解脱的境地。所以佛的真"解脱道",是"远离"那"苦"行与"乐"行"二边",而保持那中道的——以智化情的生活。克制自己,而不可戕贼自己;受用维持生存所必须的享受,而不可放纵。唯有这样,才能引上解脱的正道。

佛以中道行为正鹄,而当时的根机,是有偏苦偏乐倾向的。适应这不同的根性而引导他,所以声闻弟子就有在家与出家二类。在家与出家,主要是生活方式的不同。当时,佛为大众说法,有的听了法,或者悟了真谛,就自愿归依三宝,作佛的在家弟子。有的听了法,或者悟了真谛,就自愿随佛出家,作佛的出家弟子。在信仰、修行、证悟上,在家与出家,是没有差别的。那为什么有的自愿在家,有的自愿出家呢?这就是由于性情及生活好尚的不同。所以,佛为了随"顺摄"受"乐行者",有在家弟子。他们照样的夫妻儿女,还是从政、从军、农工商贾,过着"在家"的生活,如频婆沙罗王、末利夫人、须达多长者、质多长者、黎斯达多大将等。虽过着在家生活,却"修"学佛的正"法行",如三归、五戒、定、慧等。只要有出离心,虽过着丰裕的生活,但不碍修行,一样的了脱生死。一方面,为了随"顺摄"受"苦行者"的根性,有出家弟子,多数是从出家外道处转化来的,如五比丘、摩诃迦叶、三迦叶、舍利弗、目犍连等。他们惯习于出家,过着严肃的生活:少欲知足;不畜钱财;不近淫欲,这才自愿作"出家"的"沙门"。沙门是梵语,勤息的意思,是各种出家者的通称。但这是大概的分类,如动机不纯,或被动的出家者,就有乐行根性的。如佛回到故乡,释迦族的年轻子弟大批来出家,如阿难等,精神上就与大迦叶等不同。同样的,在家弟子中,也有过着严肃生活的。总之,顺乐行的在家也好,顺苦行的出家也好,只要有出离心,过着不过分纵欲、不过分苦行的中道生活,都是佛的声闻弟子。依法修行,都有证得声闻道果、解脱生死的可能。

此或乐独住;或乐人间住。

在这出家人中,也有不同的根性,表现不同的风格。"或"者是爱"乐独住"的,名为无事比丘(阿兰若比丘)。他们住在山林旷野,冢间住,树下宿,或者是简陋的草庵。吃的,穿的,都非常清苦。不愿与大众共住,免得人事烦心。甚至不愿意乞化,不愿意说法。这类独住比丘,都是自利心重,急于修习禅观的。此外,"或"者是爱"乐人间住"的,名为人间比丘。这是大众和合共住,不离僧团;大都住在近郊,经常游行人间,随缘在人间教化。虽还是一样的精勤修行,但过着集体生活,与社会保持密切联系。佛教的发展,主要是人间比丘的功德。

如释尊常与弟子共住,游行各国,教化众生,是人间比丘的榜样。佛也曾独处三月,修习安那般那,便是独住的榜样。依佛法的真意义来说,独住,是要内心离烦恼而住;否则怎么安静的环境,也还是妄想散乱。反之,如心地安静解脱,独住也得,大众住而人间游化也得。但在学者的根性偏好中,显出二大类不同;这也近于独觉与声闻的不同风格。

或是随信行;或是随法行。

这又是两大类的根性不同,是通于在家出家的。在声闻弟子中,"或是随信行"的,是钝根;"或是随法行"的,是利根。信与智,是学佛所不可缺少的功德。有信又有智,是佛法与外道(基督教等)的最大差别。信是情意的,智是理性的,学佛的要使这二者平衡进展到融和。因为"无慧之信,增长愚痴";"无信之慧,增长谄曲"①。佛法说信智一如,但在学者的根性来说,有是重信的,一切以信为前提而进修的;有是重智的,一切以智为前提而进修的。所以虽然究竟的目标一致,但下手时,信与智不免偏重,形成了佛弟子的二大类。

"行",是由于一向的惯习而造成特性的意思,如"贪行"、"嗔行"等。所以,随信行是个性惯习于信顺,一切随信心而转的。这类根性,如遇到了佛法,师长只要叫他怎么做去就得了。他并不想追求所以然,怎么说,就怎么信,怎么行。这类根性,切

---

① 《阿毗达磨大毗婆沙论》卷六(大正二七·二六下)。

勿给他详细开示,说多了不但不感需要,有的反而糊涂起来。真是"可使由之,不可使知之"。这主要是亲近善知识,依师长的教授而修学的。简单直捷,提起便行,从修习的经验中,渐长智慧。可是法行人就不同了,他是一向惯习于理性(法)的,先要追求所以然,打破沙盆问到底。听了师长的教导,要加上自己的观察,推求,参证经论。有了深刻的理解,这才深信不疑,精进修学。这类的根机是利根,因为法行人更有引导人进修的能力。这二类根性,都是信智不离的,但不免偏重。不但初学的如此,就是证了果,也还是个性不同的。

虽复种种性,同修出离行。

上面说到,发出离心的,有声闻,缘觉,菩萨;有在家的,出家的;有独住的,人间住的;有信行人,法行人。"虽"然有这"种种"不同的根"性",表现的风格不同,只要他真能发起出离心,就"同"样的能"修出离行",达到解脱生死的目的。

一般人,总以自己的个性、自己的偏好去衡量一切,而不知学佛(这还是共三乘的)是有不同类型的。这才重信的,把专究法义的法行人看作不修行,而自己才是利根。重视慧解的,把重信者的信行看作盲修瞎炼(这可能是盲修,要看师长的教导怎样)。又如有的偏重山林,赞美精苦的生活,甚至说"行必头陀,住必兰若",轻视人间比丘。而游化人间的,又每每轻视独住比丘,说是自私自利。又如在家与出家的,也常因观点的不同而互相轻毁。过去,佛教是偏重出家的。不问是否能适合出家的生活,是否能少欲知足,是否对利养心与眷属心能不太染著,大家来出家了,而多数不合于出家的性格,这才僧格低落了。不是争名利,便是图享受。打着弘法利生的招牌,实际是争地盘,打天下。或者摄受徒众,争取信众,造成与佛法无关的派系恶果。也许做在家弟子,还适当得多,可以多修集些功德呢!总之,学佛是有不同根性、不同风格的,所以应尊重别人,更应该认识自己。

佛说解脱道,四谛与缘起,甚深诸佛法,由是而显示。

先来说明出世三乘共法的总纲。"佛说"的法门,虽然是随机说法,无量无边,但归结起来,所说的"解脱道",不外乎"四谛与缘起"法门。离开了这,是没有出世佛法的。谛,是不颠倒,所以也有确实的意思。佛的出世法门,是以苦、集、灭、道——四者,正确地开示了人生世间的特性(苦);世间苦恼迫切的原因(集);说明超越世间,消除一切苦迫的境地(灭);以及达到灭除苦恼的方法(道)。佛的出世法,主要是以四谛来说明的。佛法是信智相成的,决不说信了就可以得救。我们必须认清人生的苦迫性,苦痛的原因,这才能从消除苦痛的原因中,体验真理,而得到解脱,不再受无限生死的苦迫。说到缘起,并非与四谛各别的。主要是从苦迫的现实,而层层推究,寻出苦痛的根源,发见了苦因与苦果间所有相生相引的必然轨律。这就是:无明缘行,行缘识,识缘名色,名色缘六处,六处缘触,触缘受,受缘爱,爱缘取,取缘有,有缘生,生缘老病死。这是典型的十二缘起说,实在就是苦与集的系列说明。缘起,是说这些(苦,集等)都是依缘(关系,条件,原因)而才能存在的、发生的。所以可从因缘的改变中,使它消解而达到解脱,这就是灭道二谛。所以,在下文的说明中,以四谛为纲,而同时说明了缘起法门。

一般以为:四谛与缘起,是小乘法。不知大乘的"甚深诸佛法",也都是"由是而显示"出来的。约偏重的意义说:小乘法着重于苦与集的说明;大乘法着重于灭与道,特别是灭的说明。就以大乘的中观及瑜伽二宗来说:中观者对于空性,瑜伽者对于缘起,都不曾离开了四谛与缘起一步。经上说得好:小乘是有量的四谛,有作的四谛;大乘是无量的四谛,无作的四谛①。又说:下智观缘起,得声闻菩提;……上上智观缘起,得佛菩提②。佛法不出四谛与缘起法门,只是证悟的偏圆,教说的浅深而已。

苦集与灭道,是谓四圣谛。

四谛,就是"苦集与灭道"。这四者,经中称为"四圣谛"。人人都有苦恼,人人都有烦恼(集),为什么偏说四圣谛呢?从事实来说:苦是人生世间的苦迫现实;集是烦恼,与从烦恼而来的业力;灭是灭除烦恼,不再生起苦果;道是戒、定、慧,是对治烦恼、通达涅槃的修法。但这些,唯有圣者才能从事实中体认出来,确实地证见它。所以《涅槃经》上说:凡夫有苦而无谛,圣者有苦有苦谛③。又如《遗教经》说:"佛说苦谛,真实是苦,不可令乐。集真是因,更无异因。苦若灭者,即是因灭,因灭故果灭。灭苦之道,实是真道,更无余道。"④人生世间的苦恼性,烦恼的招集性,涅槃的灭离性,戒、定、慧的对治性,能通(涅槃)性,是确实的,必然的,绝对的,唯有圣者才能深切体悟到"决定无疑",所以叫做四圣谛。

---

① 《胜鬘师子吼一乘大方便方广经》(大正一二·二二一中)。
② 《大般涅槃经》卷二七(大正一二·五二四中)。
③ 《大般涅槃经》卷七(大正一二·四〇六中——下)。
④ 《佛垂般涅槃略说教诫经》(大正一二·一一一二上)。

苦者求不得，怨会爱别离，生老与病死，总由五蕴聚。

　　四谛中，先说苦谛，这是现实的身心世界为我们所应该首先体认的。"苦"是逼恼的意思，逼切身心而致困恼不安的。佛曾说了种种苦的分类，但从人类的立场来说，最切要的是八苦。一、所"求不得"苦：无论是名誉，权位，眷属，财富……这是人人所希求的，可是却常常是求之不得。希求而得不到，是苦恼；有了，得到了，希求它不致失去，或发生困难而希望不要它，可是却不如心愿。经上说："所求若不遂，恼患如箭中"①，就是求不得苦。这是我们在对于外物关系所引起的困恼。二、"怨"憎聚"会"苦；三、恩"爱别离"苦：这是我们在对于社会（可通于五趣）关系所引起的困恼。意见不合的，相怨相恨的，不见倒也耳目清净，可是却要聚在一处，共住，共事，共谈，无法谅解而却又无法离开，真是苦恼之极。反之，父母、兄弟、夫妇、儿女、朋友，最亲爱的，却不能不生离死别，常陷于远地相思，或"此恨绵绵无尽期"的失望回忆中。四、"生"苦；五、"老"苦；六、"病"苦；七、"死"苦：这是我们对于身心所引起的困恼。一般人总以为生是可乐的，老、病与死亡才是悲哀的。不知道生了就不能不老，不能不病，不能不死；老、病、死由生而来，那生有什么可乐呢？生是苦根，老、病、死如枝叶花果一样。从根芽到结果，都是苦的。

　　从我们对外物、对社会、对身心的关系中，分别为七种苦。如推究起来，这些苦，"总"是"由"于"五蕴聚"而有。五蕴，是

---

①《阿毗达磨大毗婆沙论》卷三四引《义品》（大正二七·一七六中）。

五类（五聚）不同的事素，也就是我们身心的总和。这五蕴自身，存在着一切苦痛的症结；在对外物、对社会、对身心，就不能免于上说的七苦。我们所以有一切问题，一切苦恼，并不是别的，只是因为有了这个五蕴——身心自体。五（取）蕴是苦恼的总体，与前各别的七苦，合称为八苦。

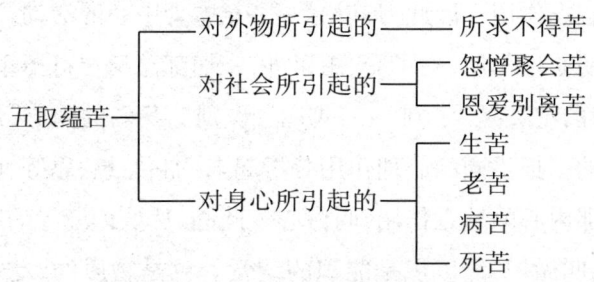

所谓五蕴者，色受想行识，取识处处住，染著不能离。

上文"所"说的"五蕴"，是五类不同的事素。同类相聚，每一类都包括了很多的事素，所以叫蕴，蕴就是聚集的意思。佛说到苦谛，每约五蕴来说。经中曾说：五蕴像五个拔刀的贼，这正是使众生苦迫，而无法逃脱魔区的东西。五蕴到底是哪五类呢？是"色受想行识"。一、色蕴：色的定义是"变碍"，是可碍又可分的。有质碍，就是有体积而占有空间的；有质碍，就是可分析的、可破坏的：这就是现代所说的物质。但从物质生起的能力，佛法也称之为色。虽然所说能力化的色，指善恶行为的潜能，然与现代所说的"能"，也很有类似的见地。二、受蕴：受的定义是"领纳"。在内心触对境界时，领受在心，引起内心的情感，感到或苦或乐的，叫做受；受就是内心的情绪作用。三、想蕴：想的定义是"取像",就是认识作用。在认识境界时,内心就摄取境相,现起表象作用;再加构想、联想等,成为概念;依此而安立种种的语言或文字。四、行蕴:行的定义是"造作"。在对境而引起内心时,心就采取行动来对付,如经过心思的审虑、决断,发动为身体的、语言的行动。行,本是思心所,是推动内心去造作的心理作用——意志作用。因此,凡以思——意志为中心的活动,所有一切复杂的心理作用,除了受、想以外,一切都总括在行蕴里。五、识蕴:识的定义是"了别"——明了,识别。我们的内心,原是非常复杂的。把不同的心理作用分析起来,如受、想、思等,叫做心所。而那内心的统觉作用,叫做心。此心,从认识境界的明了识别来说,叫做识;所以识是能识的统觉。色是物质的,受想行识是精神的;轮回在生死中的众生,就是这五蕴。我们所自以为是我,或是我的,其实都离不了五蕴,不外乎身心的活动,物质与精神而已。

众生的五蕴,叫五取蕴,因为是从过去的取——烦恼而招感来的。从取烦恼而生的,本质上已免不了苦痛。而现在有了这五取蕴,由于取烦恼的妄想执著,所以又苦上加苦。佛说有"四识住"法门:我们的"取识"(与烦恼相应的识),是不能没有境界的,取识的境界不外乎四事:物质的色;情绪的受;认识的想;造作的思。取识在这些物质的或精神的对象上,一直是"处处住"著,看作可取、可得、可住、可著的。取、得、住、著,都表示取识与对象的"染著",像胶漆的黏著似的,"不能"脱"离"。识对境界有了染著,那境界的每一变动,都会引起内心的关切,不能自主的或苦或乐,当然是免不了苦痛。树上的叶子落下,你可能并无反应，那因为你没有看作与自己有关的。如心爱的人，心爱的权位、财富……尤其是最关切的自己的生存，受到威胁，或濒临死亡的边缘，那就会感到无比的痛苦。这因为你染著它，看作自己或自己的。取识的对境染著，正像陷身于网罗或荆棘丛中一样。总之，识是能住著的，色受想行是所住著的；总合为五蕴，就是一切苦痛的总汇。

此复由六处，取境而生识。

　　众生的身心自体，就是苦恼的总聚。除了五蕴的开示而外，佛又有六处说（又十二处）、六界说（又十八界）。所以"此"苦聚，"复由六处"来开示。六处，是眼处、耳处、鼻处、舌处、身处、意处。六处又叫六根，都是"生长"的意义。六处是身心自体的又一分类，说明了由此六根门，摄取境界，发生了别的识。六处是认识活动必经的门户，通过这六根门，才能发生认识。如眼、耳、鼻、舌、身，是物质的，是能见色、闻声、嗅香、尝味、觉触的生理官能。佛说是极微妙的色法，所以应该是神经。意是能知一切法的心理官能，心识的源泉。众生的认识，是不能离开六处而成立的。六根能摄取六种境界，就是色、声、香、味、触、法。依六根门而摄"取"六"境"，就能发"生"六"识"：眼识、耳识、鼻识、舌识、身识、意识。

　　六识是依六根而发生的，六根是增上缘。也是缘六境而发生的，六境是所缘缘。因为根与境，对了别的识来说，都有生长的作用，所以也可以总合六根、六境，名为十二处。不过从众生的身心自体来说，经中大都着重眼等六处。六处为根门，这才取六境而生六识。等到六识起来，不但是了别境界，而且是烦恼相应,取著境界。取著境界,这个自心身体,就陷在苦痛的深渊了!

或六界和合,世间苦唯尔。

对于苦聚的身心自体,佛"或"着重于物质的分类,而说"六界和合"。如说:"四大围空,有识在中,数名为人。"①六界,是六类,是构成众生自体的六项因素,界是种类或因素的意义。六界是:地界、水界、火界、风界、空界、识界;也叫六大。地、水、火、风四(大)界,是物质特性的分类,意义有深有浅。从浅近处说:身体的骨肉等坚硬性,是地界;血汗等润湿性,是水界;温热性,是火界;呼吸运动等轻动性,是风界。这是物质——生理的一切。空界,是空间。如脏腑中空隙,眼耳鼻口等空隙,以及周身毛孔,都是空界。换言之,物质的身体,是充满空隙的。识界就是了别、取著的六识。有了这六种因素,就成为众生。

众生成就的身心自体,经上每说:"得蕴,得界,得处"②,这是众生苦聚的一切。有了这,就有了生命(约通俗说),也就有了苦迫。这正如老子说的:"吾有大患,为吾有身。"但在外道的思想中,除了这身心现象而外,还有永恒不变的"灵",或者叫"我",才是流转于地狱、人间、天国的主体。其实,这是众生愚痴的幻想产物。"世间"众生在生死六道中受"苦",苦因苦果的无限延续,更没有别的,"唯"是这蕴、界、处而已。

在佛说苦聚的开示中,一、指出了这是彻底的苦迫性:"真实是苦,不可令乐。"如不给以彻底的修治,是没有任何希望的。

---

① 《成实论》卷二(大正三二·二五一上)。
② 《阿毗达磨法蕴足论》卷一二(大正二六·五一三上)。

二、指出了苦聚的事实,众生才能从"灵性"、"真我"的神教迷妄中解脱出来,才有解脱自在的可能。修学出世的圣法,这是必要而首先应该深切了解的。

苦生由业集,业集复由惑,发业与润生,缘会感苦果。

以下,说明集谛。集是为因为缘而生起的意思。众生世间的"苦"果,为什么会不断地"生"起呢?这是"由"于"业集"。业,是为善为恶的行为(表业),又从善恶行为而引起的潜力(无表业)。因业力的积集,苦果就从业力而集起了。但"业集"又为什么生起呢?这是"由"于"惑"。惑,是迷惑,是烦恼的通称。因众生内心的不良因素,烦动恼乱,这才有业的集起。

说到这,应该了解一个重要的问题。要知道,业力的招感苦果,烦恼是主要的力量。烦恼对于业,有二种力量。一、"发业"力:无论善业或恶业,凡能招感生死苦果的,都是由于烦恼,直接或间接的引发而起的。所以如断了烦恼,一切行为,就都不成为招感生死的业力。二、"润生"力:业已经造了,成为众生的业力。但必须再经烦恼的引发,才会招感苦果。这如种子生芽一样,虽有了种子,如没有水分的滋润,还是不会生芽的。也就因此,如烦恼断了,一切业种就干枯了,失去了生果的力量。由于烦恼的发业与润生,在因"缘会"合时,才有业种的招"感苦果"。所以,一般但说业感,是说得不够明白的。假如要说业感生死,倒不如说:由无明等烦恼而感生死,说得更扼要些。

业有身语意,善恶及不动。业灭如种习,百千劫不失,随业感生死,不出于三界。

集谛中，招感生死的业力，在五乘共法中，已经说到。现在略说"业有"二类的三业。一、"身语意"三业：这是从业的所依而分类的。身体的动作，或是恶的，如杀生、偷盗等；或是善的，如不杀、不盗等。这不但是一般的生理活动，而是带有道德或不道德性质的身体动作。这种身体的动作，名为身表业，业就是动作的意思。由此身体的动作，引起潜在的动能，名为身无表业。这虽然无可表见，但是物质的能力化，有着招感果报的作用。同样的，语言的表达（文字，可说是语业的身业化）中，妄语、两舌等是恶的；诚实语、和合语是善的，名为语表业。由此语言的表达，而引起潜在动能，名为语无表业。身业与语业，属于生理的动作，及引起的动能，都是属于物质的。意业，是属于心的。与思心所相应的心心所法，是意业。有人说：业的体性，是思心所。内心的活动，是意业。由内心的发动而表现于身语，这种动身、发语的思，就名为身业语业。这样的解说，是倾向于唯心论的说明。然而，佛说善与恶的身业、语业，是天眼所见的色法。所以，说（无表）业是物质引起的特种动能，应该更妥当些。二、"善恶及不动"三业。善业与恶业以外，什么是不动业呢？这是与禅定相应的业。与色或无色定相应的业，当然是善的。但禅定的特征是不动乱，所以业也叫不动业。这种不动业，能招感色界及无色界的生死。因此，善业与恶业，是专指能感欲界生死的业力而说。

无论是身语的动作，或者由此而引起的动能——表业与无表业，依佛法说，这都是生灭无常的，刹那就过去了的。"业"已刹那"灭"而过去了，那怎么还能招感后果呢？对于这，经中或比喻为"如种"子：如草木的开花结子，虽然凋谢枯萎了，但种子还会生芽、抽枝而发叶的。或者比喻为如熏"习"：像藏过名香的匣子，香虽已经取出了，但匣里还留有香气一样。因此后代的学者，就成立种子说，或习气说，来说明业力感果的可能，但这到底是通俗的譬喻而已。依佛法的深义来说，过去了，或者说刹那灭了，这并非说等于没有，而只是从现实存在而转化为另一姿态。可以说：灭了，过去了，不是没有，而还是存在的。当然，这与存在于现在的不同。如物质的从质而转化为能，决非没有，但不能以体积、质碍等物质概念来局限它。所以业力的刹那过去，一样的存在（当然不是现在），只要遇到因缘的会合，就会招感果报，如能的化而为质一样。假使因缘不和合，业是永久存在的，无论是"百"劫、"千"劫、万劫、无量数劫，业力"不"会"失"去，还是会感果的。

众生，"随"着不同的"业"，招"感生死"果报，一生又一生地延续下去，常在五趣中流转。由于这是烦恼所引发的，烦恼所滋润的，所以无论业是怎样的善，高尚到什么地步，终究"不出于三界"——欲界，色界，无色界。三界，是众生活动的三大区域。在这三界以内，永久是生死不了。所以出世的三乘圣法，就是要从根本上消除生死的原因，而不致再受三界生死的系缚，这才能实现佛法大解脱的目标。

烦恼贪嗔痴，不善之根本，痴如醉如迷，嗔重贪过深。

再说到集谛中的"烦恼"。这是内心的不良因素，坏分子。无论是知识的、感情的、意志的，凡是不正确、不恰当的，使我们因此而烦动恼乱，引生不安定、不和谐、不自在；由此烦恼，造作种种业，更引起未来的苦迫，这都叫做烦恼。烦恼是非常复杂的，在烦恼中，"贪，嗔，痴"，是一切"不善"法的"根本"，所以叫做三不善根。根本，是什么意思呢？这是说：一切烦恼，可以分为三大类：一、贪类；二、嗔类；三、痴类。一切烦恼，无非这三烦恼的支派流类。如爱、染、求、著、悭、谄、憍、掉举等，是贪类。忿、恨、恼、嫉等，是嗔类。见、疑、不信，惛沉、忘念、不正知等，是痴类。众生都是有烦恼的，但各有偏重。一向惯习于多起某类烦恼，就会造成不同的个性，如贪行人、嗔行人、痴行人。如三类没有偏重的，就称为等分行人。更详细的，有"人情凡十九辈"①的分类。

  烦恼太多，这里不能广说，就举三不善来说吧！一、"痴"是愚痴，也叫无明，从对于真实事理的无所知而得名。但不是说什么都不知，反而这是知的一类，不过是错误颠倒，似是而非。"如醉"酒，也"如"着了"迷"的。是的看成不是的，不是的却看作是的；有的以为没有，没有的以为是有。不应该说的而说，不应该笑的而笑，不应该哭的而哭，不应该做的而做。迷迷糊糊，颠颠倒倒，疑疑惑惑，这就是愚痴的相貌；最难根治的烦恼。从它的不知来说，是不知善恶，不知因果，不知业报，不知凡圣，不知事理。从它的所知所见来说，便是"无常计常，无乐计乐，不净计净，非我计我"。不是对于真实事理的疑惑，就是对于真实事理的倒见。二、"嗔"：这是不满于境界而引起的恶意。如发作出来，就是忿，是诤，是害，是恼怒。如藏在心里，就是怨，是

---

① 《修行道地经》卷二（大正一五·一九二中）。

恨，是嫉妒。这种过失，是非常严"重"的。不但因此而做坏事，有些好事，也因为不能容忍，一念的嗔恨心起而破坏了。我们与众生间，从过去到现在，都有着密切的关系。所以应有慈悲心（无嗔害心），才能有利于自己，无损于别人；才能做到自他和乐，自他两利。可是嗔烦恼，是恰好的反对，成为穷凶极恶的罪恶来源。经上说："一念嗔心起，八万障门开。"又说：嗔如火一样，会"焚烧诸善根"。三、"贪"：这是染著自我，及有关自己的一切。顾恋过去的，耽著现在的，希求未来的。虽不是嗔火一样的严重，却是水一样的渗入，彻骨彻髓，"过"失极其"深"切。贪爱，主要是自我的爱恋，从现在到未来。如对人，那就是爱我的父母，我的儿女，我的兄弟姊妹，我的朋友等。对事物，那就是爱我的财富，我的事业，我的学问，我的名誉等。有了贪心，虽是可以做成很多的好事，但由于以自我的爱染为本，所以是不彻底的，有时会一转而起嗔他心，嗔是爱的相反面。爱到极点，有时会嗔恨到极点。神教说："上帝爱世人"，我想在他们想像中的上帝，这话是对的。因为爱极了，所以会恨到极点，如洪水为灾，几乎使人类与动物绝了种（见《创世记》）。这是"上帝爱世人"的最好事例，因为有爱就有嗔，爱与嗔是难得分离的。所以从佛法来说，这是凡夫的真面目。庸俗的神教徒，还能想像出超庸俗的真正道德吗？而且，有了爱染，染著了一切，一切的变动，就会牵动自心而引起苦痛。所以佛说："爱生则苦生。"

佛摄诸烦恼，见爱慢无明。我我所摄故，死生永相续。

　　烦恼的三大分类，可说是专约欲界，尤其是约人类而说。如在色界与无色界，嗔恚就不会生起了。所以，"佛"在统"摄"一切众生所有的"诸烦恼"中,又另有"见、爱、慢、无明"——四烦恼的分类。这是可从种种意义,作不同解说的。现在略说三义。一、古德称此为"四无记根"①。并非严重的恶性,而却是烦恼的,名为有覆无记。研讨到微细的烦恼,这四者被发见出来。特别在大乘的唯识学中,这四烦恼,是被看作与第七识相应的烦恼。在没有证真理、断烦恼的圣者,这四烦恼是一直没有离开过的,成为众生烦恼的内在特性。在这一解说中,称为我痴、我见、我慢、我爱。本来没有我(常住不变自在)的,看作有我,名我痴。由于自我的错觉,因而执为确有的,名我见。由于执有自我,而对自我有妄自尊大感,名我慢。不但妄自尊大,而且爱恋此自我,名我爱。一切众生自我中心的活动,就在这种内在的烦恼特性下开展起来。二、在《阿含经》中,常见到这一系列的分类。拿人类来说:从烦恼而来的错谬,可以分为二类:(一)认识上的错误,名为见;这只要有正确而坚定的悟解,就可以改正过来的。(二)行动上的错误,称为爱;这要把握正确的见地,在生活行为中,时时照顾,不断磨练,才能改正过来。所以有的说:"非知之艰,行之惟艰。"在从凡入圣时,断了部分烦恼,但还没有究竟,称为"余慢未尽"。慢是微细的自我感,及因此而引起的自我中心活动。如彻底断尽了,就得到解脱。不过,罗汉们的习气还没有净,习气就是最微细的无明——不染污无知。如能这也断尽,那就真正究竟清净了。三、痴——无明,为一切烦恼的总相。如由此而分别起来,属于知的谬误,是见;属于情的谬

---

① 《阿毗达磨品类足论》卷一(大正二六·六九三上)。

误,是爱;属于意志的谬误,是慢。一切烦恼,总不外乎这些。

每一烦恼,都有发业与润生的功能,也就都有集起生死的力量。但最根本的烦恼,是什么呢?在四谛的说明中,以爱为主,因为爱是染著而起苦的根本。其他经论,总是说:无明为本;我我所见为本。这可以举一比喻:如人陷身在棘藤遍布的深草丛中,眼目又被布蒙蔽了,怎么也不得出来。眼目被蒙蔽了,如无明。棘藤草丛的障碍,如爱。所以经中,也说无明及爱,为生死的父母(因)。但陷身在棘藤丛草中,想要从中出来,那么眼目蒙蔽的解脱,是首要的。所以理解到:无明为生死的根本,而解脱生死,主要是智慧的力量。无明,不是说什么都不知,反而是充满迷谬的知。其中最主要的,是不知无我我所,而执有自我,执著我所的一切。所以,无明就是"愚于无我";从执见来说,就是我我所见了。我,是"主宰"的意思:主是自己作得主的;宰是由我支配他的。所以我我所见,是以自我为中心,而使一切从属于我:我所有的;我所知的;我所支配的;一切想以自己的意欲来决定。众生在有意无意中,确是这样的营为一切的活动。这是以自我为中心而统摄一切的(当然,就是大独裁者,连西方的上帝在内,都不会完全成功),也是如胶如漆而染著一切的;这是一种凝聚的强大向心力。这样的活动所成的力量(业),就是招感生死,而造成一个个众生自体的力量。众生自体,本没有不变而独存的自体,如外道所说的"神我"、"灵性",而只是身心(五蕴,六处,六界)的总和活动。由于"我我所"见的执取,才生起自我(常恒自在的)的错觉。由于我我所见"摄"取的缘"故",就会造成向心力,而凝聚成一个个的自体。但这是从业力招感的,而业力是有局限性的,所以经过多少时间(一期的寿命)就业尽而死亡了(也有因为福尽及横死的)。但我我所见为本的烦恼,还在发挥它的统摄凝聚力,这才又引发另一业系,展开一新的生命。众生就是这样的"死生",生死,"永"远地"相续"下去,成为流转生死,茫无了期的现象。

苦集相钩缠,死生从缘起,佛说十二支,如城如果树。

四谛的苦谛与集谛,已约略说明了。现在要说缘起法门,缘起就是集苦相生的竖的说明。要知道,不只是由集而生苦,苦也是能起集的。如众生在感到了生的苦报后,依此业感的身心苦果,又有烦恼与业的活动。所以,"苦"与"集"是互"相钩"引,互相"缠"缚,也就是展转为因果的。明白了这,对"死生"的"从缘"而"起",已有了扼要的了解。要知缘起说的主要意义,是说:一切的存在,都是从因缘而起的。那因缘,也还是从因缘而生的。所以每一存在的事物,从过去看,都是从因缘而有的,这就是果了。从这而看到未来,又都有影响未来的力量,所以这也就是因了(且约前后因果说)。在这样的见解下,神教的创造说,成为不可能。因为一切由神而生起,而神却是不从因有的。这种为因而不从因有的创造者(神,作者),是非现实的,仅是幻想的产物。所以,佛说生死无始。拿苦与集来说:苦从集生,而集又依苦而起,一向是这样的展转相续。如从一点钟而到十二点,又从十二点而到一点钟,不能说最初从何而起一样。生死的无始相续,就是从缘起的正见中发现出来。

"佛说"缘起,因随机不同,所以有不同的开示。"十二支"说,只是说得更完备些,成为佛教缘起说的典型而已。如说集与苦,也是缘起。或说三支:烦恼,业,苦。从烦恼起业,由业感苦果,又依苦果而生起烦恼。或说五支,这是《阿含经》中常见的,就是:爱,取,有,生,老病死。或者说十支,是:识,名色,六处,触,受,爱,取,有,生,老病死。或说十二支,就是:无明缘行,行缘识,识缘名色,名色缘六处,……有缘生,生缘老病死。十二支,就是十二分。在众生生死延续的过程中,观察前后相生的因果系列,而分为十二。古人称此为"分位缘起",是很有道理的。也唯有如此观察,才能充分明了生死延续的过程。但缘起的原则是一,而说明是可以多少不同的。研究起来,这十二支,应该是不同说明的总合,所以也不一定专依古人的分位缘起说。佛说十二支缘起,有种种譬喻。或说"如城":众生在十二缘起的因果系中,像在四周围绕的城中,不得其门而出。可以出来的地方——城门,又有守卫巡逻的,所以过门也不能出去。众生在生死中,虽有可以由此而解脱的地方,但为烦恼所困惑,一直没有冲破这缘起的连锁,而得到解脱。又说"如果树":如从种子发芽,生枝叶,开花,结果;果实又成为种子,又会发芽生叶。虽然在前的不就是后来的,却有因果的密切关系。种果相生,一直延续下来,拿这作为生死缘起相续的比喻,是最亲切不过的。

无明之所覆,爱结之所系,有识身相续,相续而不已。

缘起支的叙述,很多是从识支开始的,所以经说:"齐识而还,不能过彼。"[1]可是,在识支以前,有的又加上无明与行二支,

---

[1] 《杂阿含经》卷一二(大正二·八〇下)。

成为十二支。在《阿含经》中，一再说："无明覆，爱结系，得此识身。"①无明、爱（行）、识三者，可以看作完整的、独立的缘起说。等到与识支以下相综合，才成为十二支的。现在，先从这三支自成系统的意义来说。

"无明""所覆"，"爱结""所系"，在上面的譬喻中说过。生死流转，如陷身在棘藤深草丛中，眼目又被蒙住，不能脱离一样。无明，是知的迷谬错乱，所以像布物的蒙蔽了眼目。经上说："真义心当生，常能为障碍，俱行一切分，谓不共无明。"②无明确是对于通达真实义的智慧，起着蒙蔽障碍作用的。爱有染著的作用，使人系缚在生死中，所以譬喻为结。从烦恼来说：无明是属于知的，是认识上的错乱；爱是属于情意的，是行为上的染著。有了这两大因缘，众生就感到了"有识身"——众生自体，而"相续"地流转生死。这也就是无明为父，贪爱为母，和合而生生死众生的意思。与经说的"诸业爱无明，因积他世阴"③，也大体一致。这三事，说尽了生死流转的主要项目。得有识身，是有取识的结生相续，为一新生命的开始。这样的无明、爱、识身，无始以来，从过去到现在，现在到未来，一直是这样的，不断地"相续""不已"。

在一般的十二支缘起中，第二支是行，行是业的别名。行业，不是别的，只是与爱相应的，思心所所发动的行为。所以三事说的无明、爱、识，与十二支中的无明、行、识，是可以相通的。

---

① 《杂阿含经》卷一二（大正二·八三下）。
② 《摄大乘论本》卷上（大正三一·一三四上）。
③ 《杂阿含经》卷一三（大正二·八八中）。

如从十二支的立场来说:识是现在这一生的开始。拿人来说,就是当父精母血结合时,有识的刹那现起,因而结成有心识作用的新生命。这样的有识结生的新生命,从何而来呢? 这是从前生的业种所引发的;业就是行支。当前一生的最后死亡时,虽然身心崩溃了,但过去所造作的业能,并未消失;等到因缘和合,就随着业力善恶的不同,而得或苦或乐的果报体,成为一新的个体,新的生命。行业的感果,是离不了烦恼的发业与润生的,无明就是烦恼,是以我我所见为摄导的烦恼的总名。这样,由于过去世的烦恼——无明,有过去世的业——行;从过去世的烦恼与行业,才有现生的生命开始——识。从无明而行而识,说明了从过去到现在的生死历程。

缘识有名色,从是有六处,根境相涉触,从触生于受,缘受起于爱,爱增则名取,因是集后有,生老死相随。

十二支中的识,是一期生命的开始。有些经典,从识支说起。这因为,推求现实的身心活动,到达识的结生相续阶段,已到了生死业报识的核心。后代唯识学者,以异熟的阿赖耶识为中心,来说明生死杂染的一切,可说是吻合佛意的。"缘"此结生的"识",就"有名色"支的生起。名是心理的,色是生理(物理)的。由于识的结生,身心就开始发展。照经上说:不但因识而有名色,也因名色而有识。这意思是说:我们的一切身心活动,是要依于有取识(唯识学中叫作阿陀那识)的摄取而存在。反之,也因为身心的活动,有取识才能存在。正像没有领袖,就不可能有群众的组织活动;如没有群众,领袖也就失去了存在的意义。但在十二缘起支中,着重在识缘名色。应解说为:名色是精血和合以后,还是肉团的阶段。

"从"此名色而进一步的开展,就生起眼、耳、鼻、舌,加上身、意,"有"了"六处"的差别,这已到了形成人体形态的阶段。

胎中虽有眼耳等根,还不能见色闻声等。一到出了胎,从此六"根"开始了与六尘"境"界"相""关""涉"的活动,根境相触而起一般的认识,叫做"触"。根境识三者,因触而和合,也可说因三者的和合而有触。认识开始,就到了重要的关头。在触对境界时,首先发生了合意的,或不合意的,或非合意不合意的反应,这叫可意触、不可意触、俱非触。不幸得很,众生的认识,是不离无明蒙蔽的——"无明相应触"。所以触对境界后,就会依自我中心的执取,起种种的复杂心理,造种种的善恶行为;生死轮回,是不能避免的了。佛所以教诫弟子,要"守护根门"。在根境相触时,如有智慧的观照,就称为"明相应触",那就能从此透出,裂破十二缘起的连锁。

"从触"的可意或不可意,当下就能"生于受"。可意的,起喜受乐受;不可意的,起苦受忧受;非可意不可意的,就起舍受。如有智慧而正念现前的,就不起味著,不为情感的苦乐所惑乱;否则就危险了。

没有正念正知的,都是依"缘"此或苦或乐的"受"味,生"起"深深的"爱"著:爱著自我,爱著境界。这时候,已以主动的姿态,对生命与尘世,倾向爱恋而作不得主。此后,只有愈陷愈深,无法自拔。上面从识的结生,说明了身心的开展过程,以及对境而引起内心的活动情况。触是认识的,受是情感的,爱以下是意志的活动了。

内心有了"爱"染,爱心的"增"强,就进展到"名"为"取"。取有四:执取自我,叫我语取。一般的追求五欲,叫欲取。而宗教与哲学家们,不是执取种种错误的见解——见取;就是执取种种无意义的戒条、苦行——戒禁取。这是从爱染生命与尘世,进而作思想的或行为的取著,造成世间一切苦难的结局。

爱与取,正是依着烦恼而有的一切活动。"因"此烦恼的活动,就起"集"成"后有"的业种。这在十二支中,叫有支。有,是三有:欲有、色有、无色有,就是三界的生命自体。但这里所说的,不是现实生命的存在(有),而是能起后世生命的业力,也可说是未来生命的潜在。有了这,那么现生死了以后,未来识又会结"生"。生了,就不能不"老"不"死"。生老死的"相随"而来,便是未来生死相续的简说。

十二支,可以分为三世,有两重因果:过去因(无明与行)生现在果(识,名色,六处,触,受),现在因(爱,取,及有)生未来果(生,老死)。同时,前生以前有前生,后世以后(如不了脱生死)有后世,三世因果相续说明,就是无限生死相续的历程全貌。

灭应灭于惑,惑灭则苦灭,解脱于痴爱,现证寂灭乐。

现在来说灭谛。灭有两个意义:一、是灭除;二、是寂灭。灭除了苦痛的根源,才能解脱生死苦,实现涅槃的寂灭。从灭除来说:众生在生死轮回中,从苦生苦,苦个不了,这是要灭除的对象。然解除众生的生死苦迫,佛法并不着重到外界去改善。因为外物的改善,是不能彻底解决问题的。也不从这个色身去努力,如外道的修精练气,求长生不老那样。因为有生必有灭,长生与永生,不过是众生的颠倒妄想。虽然苦报是业力所感的,但问题却是烦恼。有了烦恼,就会发业,润生;如断了烦恼,即使有无量业种,也就干枯而不再起用。所以佛肯定地指出:要"灭"除生死大苦,"应"该"灭于惑"——烦恼。如"惑灭"了,那就不再造业了,过去所有的业也就干枯无用了。这样,生死"苦"果,就会彻底地"灭"除。

　　说到烦恼的灭除,当然也要从根本的烦恼去着手。如伐大树一样,专门斫枝摘叶,是不能达成目的的。如断了树根,那即使是暂时发叶,也终究是会死去的。说到烦恼的根本,当然是愚痴无明了。无明,主要是迷于无我的无明,还有染著于境界的贪爱。一是障于智的,一是障于行的。从修学佛法来说,应该先通达无我,得到无我真智的契证。然后从日常行中,不断地消除染爱。但到圆满时,这都是解除了的。经中时常说:"离贪欲者,心解脱;离无明者,慧解脱。"[①]所以现在说"解脱于痴爱"。无论是知见,无论是行为,都不再受烦恼的系缚,而且是把烦恼彻底地去除了。这样,就能"现证"到涅槃的"寂灭乐"。现证,是亲切的、当前的证会,是无漏的直观体验。体验到的,就是寂灭,得到解脱自在的安乐。涅槃寂灭,是现实所证验的,并非推托到死了以后,这是佛法的特色。内心的烦恼消融了,直觉到无障无碍、平等不动、自在的圣境,叫做寂灭。这好像从火宅中逃出来,领略到安全与清凉;也像从烦嚣斗争中出来,享受到和谐而平静的境地一样。经论中每以寂、静、妙、离,来形容这灭——涅槃。所说的乐,也不是冲动性的乐感,而是舍去烦恼重担而得

────────

① 《杂阿含经》卷二六(大正二·一九〇中)。

来的自在——"离系之乐"。

能灭苦集者,唯有一乘道。三学八正道,能入于涅槃。

　　苦痛的原因(集)消除了,生死大苦也就从此结束,得到了涅槃的大解脱。但无始以来,苦与集是不断地延续,如不修对治道,是不会自动结束的。所以要说到道谛,道才是佛弟子修学的心要,如生病而请医生,主要是为了服药一样。

　　"能灭苦集"的道,是些什么呢?虽然众生的根性不同,有利有钝;有声闻、缘觉、菩萨,佛也应机而说有多少不同的法门,但真正能出离生死的,是"唯有一乘道",也可说只有一乘、一道。乘是车乘,能运载人物,从此到彼。佛所说的法门,能使众生从生死中出来,到达究竟解脱的境地,所以称法门为乘。同样的,道是道路,是从此到彼,通往目的地所必经的;所以修持的方法,也称为道。我们知道,众生是同样的生死;生死的根源,是同样的迷执。苦与集的体性是一样的,那出离生死苦的法门,哪里会有不同呢?所以佛在《阿含经》中曾明确地宣说一乘法①,也就是"一道出生死","同登解脱床"。

　　出离生死的一乘法——不二法,从证悟真理来说,是无二无别的("同入一法性");从修行的方法来说,是同样的。适应众生的不同根性,佛是说有种种方法的。但除了方便引导以外,论到出离生死的道体,并无差别,总不出于"三学"(学是学习,不是学问)。三学,应称为"三增上学",就是增上戒学、增上心(定)学、增上慧学。增上,是有力的,能为他所因依的意思。因

---

① 《杂阿含经》卷四四(大正二·三二二中)。

为三学有相依相因的关系,是求解脱者必不可缺的学程。决没有不修戒而能成就定,不修定而能成就慧,不修慧而能得解脱的道理。然佛在说明道谛时,最常用的内容分类,还是"八正道"。八正道,应称为"八圣道分"或"八圣道支"。这是成圣的正道,有不可缺的八种成分。这就是:正见,正思惟,正语,正业,正命,正精进,正念,正定。八正道就是三学,如正见、正思惟是慧学;正语、正业、正命是戒学;正念、正定是定学;正精进是遍通三学的。此八支圣道,是三学,也就是一乘。佛为须跋陀罗说:外道们没有八正道,所以没有圣果,没有解脱。我(佛)法中有八正道,所以有圣果,有解脱①。这可见八正道是"能入于涅槃"的唯一法门了。这在大乘的《楞伽经》中,也还是这样说:"唯有一大乘,清凉八支道。"②

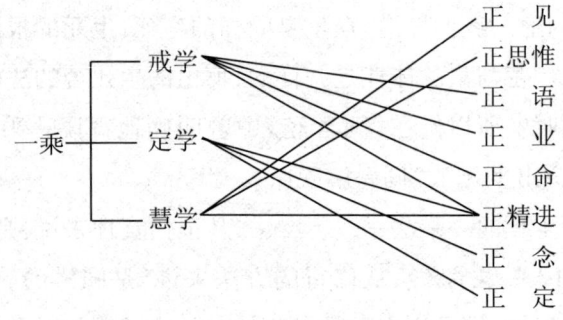

初增上尸罗,心地净增上,护心令不犯,别别得解脱。

在道谛的说明中,八正道的体系最完整。但现在依三学来

---

① 《长阿含经》卷四《游行经》(大正一·二五上——中)。
② 《大乘入楞伽经》卷五(大正一六·六一七中)。

说,说到慧学时,再叙述八正道,以明佛说道品的一贯性。

"初"说"增上尸罗":尸罗是梵语,意译为戒,有平治、清凉等意思。一般听到戒,就想到戒条,其实这是成文的规制,是因时因地因机而不同的;重要的是戒的实质。戒的力用,是恶止善行。依佛的本意,决非专从法制规章去约束,而要从内心的净治得来。烦动恼乱的内心,为非作恶,那就是热恼忧悔。如心净持戒,就能不悔,不悔就能得安乐,所以戒是清凉义。又烦恼如满地荆棘,一定嘉谷不生。心地清净的戒,如治地去草一样,这就可以生长功德苗了。然心地怎能得清净呢?这就是信,就是归依。从"深忍"(深切的了解)、"乐欲"(恳切的誓愿)中,信三宝,信四谛。真能信心现前,就得心地清净。所以说信是:"心净为性,……如水清珠,能清浊水。"①从此净信中,发生止恶行善的力量,就是一般所说的"戒体"。所以说到得戒,无论是在家的优婆塞、优婆夷戒(八戒,是在家而仰修出家戒的一分);沙弥、沙弥尼戒(式叉摩那戒,是沙弥尼而仰修比丘尼戒的一分);比丘、比丘尼戒,起初都是以三归依得戒的。自愿归依,自称我是优婆塞等,就名为得戒。后来为了郑重其事,比丘、比丘尼戒,才改订为白四羯磨得戒。如没有净信,白四羯磨也还是不得戒的。所以戒是从深信而来的"心地"清"净",从心净而起誓愿,引发"增上"力,有"护"持自"心",使以"不犯"过失的功能。

戒,也称为律仪。梵语三跋罗,如直译应作等护;意译为律仪,从防护过恶的功能而得名。律仪有三类:一、如真智现前,以

---

① 《成唯识论》卷六(大正三一·二九下)。

慧而离烦恼,就得道共律仪。二、如定心现前,以定而离烦恼,就得定共律仪。三、如净信(信三宝四谛)现前,愿于佛法中修学,作在家弟子或出家弟子,就得别解脱律仪。从净治清凉来说,这都是戒;这都是先于戒条,而为法制戒规的本质。从归信而得的别解脱律仪,属于人类。这或是男人,或是女人;或是在家,或是出家;或是成年,或是童年。由于社会关系、生活方式、体力强弱等不同,佛就制订不同的戒条,如五戒、十戒等,使学者对于身语行为的止恶行善,有所遵循。因此,称为波罗提木叉,意义为别解脱戒。这是逐条逐条的受持,就能"别别"地"得"到"解脱"过失。一般重戒律的,大抵重视规制,每忽略佛说能净内心的戒的本质。古代禅师,每说"性戒",是重视内心清净,德性内涵的。但偏重证悟的清净,也不是一般所能得的。其实,佛法是"信为能入","信为道源";真切的净信,誓愿修学,才是戒学的根本。

在家五八戒,如前之所说。

受持的戒律中,"在家"弟子,有近事律仪,这就是优婆塞、优婆夷的"五"戒。还有近住律仪,就是在家而仰修出家法的"八戒",作一日夜或短期的修持。这都"如前"五乘共法中"所说"的。五戒与八戒,本是声闻的在家弟子戒。以出离心来修学,为了脱生死而受持,就是出世的戒法。不过,如以增上生心,为了求得现生与后世的安乐而受持,就成为人天乘法。有以为五戒只是人天乘法,这是不对的。

出家戒类五:沙弥沙弥尼,比丘比丘尼,及式叉摩那。

在声闻弟子中,"出家"的"戒"法,分"类"为"五":一、"沙弥"戒;二、"沙弥尼"戒。这是出家而还不曾完备出家资格的,可说是出家众的预科。沙弥,意译为勤策,是精勤策励,求脱生死的意思。男的叫沙弥,女的叫沙弥尼,意义完全一样。只是女众,在语尾上附有女音(尼)而已(印度语法,男性女性是尾音不同的)。论到戒法,沙弥与沙弥尼相同,都是十戒。十戒是:一、不杀生;二、不偷盗;三、不淫;四、不妄语;五、不饮酒;六、不香华鬘严身;七、不歌舞倡伎及故往观听;八、不坐卧高广大床;九、不非时食;十、不捉生像金银宝物。前九戒,与近住戒相同。

出家以后,受了这十戒,才算是沙弥或沙弥尼。这是出家戒,所以完全制断淫行。六、七、八——三戒,都是少欲知足的淡泊生活。佛制的出家生活,以少欲知足为原则。衣食住药——四资生具,都从乞化得来。衣与食,不得多蓄积,以免引起无限的贪欲,何况手持金银宝物呢!常行乞食法,所以奉行过午不食戒。后二戒,虽只关于饮食与财物,但在佛的制度中,与不淫戒显出了出家人的特性:舍离了夫妇关系,也舍弃了经济私有。在我国,虽说僧众是募化为生,但实是采取了经济自决办法。如饮食是自己煮食(这就难怪持非时食戒的少了),财产是自己经营,房屋是自己修建。至于田产收租、经忏论价等,与出家生活的本意,越来越远。所以我国的良好僧众,也每只是严持根本戒而已。严格地说,我国的比丘僧,也许还不及沙弥呢!

三、"比丘"戒;四、"比丘尼"戒:这是过着完全远离恶行与欲行的生活,完备僧格的出家人,为僧团的主体。比丘,意译为乞士,是过着乞化生活的修道人;女的就叫做比丘尼。从戒法来说，比丘与比丘尼戒，是同样完全的。只是由于社会关系，情意强弱，佛分别制为比丘及比丘尼戒。平常说：比丘二百五十戒，比丘尼五百戒，这是大概说的，意味着尼戒要严格得多。实际是：比丘戒二百五十左右，比丘尼戒三百四十左右。

发展完成了的僧伽制度，出家后先受沙弥（沙弥尼）戒，再受比丘（比丘尼）戒。研求佛的本制，原是摄受归心三宝，而自动发心（成年而有自由意志的）出家的。所以发心出家的，或者说："善来比丘！于我法中快修梵行"①，就算得比丘戒，成为比丘。或者说三归依的誓词，就算得戒，名为比丘。这本是不需要沙弥这一级，当然更不需要先受沙弥戒了。后来，为了信徒的儿女，父母死了，孤零无依，佛才慈悲摄受他们，在七岁以上的，出家作沙弥（沙弥尼），受沙弥戒，修学出家法的一分。等到年满二十，再给他受比丘戒。从此，比丘（比丘尼）以前，有此预修一级。甚至二十以上出家的，或因缘不具足，没有受比丘戒，也叫做（老）沙弥了。然在僧制中，如年满二十出家的，虽没有受沙弥戒，就直接受比丘戒，也还是得戒的——这是吻合佛制本意的，不过从发展完成的僧制来说，似乎不太理想而已。

五、"式叉摩那"戒：这是女众，属于沙弥尼以上、比丘尼以下的一级。式叉摩那，意译为学法女，是在二年内受持六法戒的一类。这实在还是沙弥尼（女众出家的预修），不过仰修比丘尼戒的一分而已。佛制女众出家，起初当然也只是比丘尼；其后增立沙弥尼；后来又增列式叉摩那；成为出家女众的三级制。起因

---

① 《四分律》卷三三（大正二二·七九九中）。

是:有曾经结婚的妇女来出家,她早已怀了孕。受比丘尼戒后,胎相显现,生了儿子,这是会被俗人误会讥嫌的,有辱清净僧团的名誉。因此,佛制定式叉摩那:凡曾经结过婚的,年在十岁以上(印度人早熟早婚);没有结婚的童女,年在十八岁以上,在受沙弥尼戒后,进受六法戒二年。起初虽为了试验有没有胎孕,但后来已成为严格考验的阶段。如在二年中,犯六法的,就不能进受比丘尼戒,要再受六法二年。二年内严持六法不犯,才许进受比丘尼戒,这是比沙弥尼戒严格得多了。女众的心性不定,容易退失,所以在完成僧格(比丘尼)以前,要经这严格的考验。天主教中,修女出家,也要经三次考问,比男众严格得多。不过这一制度,我国也许从没有实行,也许印度也不受尊重。因为沙弥及尼戒、比丘及尼戒,虽各部多少不同,而大致都还算一致。唯独这二年的六法戒,各部的说法不同。旧有部的《十诵律》①,法藏部的《四分律》②,都说六法,而不完全一样。新有部的《苾刍尼毗奈耶》,"二年学六法六随行"③,这是二种六法。大众部的《僧祇律》,"二岁随行十八事"④,这是三种六法。二年六法的古说是一致的,而六法的内容不同,这可以想见,这一学法女的古制,早就不曾严格遵行,这才传说纷纭了。

佛弟子虽有在家二众,出家五众;论戒法,虽有八类(加近住的八戒),但戒体的清净,有防非止恶的功能,有生长定慧的

---

① 《十诵律》卷四五(大正二三·三二七上——下)。
② 《四分律》卷四八(大正二二·九二四中——下)。
③ 《根本说一切有部苾刍尼毗奈耶》卷一九(大正二三·一〇一四中)。
④ 《摩诃僧祇律》卷三八(大正二二·五三五上)。

功德，却是一样的。所以，在家也好，出家也好；男众、女众，童年、成年也好，只要信赖恳切，发起净戒，都是可以依之而解脱生死的。

于中具足戒，戒法之最胜，殷重所受得，护持莫失坏。

"于"此八种戒"中"，比丘与比丘尼所受的，名为"具足戒"。具足，是旧译，新译作"近圆"（圆就是具足）。近是邻近，圆是圆寂——涅槃。这是说：受持比丘、比丘尼戒，是已邻近涅槃了。虽然佛制的每一戒法，如能受持清净，都可以生长定慧的，解脱生死的。但比较起来，比丘、比丘尼戒，过着离欲（五欲，男女欲）出俗的生活，在这物欲横流的世间，比其他的戒法，是最严格的，最清净的，最能胜过情欲的。所以，这在佛制的"戒法"中，"最"为殊"胜"。受了具足戒的，位居僧宝，为僧团的主体，受人天的供养。

具足戒是戒法中最殊胜的，所以受具足戒也是最不容易的。论年龄，要满二十岁。论受戒的师长，要有三师——和尚，羯磨阿阇黎，教授阿阇黎；还要有七师作证明。就是在佛法不兴盛的边地，也非三师、二证不可。这比起在家戒的从一师受，沙弥及尼戒的从二师受，显然是难得多了。假使是受比丘尼戒，先要受二年的六法戒，还要从二部受戒，这是怎样的郑重其事！所以发心受具足戒的，要求三衣，要求师，要得僧团的许可；这是以"殷重"恳切的心情，经众多的因缘和合，才能"受得"具足戒。得来如此不易，那就应特别珍惜，好好地"护持"，如渡海的爱护浮囊，如人的爱护眼目一样。切"莫"疏忽放逸，在环境的诱惑下，烦恼的冲动下，"失坏"了这无价的戒宝！如不能依此殊胜的戒法,生人间天上,或解脱生死,反而袈裟下失却人身,这是多么可痛心的事呀!

极重戒有四:淫行不与取,杀人大妄语,破失沙门性。

在具足戒中,比丘戒约二百五十戒左右。其中"极重"的"戒,有四"(尼戒有八)。极重戒,是绝对不可犯的;犯了如树木的截了根一样,如人的断了头一样,也像作战的失败投降,为他方取得完全的胜利一样。犯了极重戒,在僧团中可说是死了。四重戒是:一、"淫行":这是绝对禁止的,无论过去曾有过夫妻关系,或者人与畜生,凡发生性行为的,即使是极短的时间,也是犯重。但佛法并非理学家那样的重视皮肉的贞操,主要是因为心有欲意,心生快感。所以如遇到被迫的行淫,而心无欲乐意思的,仍是不犯。二、"不与取",就是窃盗,主要是财物的窃取。凡不经同意,存着窃取的心而取,无论用什么手段,都是。不过极重戒是有条件的,依佛的制度,凡窃取五钱以上的,就是犯重。这五钱,是什么钱呢?古今中外的币制不一,佛为什么这样制呢?因为当时的摩竭陀国法,凡窃取五钱以上的,就宣判死刑;所以佛就参照当时的国法,制定盗取五钱以上的犯重戒。这样,如犯不与取的,依当时当地的法律,凡应判死刑的就犯重,应该是合于佛意的。三、杀生,极重戒指"杀人"而说。这包括自己下手,或派人去杀,以及堕落胎儿等。这在五戒、十戒中,也一样是禁止的。四、"大妄语",是妄语中最严重的。如没有证悟的而自称证悟,没有神通的而自说有神通,或者妄说见神见鬼,诱惑信众。或者互相标榜,是贤是圣;或者故意地表示神秘,使人发生神圣的幻觉。这都是破坏佛教正法,毫无修学的诚意,最严重的恶行。犯了这四重戒,就"破"坏"失"去了"沙门"的体"性",也就是失去了沙门——出家人的资格。沙门,是梵语,意译为勤息,是勤修道法,息除恶行的意思。如犯了这四重戒,虽然出家,已完全失去出家的资格了。

在佛制的僧团中,如有人犯重,就逐出僧团,取消他的出家资格。不但不是比丘,连沙弥也不是。犯重的,是会堕落的。不过,如犯淫而当下发觉,心生极大惭愧,恳求不离僧团的,仍许作沙弥,受持比丘戒。不过无论怎样,现生是不会得道成圣的了!

余戒轻或重,犯者勿覆藏,出罪还清净,不悔得安乐。

除了不准忏悔的极重戒而外(不容许忏悔而留在僧团内),犯了其"余"的"戒",或是"轻"的,"或"是"重"的,都应该如法忏悔。轻与重也有好多类,最轻的只要自己生惭愧心,自己责备一番就得了。有的要面对一比丘,陈说自己的错失,才算清净。严重的,要在二十位清净比丘前忏悔,才得出罪。但总之,是可以忏悔的,应该忏悔的。

这里,有一要点,就是"犯"戒"者",切"勿覆藏"自己的罪过。忏悔,意义是乞求容忍,再将自己所有的过失发露出来。如犯戒而又怕人知道,故意隐藏在心里,这是再也没法清净了。依佛法来说,谁没有过失?或轻或重,大家都是不免违犯的。只要能生惭愧心,肯忏悔,就好了。这正如儒家所说的"过则勿惮改"。凡是犯戒而又覆藏的,过失是越来越重。一般人,起初每是小小的过失,犯而不忏悔,就会继续违犯下去;久了,就会恬不知耻地犯极重戒。举喻说:如瓮中藏有秽物、毒素,如把它倒出来暴露在日光下,很快就清净了。如盖得紧紧的,生怕秽气外泄,那不但不会清净,而且是越久越臭。所以佛制戒律,对于犯重罪而又覆藏的,给予加重的处分。同时,凡有惭愧心、慈悲心的比丘,见到同学、师长、弟子们犯罪,应好好地劝他忏悔。如不听,就公开地举发出来(但也要在适当的时候)。这才是助人为善,才能保持僧团的清净。在僧团中,切勿互相隐藏,而误以为是团结的美德。

忏悔,佛制是有一定方法的。如依法忏悔了,就名为"出罪",像服满了刑罚一样。出了罪,就"还"复戒体的"清净",回复清净的僧格。凡是出罪得清净的,同道们再不得旧案重翻,讥讽、抨击;假使这样做,那是犯戒的。关于忏悔而得清净,可有二种意义。凡是违犯僧团一般规章的,大抵是轻戒,只要直心发露,承认错误,就没有事了。如属于杀、盗、淫、妄的流类,并非说忏悔了就没有罪业。要知道犯成严重罪行的,不但影响未来,招感后果;对于现生也有影响力,能障碍为善的力量。如一落入黑社会中,就受到牵制,不容易自拔一样。发露忏悔,能消除罪业,对于今生的影响,真是昨死今生一样。从此,过去的罪恶不再会障碍行善,不致障碍定慧的熏修,就可以证悟解脱。这如新生一样,所以称为清净,回复了清净的僧格。假使不知忏悔,那恶业的影响,心中如有了创伤一样。在深夜自思,良心发现时,总不免内心负疚,热恼追悔。热恼忧悔,只是增加内心的苦痛,成为修道为善的障碍。所以一经忏悔,大有"无事不可告人言"的心境,当然是心地坦白,"不"再为罪恶而忧"悔",也就自然能心"得安乐"了。儒家说:"君子有过,则人皆见之。"又说:"君子坦荡荡",这都是心无积罪、心安理得的气象;这才有勇于为善的力量。

出家众的戒,极为深细,学者应研求广律,才知开遮、持犯、还出、还净的法门。

能持于净戒,三业咸清净。

以下两颂,论意义,也是在家弟子所应学习的;但从事相来说,是佛特别为出家弟子说的。这是向于(世间道)出世离欲道的必备资粮。着重在戒行,为习定的方便。

在家出家的七众弟子,在修学(世)出世道中,首先要安住净戒,以净戒为根本。凡"能持于净戒"的,身口意"三业"都能"清净",这才能生、能证世出世间的一切功德。如《遗教经》说:"若人能持净戒,是则能有善法;若无净戒,诸善功德皆不得生。"①如约比丘、比丘尼的具足戒来说,那就要:一、守护所受的别解脱戒;如犯了,不可覆藏,立刻生惭愧心,如法忏悔。二、对佛制的"轨则"——行住坐卧等威仪;衣食等应守的规定;尊敬师长,护侍病人,听法,修定等一切善行。这些,都要如法学习,做到合于律的规定,又适应世间,才能不被社会的正人君子、教内的高僧大德所呵责。三、不要到歌舞娼妓、淫坊、酒肆、政治机关去走动,因为这是容易生起不净心行的地方。四、就是小小的罪,也不可看为轻易,而要谨严地护持。能这样受持学习,就能安住于净戒,引生一切善功德了!

密护于根门,饮食知节量,勤修寤瑜伽,依正知而住。

---

① 《佛垂般涅槃略说教诫经》(大正一二·一一一一上)。

这包含了四项修法。一、"密护于根门",就是《遗教经》的制伏五根及制心。六根——眼、耳、鼻、舌、身、意,是认识的门路,也是六识——劫功德贼的入门,所以叫根门。五根是见色、闻声、嗅香、尝味、觉触的;意根是知一切法的,为六根中最主要的。在我们的日常生活中,不外乎见色、闻声……知法。这可要严密地守护,像看门人,见到鸡犬乱闯,小偷等进来,就加以拒绝,或立刻驱逐出去。一般人,在见色、闻声等时,总是取相。合意的,就取相而引生贪欲等;不合意的,就取相而引生嗔恨等。不能控制自心,跟着烦恼转,就会造业而堕落,像牛的乱闯,踏坏苗稼了。所以,在见色、闻声等时,要密护根门。这并不是不见色、不闻声,而是在见了闻了时,能"制而不随"烦恼转。如见美色而不起淫意,见钱财而不作非分想。这要有正知、正念才得。对于外来的境界,或内心的境界,要能正确认识它的危险性,是好是坏,叫正知。对于正知的,时时警觉,时时留意,叫正念。如没有正知,外境现前,心随烦恼转,认贼作父,欢迎都来不及,那怎么能制伏劫功德贼呢?如没有正念,时时忘失,如小偷进门,大箱小笼搬了走,还呼呼地熟睡,没有发觉,那怎能制伏呢?能谨密地守护根门,才能止恶,才能恶法渐伏,功德日增。说修行,在平常日用中,要从这些地方着力!

二、"饮食知节量":对于出家众,依赖施主,依赖乞食而生活的,这是特别重要的。生在人间,为生理所限制,饮食是免不了的,没有便无法生活,所以佛说"一切众生皆依食住"[①]。但依

[①]《佛说大集法门经》(大正一·二二七下)。

赖施主而生活的,应该思量到:饮食是维持生活所必须的,不可在美味上着想。落下咽喉,还有什么美呢?在家人为了物资的取得、保存,发生了种种的苦难(战争原因,也大半为了这个)。现在,施主为了福德而施舍,不应该好好修行,报施主的恩德吗?所以饮食,不是为了淫欲;也不是为了肥壮、勇健、无病,或者长生不老;更不是为了面色红润端严。只是为了生存,为了维持短暂的生存。就是维持营养的需要,不致因饥渴、疾病而苦恼。身心有力,才能修行,出离生死。如不知节量,贪求无厌,不但专在身体上着想,滋味上着想,对施主也会起颠倒心,生嫌恨心——多生烦恼,多作恶业。在家人对于经济生活,尚且要知节量,何况依施主而生活的出家人呢!

三、"勤修寤瑜伽":这是有关睡眠的修持法。为了休养身心,保持身心的健康,睡眠是必要的。依佛制:初夜(以六时天黑,夜分十二小时计,初夜是下午六时到十时),后夜(上午二时到六时),出家弟子都应过着经行及静坐的生活。中夜(下午十时到上午二时)是应该睡眠的,但应勤修觉寤瑜伽。换言之,连睡眠也还在修习善行的境界中。睡眠时间到了,先洗洗足,然后如法而卧。身体要右胁而卧,把左足叠在右足上,这叫做狮子卧法,是最有益于身心的。在睡眠时,应作光明想;修习纯熟了,连睡梦中也是一片光明。这就不会过分的昏沉;不但容易醒觉,也不会做梦;做梦也不起烦恼,会念佛、念法、念僧。等到将要睡熟时,要保持警觉;要求在睡梦中,仍然努力进修善法。这样的睡眠惯习了,对身心的休养最为有效,而且不会乱梦颠倒,不会懒惰而贪睡眠的佚乐。佛制:中夜是应该睡眠而将息身心的。头陀行有常坐不卧的,俗称不倒单,其实是不卧,并非没有睡眠,只是充分保持警觉而已。《遗教经》说:"中夜诵经以自消息,无以睡眠因缘,令一生空过。"①然依一切经论开示,中夜是应该睡眠将息的。在初夜静坐时,如有昏沉现象,就应该起来经行,如还要昏睡,可以用冷水洗面,诵读经典。所以,不可误会为:中夜都要诵经,整夜都不睡眠。这也许译文过简而有了语病,把初夜(后夜)诵经译在中夜里,或者"诵经以自消息",就是睡眠时(闻思修习纯熟了的)法义的正念不忘。

四、"依正知而住":出家人在一般生活中,无论是往或还来;(无意的)睹见或(有意的)瞻视;手臂支节的屈或伸;对衣钵的受持保护;饮食、行、住、坐、卧、觉寤、语、默、解劳睡等,都要保持正知。在每一生活动作中,知道自己在做什么;应该做不应该做;适当或是不适当的时候;做得好不好。总之,在这些事情中,能事事正知,就不会落入错误过失中去。

知足心远离,顺于解脱乘。

修学出世道的,要能够随遇而安。不可多求多欲,俗语也说:"人到无求品自高。"对衣服、饮食、医药、日常用品,随缘所得的,就要"知足"。不但多得了心意满足,就是少得了,或者得到的不太合意,也能知足。能这样,烦恼就少了,心也安了,容易修行。人不能离群,有群就有人事。如欢喜谈话,欢喜事务,欢喜人多,就障碍远离。有的,整天忙碌碌地在事务上转。有的,与人聚谈,"言不及义",整天说些"王论、贼论、食论、饮论、妙衣

---

① 《佛垂般涅槃略说教诫经》(大正一二·一一一一一上)。

服论、淫女巷论、诸国土论、大人传论、世间传论、大海传论"①。总之,这都是增长爱染,不能身心远离,在静处修行的。所以要"心远离",不欢喜世论、世业,才能专心佛法。说到远离,一般是远离群聚,住在清净处,或者一个人住("独住");如闭关就是这一作风。但主要还是心远离;心不能远离,住茅蓬、闭关,都是徒然。过去大陆上,常见闭关的,有些精神失常;有的托名病缘,中途出关。这都由于心不远离,过不了安静修行的生活,这怎么能解脱生死呢?所以对物欲要知足,对人事要心远离,这才能"顺于解脱"的三"乘"法门,能趣向出世解脱的道果。

此能净尸罗,亦是定方便。

这是结前起后;现在要从戒增上学,说到心(定)增上学了。

上面所说的:密护根门,饮食知量,觉寤瑜伽,正知而住,知足,远离,都是"能净尸罗"的;能这样去行,戒学一定会如法清净。虽然戒以杀、盗、淫、妄为根本,但如在日常生活中,贪求饮食,贪乐睡眠,不能守护根门,不能自知所行,对物欲不满足,对人事不远离,那一定会烦恼多,犯戒作恶。所以佛制戒律,不但严持性戒,并且涉及日常生活、团体轨则、举止威仪。将一切生活纳入于如法的轨范,犯戒的因缘自然就少了;犯戒的因缘现前,也就能立刻警觉防护了。这样,自然能做到戒法清净。所以说到戒学,切勿轻视这些饮食等日常生活,以为无关紧要才是!

这样的戒学清净,也就"是定"学的"方便"。这是修定所必备的基础,也可说是修定的准备工作。经上说:"戒净便得无

---

① 《瑜伽师地论》卷二五(大正三〇·四二〇上)。

（热恼追）悔；无悔故欢；欢故生喜；由心喜故，身得轻安；身轻安故，便受胜乐；乐故心定。"①这因为，持戒清净的，一定心安理得，自然能随顺趣入定学。如从日常生活的如法来说：不会贪求滋味，饮食过量；不会贪著睡眠，终日昏昏的；随时能防护根门，正知所行，这都就是去除定障。所以戒清净的，"寝安，觉安，远离一切身心热恼"；"无诸怖畏，心离惊恐"②；身心一直在安静中。如加修定学，自然就顺理成章，易修易成。一般人只是爱慕禅定功德，却不知从持戒学起。不知道自己的身心一直在烦动恼乱中，如狂风骇浪一样，就想凭盘腿子、闭眼睛、数气息等，一下子压伏下去，这就难怪不容易得定了。就使有一些定力，由于戒行不净，意欲（动机等）不正，也就成为邪定；结果是为邪魔非人所娆乱，自害害人。

进修于定学，离五欲五盖。

为了修定而持戒，叫做增上戒学。那么戒学清净，当然要依戒而"进修于定学"了。首先要肯定认识：如修定而想有成就，那一定要"离欲及恶不善法"。因为定是属于色无色界的善法；如心在欲事上转，不离欲界的恶不善法，那是不能进入色界善法的。这一点，有些人是忽略了。念念不忘饮食男女，贪著五欲，对人做事，不离恶行，却想得定、发神通，真是颠倒之极！最颠倒的，道教中有，印度教中也有，听说也有混进佛法中来的。这就是想从男女淫乐中修定，说什么性命双修啦，身心双修啦！这不

---

① 《瑜伽师地论》卷二二（大正三〇·四〇五下）。
② 《瑜伽师地论》卷二二（大正三〇·四〇六上）。

单是哄骗愚人,特别是诱惑那些有钱有势,而身心日渐衰老,想纵情享受而干着急的人物(从前都流行于宫廷、宰官间)。其实,道教徒也有看不惯这股邪风,而予以严正抨击的。浅薄的道教徒,都还有知道邪正的,有佛法正知见的,还会错误吗?原来,印度的"三摩钵底"一词,意义是等至——平等能至,指禅定的心境而说。但印度人也称男女性交为三摩钵底——"雌雄等至",因那时也有心意集中,淫乐遍身,类似定心的现象。这正如现法涅槃的外道,拍拍吃饱了的肚子说:这就是涅槃(苦去而安乐)一样。想得定而又舍不得欲乐的,从三摩钵底的字义中,有意无意地杂揉起来,这才修精炼气,在色身及淫欲上用功,而不觉得误入歧途了,这真是可悲可悯!

在应"离"的欲及恶不善法中,欲是"五欲";恶不善法是"五盖"。五欲是净妙的色、声、香、味、触,这是诱惑人心,贪著追求的物欲。修定的,要摄心向内,所以必须离弃它。对于五欲境界,要不受味——不为一时满意的快感而惑乱,反而要看出它的过患相,以种种理论、种种事实来呵责它。看五欲为:伪善的暴徒,糖衣的毒药,如刀头的蜜。这才能不取净妙相,不生染著;染著心不起,名为离欲。在五欲中,男女欲是最严重的;这是以触欲为主,摄得色声香的欲行。男女恩爱缠缚,是极不容易出离的。多少人为了男女情爱,引出无边罪恶,无边苦痛。经中形容为:如紧紧的绳索,缚得你破皮、破肉、断筋、断骨,还不能舍离。这是与定相反的,所以就是在家弟子,如想修习禅定,也非节淫欲不可。

五盖,是欲贪盖,嗔恚盖,惛沉睡眠盖、掉举恶作盖、疑盖。

这都是覆盖净心善法而不得发生,对修习定慧的障碍极大,所以叫盖。欲贪,从五欲的净妙相而来。嗔恚,从可憎境而起。惛沉的心情昧劣下沉,与睡眠邻近,这是从暗昧相而来的。掉举与惛沉相反,是心性的向上飞扬。恶作是追悔,是从想到亲属、国土、不死,及追忆起过去的事情,或乱想三世而引起的。疑从三世起,不能正思惟三世的诸行流转,就会著我我所,推论过去世中的我是怎样的,……这一类的疑惑。这要修不净想来治欲贪;修慈悲想来治嗔恚;修缘起想来治疑;修光明想(法义的观察)来治惛沉睡眠;修止息想来治掉举恶作。这五盖能除遣了,定也就要成就了。

不净及持息,是名二甘露。

为了修发真慧而修习禅定的,叫心(定)增上学,就是住心法门。佛多教授"不净"观,"及持息"念,使弟子们从此下手,修定而修发真慧的。这在古代,"名"这二者为"二甘露"门。印度语的甘露,与中国传说的仙丹相近,是不死药。佛法以此譬喻不生灭的涅槃;修习这二大法门,能了脱生死,所以叫甘露门。其后,阿毗达磨论师,加上界分别,称为"三度门"。

佛所开示的禅观,如约众生的烦恼特重不同,修习不同的对治,使心渐归安定清净来说,古师曾总集为"五停心"(玄奘译为五种净行),就是:以不净观治贪欲;慈悲观治嗔恚;缘起观治愚痴;界分别治我慢;持息念治寻思散乱。这是针对某一类的烦恼特别强,而施用的不同治法。但一般说来,佛是多以这二大法门来教授的。这不但对治欲贪、散乱(这是障定最重的),依此修成禅定,也可由此进修真慧而了生死的。

不净观,是先取死尸的不净相而修习的,就是九想:一、青淤想;二、脓烂想;三、变坏想;四、膨胀想;五、食啖想;六、血涂想;七、分散想;八、骨锁想;九、散坏想。这是对治贪欲——淫欲贪、身体爱最有力的。持息念,俗称数息观,是心念出入息(呼吸)而修定的,就是六妙门:一、数;二、随;三、止;四、观;五、还;六、净。还有十六胜行,那是持息念中最高胜的。

依此而摄心,摄心得正定。能发真慧者,佛说有七依。

"依"着上面所说的法门——不净想、持息念,"而"修习"摄心",不使散乱的,就是修定。无论是修定,或者修观慧,起初都是有所缘境相的。如以青淤等不净相为境,或以出入的呼吸为境。对于所缘的境相,如观察思惟它,就是修观;如依着而摄心不散,心住一境,便是修定了。修定的方法很多,是可以依种种的所缘相而摄心的。不过从对治主要的定障——贪欲与散乱,引发正定而说,不能不说这二法是更有效的、更稳当的!在修习摄心的过程中,如能达到远离五欲,断除五盖,那么定心明净,会很快地发生功德而成就的,所以说"摄心"能"得正定"。约一般的禅定说,不是邪定,味定,就是正定。约出世法说,那无漏定才是正定呢。

三乘贤圣弟子,是为了修发真慧而修定的。定境由浅而深,阶位不一,到底哪些定可以作为依止而修发真慧呢?总摄修发的一切定法,不出这样的大阶位——四禅、八定(还没有灭受想定,这是圣者所修证的,姑且不说)。四禅是:初禅,二禅,三禅,四禅。八定是:四禅以外,再加空无边处定、识无边处定、无所有处定、非想非非想处定。如从一般的散心,渐修而入定境时,第一是未到定,那是初禅根本定以前的,是将到初禅而还不是初禅的近分定。如将到城市而先到近郊,也有一些商铺一样。再进,是修到初禅。在初禅与二禅中间,有名为中间禅的。将到二禅而还没到时,有二禅的近分定。从此以上,每一定,都可以有中间定、近分定、根本定三类。但大概地总摄起来,就是四禅、八定;或者在初禅根本以前,加一未到定就是了。在这四禅、八定中,最后的非想非非想定,定心过于微细了,心力不够强胜,不能依着它而修发真实慧。所以"能"够"发真慧"的,"佛说"只"有七依"定,就是:初禅,二禅,三禅,四禅,空无边处,识无边处,无所有处——七定。但最初的未到定,也是可以发慧的;这是初禅的近分定,所以就摄在初禅中。

关于定学的修习,就是摄心令住的修法,下面会有更详明的说明。

增上慧学者,即出世正见。

道谛,是三学、八正道。戒学、定学,都说过了,现在要说到慧学。慧学就是八正道中的正见(还有正思惟),所以综合起来说:"增上慧学",就是"出世正见"。什么是增上慧学?为了作为解脱的依止而修慧,叫增上慧。这当然不是俗知俗见,而是究竟的真实慧了。正见也如此,如上面说到的知善恶,知业报,知前生后世,知凡圣,都还是(佛教的)世间正见。为了悟真理,断烦恼,得解脱,要有出世的正见。什么叫出世?就是超过和胜出一般世间(凡夫)的意思。或是悟解真理的正见,或是离烦恼的无漏正见,都叫出世正见。在说明上,现在是着重于胜义——真实义的知见。

慧,梵语般若。在佛法所修的一切功德中,般若是最究竟的;有了般若,可说到了家。体悟真理,解脱生死的大事,已经能够成办;涅槃城大门,已经打开。如没有般若,什么行门,都不能解脱生死。般若又是最根本的;般若是领导者,启导一切功德的进修,与一切功德相应。在三学中,慧学最后,为能得解脱的依止;而在八正道中,却以正见为首。这说明了般若在佛法中的地位,是彻始彻终的;它是领导者,又是完成者!

在三乘共法的经典里,慧是有很多名称的,如慧、见、明、观、忍、智、觉;正观、正见、正知、正思惟;如实观、如实知、如实见、如实知见、如实思惟;择法等。

佛为阿难说:缘起义甚深——此有故彼有,此生故彼生;无常空无我,惟世俗假有。

出世的解脱法门,不出乎四谛与缘起的二大纲,所以说到出世的慧学,也就是通达缘起与知四谛的慧。现在,先从正见缘起来说。

上面说到过的十二缘起说,在一般人的心目中,这不过是烦恼起业,业感苦果的说明;说明了生死的无限延续,并非神造而已。就是部分的分别法相的佛学者,也每每如此。如真的这样,这不过是缘起的世间正见,怎么能解脱生死呢?阿难曾代表过这样的见地,以为缘起是很好懂的。"佛"就因此"为阿难说":"诸缘生(起?)法,其义甚深"①;"缘起义"是"甚深"甚深,如大海一样的,不容易测度到底里的。要知道,缘起是佛在菩提树下

---

① 《佛说大生义经》(大正一・八四四中)。

觉证得来的,不要说人,就是天(玉皇大帝之类)、魔、梵(耶和华等),也都是不能通达的。这是佛法超越世间、胜出世间的根源,当然是"甚深极甚深,难通达极难通达"的了!缘起实在太深了!如十二支的因果相生,说明了生死的无限延续,这已经是很深的了!再来观察:众生的生死,始终在这样的——十二支的情形下流转;只要是众生,是生死,就超不过这十二支的序列。所以十二支是生死的因果序列,有着必然性与普遍性的。从因果的不同事实,而悟解到一切众生共同的必然理性,坚定的信解,这才得到了初步的成就。但还要再深入,彻悟更深的真义。

佛的开示缘起,总是说:"依此有彼有,此生故彼生;谓无明缘行,行缘识……生缘老死。"①要知道:无明、行……老死,这十二支的因果相生,是缘起的事实,或缘起的序列;而"此有故彼有,此生故彼生",才是缘起的法则。因果的所以成为因果,生死的所以成为生死,都离不了这个——此有故彼有,此生故彼生的定律。这样,就进到了缘起事物的一般理性了!试问:因果到底是什么意义呢?怎样才会成为因果呢?依佛开示的缘起来说:有,是存在的意思。这不是自有、永有的存在,而是生灭的存在,所以又说生,生是现起的意思(约彻底的意思说:存在的就是现起的,现起的就是存在的)。为什么能存在?为什么会现起呢?这是离不了因缘的。依于因缘的关系,才能存在的、现起的。那个因缘呢?也是存在的,现起的;它如不是存在的与现起的,就不能成为果法存在与生起的因缘了!那个因缘自身,既然

---

① 《阿毗达磨法蕴足论》卷一一引经(大正二六·五〇五上)。

是存在的、现起的,那当然也要依于另一因缘。就是另一因缘,当然也不能不是存在的与现起的了。这样的深刻观察起来,尽世间的一切事事物物,尽一切众生的生死死生,无非是成立于这样的原理:因(有)存在所以果存在,因(生)现起所以果现起。一切都是依于因缘的,也就是离不了因缘的,离了因缘是不能存在的。依这"此有故彼有,此生故彼生"的定律而观察起来,什么都不是自有的、永有的,一切世间,一切生死,无论是前后的、同时的,都无非是展转相关的、相依相待的存在。展转相关的、相依相待的存在,才能成为因果。所以,从佛悟证的"此有故彼有,此生故彼生"的因果定律,就能正见因果的深义,而不是庸俗的因果观了!

依照这深刻的因果观,来正观一切,就能正确地了解:一切是"无常"的,是"空无我"的。存在与生起的一切法,都是无常的。你看!器界在成而坏,国家在兴而衰亡,众生在生而老死。如粗显地说,是一期无常:如器界的成坏,众生的生死,似乎都经过一安定时期而后灭尽。但细微地说,是刹那无常:一切都是刹那刹那地生灭着,才生即灭而不住的。这一切,为什么会是生灭无常的呢?这是缘起呀!从因缘而有的,不能不依于因缘,缘无也就归于无了。是从因缘而生起的,当然也依缘而灭了。依缘而存在与生起的一切,必然会是生灭无常的。经中说到无常,用无常、无恒、不可保信、不安稳等来说明。所以因缘所生的一切法——约众生的自体来说,都是不永久的,不可靠的,末了总是归于灭尽的。说到空与无我,可以作多种不同的解说,现在且约无我来说。我,是主宰的意思。主是与他不相干,自己作主;宰是别的要由我来支配。总之,我是自由自在自主的。大家都觉得有我;一般宗教也都说众生(或专约人类说)有一个我(有的叫做灵)。但我在哪里呢?是怎样的呢?一般人没有考虑过这些;到了宗教与哲学家手里,经一番推究,这可问题多了,意见也分歧了,但总之,觉得不能没有常住不变的、自由自在的东西,作为众生——人的生命主体。并且觉得,这个常住而自主的,也就是安乐的,这将来才好回到天国,或归于解脱,去享受永恒的自由。然在佛的正观中,(像他们主张的)我是并不存在的。众生,不是别的,只是五蕴呀,六处呀,六界呀;只是身心的因果现象——存在与生起。这一切是不息的流变,哪里有常住不变的我?是相依相待的存在,哪里有独立的我?不常住,不独存,这哪里有自主自由(乐)的我呢?无常无我的正观,如佛所常说的:"色(等一切法)无常;无常即苦(不安隐,不自由);苦即非我;非我者亦非我所。如是观者,名真实正观。"①

这样,器界也好,众生也好,一一法也好,都"惟"是"世俗"的"假有"了。除去世俗的假有,什么也不可得。什么叫世俗?什么叫假有呢?世俗,有浮虚不实的意思。经我们——一切众生的虚妄分别心而发现的一切,觉得这是什么,那是什么;心里觉得的那个,觉得就是称之为什么的。庸常所认识到的一切——体质、形态、作用,一切都是世俗的。世俗的,就是假有的。假有,不是说什么都没有,是施设而有的意思(也叫做假名),就是依因缘而存在而现起的。这虽然因果法则,历然不

---

① 《杂阿含经》卷一(大正二·二上)。

乱，但这是假施设而有的。佛在《阿含》的《胜义空经》中说：是无常的，空无我的，"除俗数法。俗数法者，谓此有故彼有，此起故彼起……"①所以，无常无我的一切因果法，佛称之为世俗的假有。举例来说吧！人是六根取境，引发六识的综合活动。但是，如眼根能见色，因为能见色，所以确定有眼根。但到底什么是眼根呢？其实"眼不实而生，生已尽灭"；也就是"眼生时无有来处，灭时无有去处"②。因为眼根是缘起的有，缘起的生，你不能想像为有一真实的眼根，从那里生出来。说到见色，也不是有一独存体，能单独负起见色的作用；见色也是要有种种关系才能成就的，所以也不能说有真实自体的眼根，能够见色。这样，眼根是才生即灭的，你也不能想像为有一真实自体的眼根，灭到那里去了。《胜义空经》的开示，够明白了。所以，世间的一切——器界，众生，一色一心，都是世俗假有，缘起的存在。这是无常、无我的，但在展转相关、相依相待下，众生是和合的、相续的存在，流转不绝于生死大海。生死死生的相续不已，也就是轮回不已，苦痛不已。

此无故彼无，此灭故彼灭；缘起空寂性，义倍复甚深。

无常无我的生死，从烦恼起业，从业起苦果，又从苦果起惑业。这缘起的生死，是否会永远不断地生死流转下去？不！生死是可以解脱的。为什么可以解脱？就因为它是缘起法的缘故。佛在开示了缘起的生死流转以后，接着就开示生死的还灭

---

① 《杂阿含经》卷一三（大正二·九二下）。
② 《杂阿含经》卷一三（大正二·九二下）。

说："此无故彼无，此灭故彼灭，谓无明灭故行灭，行灭故识灭……纯大苦聚灭。"①缘起法是依于因缘而存在的，凡是依缘而存在与生起的，那就不会是常恒不变的；存在的会归于不存在，生起的终归会尽灭。生死法，虽一向在即生即灭中，但由于烦恼业的不断相续，灭而又生，所以苦果也就不断地相续下去。如能净治烦恼——无明、爱等不起了，那业力也就销息，生死也就停止了。如风虽是瞬息不住的，可是风吹不息，水就掀起大波浪，一层层地起伏不断；风一停，海就波平浪静了。所以生死可以解脱，是因为生死是缘起的假名有。佛在《阿含经》中，曾这样说过："不见一法可取（著）而无罪过者。"②所以若取著实法而又说没有，是错误的。真实有的，是不可能成为没有的；如说实有的成为没有，那思想上就犯了很大的错误。佛不是那样说的，生死法是缘起的、假有的，所以是不可取著的；本没有一真实的生，也就不是有一实法灭去了。从这如幻的缘起法中，发见了生死解脱的可能性，也由此而到达生死解脱的境地。怎么能到达呢？一切法是缘起的假名——假法、假我，是如幻的，是无常、空、无我的。而无明——我痴、我见、我慢、我爱等一切烦恼，却迷蒙了真相，把一切法——众生，看作真实的；想像为有一永恒自在的我。一切从自我中心去活动，于是到处执著，造善恶业而流转了。如正观缘起，通达是无常、无我的，那自我中心的妄执，失去了对象，烦恼也就不起了（烦恼也是缘起的生灭），生死也就解脱了。佛所以这样说："无常想者，能建立无我想。圣弟子

---

① 《杂阿含经》卷一三（大正二·九二下）。
② 《杂阿含经》卷一〇（大正二·七二中）。

住无我想,心离我慢,顺得涅槃。"①

　　正观缘起的无常无我,离烦恼而解脱生死,名为得般涅槃。涅槃到底是怎样的呢?那是深而更深的。佛为阿难说有为与无为法,也就是缘起与"缘起"的"空寂性",说是"义倍复甚深"。如说:"此甚深处,所谓缘起(有为)。倍复甚深难见,所谓一切取离,爱尽无欲,寂灭涅槃。"②这所以大乘经中,每以大海譬生死缘起的深广难测;而以最深的海底来形容最极甚深的法性。缘起是相对的假名,众生为无明所蒙蔽了,不见缘起的本性空寂,也就不知但是无常无我的业果延续。如真能正观缘起,不取不著,断尽烦恼,生死永息,那就体证到缘起法性的寂灭。正像风停,体现到波平浪静一样。依一般来说,声闻弟子是渐次悟入的。从无常而通达无我,从通达无我,离我所见、我爱等而契入涅槃。但这是从正观缘起而来的,缘起是与空寂相应相顺的,如《阿含经》说:"如来所说修多罗,甚深明照,难见难觉,不可思量,微密决定明智所知:空相应随顺缘起法。"③这是唯证方知的"甚深广大,无量无数,永灭"。换言之,这是没有边际可说的;是超越假名的相对界,而不可以数量说的。也不可以想像为在此在彼的,如说:"于未来世永不复起,若至东方,南、西、北方,是则不然:甚深广大,无量无数,永灭。"④那不是没有了吗?不能说是有,也不可说是没有的,如说:"离欲灭息没已,有亦不应

---

① 《杂阿含经》卷一〇(大正二·七一上)。
② 《杂阿含经》卷一二(大正二·八三下)。
③ 《杂阿含经》卷四七(大正二·三四五中)。
④ 《杂阿含经》卷三四(大正二·二四六上)。

说,无亦不应说,有无亦不应说,非有非无亦不应说。……离诸虚伪,得般涅槃,此则佛说。"①总之,这是超越了假名相对界(缘起),而契入绝对界,什么也不可说,说着也不对。但这是从正观缘起的空寂而悟入,也就是缘起法性的实证。

此是佛所说,缘起中道义,不著有无见,正见得解脱。

上来所说的,"是佛"在《阿含经》等"所说"的,名为"缘起中道义"。中道,是正确的,恰好的,没有偏差,不落于两边邪见的。佛法的中道观,是从缘起法的正观中显出,为佛说法的根本立场。所以,正观也称为中观,正法也称为中法了。说到不落二边,经中都依众生自体说。众生,是缘起的生灭。缘起是不落两边的,不像众生边执所想像的。这都依佛说而成立,如说:"若见言命即是身,彼梵行者所无有;若复见言命异身异,梵行者所无有。于此二边,心所不随,正向中道。……谓缘生老死,……缘无明故有行。"②这是不一不异的缘起中道。又如说:"自作自觉(受),则堕常见;他作他觉,则堕断见。义说法说,离此二边,处于中道而说法,所谓此有故彼有……"③又如说:"若先来有我,则是常见;于今断灭,则是断见。如来离于二边,处中说法,所谓是事有故是事有……"④这都是不常不断的中道。佛说中道,都是依缘起而立论的。最重要的,要算不有不无的缘起中道了。

---

① 《杂阿含经》卷九(大正二·六〇上)。
② 《杂阿含经》卷一二(大正二·八四下)。
③ 《杂阿含经》卷一二(大正二·八五下)。
④ 《杂阿含经》卷三四(大正二·二四五中)。

佛为删陀迦旃延说过不落有无二边的缘起中道。迦旃延是不著一切相,而深入"胜义禅"的大师。大乘龙树的《中观论》、弥勒的《瑜伽论》,都引证这《阿含经》的教授,来说明诸法的真实相,所以这一教授,在抉择佛法的缘起正见中,有着无比的重要性。佛对迦旃延说:"世人颠倒,依于二边,若有若无。"佛的圣弟子呢?"正观世间集者,则不生世间无见。如实正观世间灭,则不生世间有见。迦旃延!如来离于二边,说于中道,所谓此有故彼有,此生故彼生。……此无故彼无,此灭故彼灭……"①换言之,世人不知缘起义的,颠倒妄执,不能脱出二边——有见与无见的窠臼。佛弟子依缘起法正观,那就不起有见与无见了。譬如说:世间人见人生了出来,就执为是实有的而起有见。等到死了,大都是执为实无而起无见的。又如在生死流转中,一般人是执为实有的。听见了生死,入涅槃,就执著以为是无了(世人因此大都是怕无我,怕空,怕涅槃的)。但是,佛弟子依着缘起中道去观察时,如见到世间灭,也就是生死解脱了,就不会起有见。因为缘起如幻的相对性,在涅槃寂静中是不能安立的。而且,既是可灭的,在生起时也就决非实有,实有是不会依缘而灭的。如见到生死世间的集起,就不会起无见。因为缘起的如幻假有,不是什么都没有的。而且,既是可生的,在灭时也决非实无了。还有,了解缘起的此有彼有,此生彼生——世间集,所以生起现前时,知道缘起的流转相续,不会觉得一死了事而起无见的。了解缘起的此无彼无,此灭彼灭,当生死解脱

---

① 《杂阿含经》卷一〇(大正二・六六下——六七上)。

时,也不会执有实我得解脱的。总之,一切是缘起的,唯是缘起的集、灭,并没有实我、实法,所以不起有见。没有实我、实法,所以也不会起无见的。真能正观缘起,就能"不著有"见"无见",依中道"正见"而"得解脱"了。三学的增上慧学——甚深般若,八正道的正见,都是缘起的中道观。所以佛弟子能不著常我,不落断常、一异、有无的执见,破无明而了脱生死。

又复正见者,即是四谛慧;如实知四谛,应断及应修,惑苦灭应证,由灭得涅槃。

出世的解脱道,是以缘起及四谛法门为纲要的。所以说到正见,除知缘起的集、灭外,还有四谛的正见,这是经中特别重视的。正见流转还灭的缘起法,是依因而起、依因而灭的正见。但这不是空洞的因果观、有空观,而是无明缘行等的依缘而有,无明灭就行灭等的依缘而无。因果相依的必然性,从中道的立场,如幻假有缘起观中,正确地体见它,深入到离惑证真的圣境。四谛,也是因果的:苦由集而生,灭依道而证,这是世间与出世间两重因果。观察的对象,还是现实苦迫的人生。从苦而观到集(如从老死而观到爱取为缘,到无明为缘一样),然后觉了到集灭则苦灭的灭谛(如知道无明灭则行灭……老死灭一样)。但怎能断集而证灭呢?这就是修道了。道是证灭的因,也是达成集苦灭的对治。这样,知四谛与知缘起,并非是不相关的(十二缘起也可以作四谛观,如老死,老死集,老死灭,灭老死之道,经中说为四十四智)①。所以缘起"正见",也"即是"知"四谛慧"。

---

① 《杂阿含经》卷一四(大正二·九九下)。

不过在说明上,缘起法门着重于竖的系列说明,四谛着重于横的分类而已。

佛在鹿野苑,最初为五比丘大转法轮,就是四谛法门,也就是称为"三转十二行相"的法轮,明白表示出对四谛的次第深入。当时,佛先指示了:哪些是苦,哪些是集,什么是灭,什么是道。这应该是剀切分别,详细指示。不但要知道哪些是苦的,哪些是苦的集因;苦必从集生,有集就有苦等事理。而且要知道:这些苦是真实的苦,决无不苦的必然性。这是第一转(四行),是开示而使其了解深信的。接着,佛更说:苦是应知——应该深切了知体认的;能深切信解世间是苦迫性,才会发生厌离世间,求向解脱。集是应该断的,不断便生苦果,不能出离生死了。灭是应该证得的,这才是解脱的实现。道是应该修习的,不修道就不能断集而证得灭谛。这是第二转(四行),是劝大家应该"知苦、断集、证灭、修道",从知而行,从行而去实证的。接着,佛再以自身的经验来告诉弟子们:苦,我已是彻底地深知了;集已经断尽;灭已经证得;道已经修学完成。也就是说:我已从四谛的知、断、证、修中,完成了解脱生死、体现涅槃的大事,你们为什么不照着去实行,去完成呢?这是第三转(四行),是以自身的经验为证明,来加强弟子们信解修行的决心。佛说四谛法门,不外乎这三转十二行相的法轮①。在弟子的修学四谛法门时,首先要"如实知四谛":从四谛的事相,四谛间的因果相关性,四谛的确实性(苦真实是苦等);从"有因有缘世间(即是苦的)集,有因

---

① 《杂阿含经》卷一五(大正二·一〇三下——一〇四上)。

有缘(这就是道)世间灭"的缘起集灭观中,知无常无我而流转还灭,证入甚深的真实性。应这样的如实知,也就能知集是"应断"的,道是"应修"的,"惑苦灭应证"的。依正知见而起正行,最后才能达到:已知、已断、已灭、已修的无学位,"由"于苦集"灭"而"得涅槃"。

对于四谛的如实知见,引起了见谛(真实)得道的问题。在四谛中,体见什么才算得证?由于学者的根性,修持方法的传承不同,分为顿渐二派。观四谛十六行相,以十六(或说五)心见道的,是渐见派——见四谛得道,是西北印学派的主张。而中南印度的学派,是主张顿见的——见灭谛得道。当然,这是千百年来的古老公案,优劣是难以直加判断的。依现有的教说来参证,从佛法本源一味的见地来说:见四谛,应该是渐入的;但这与悟入缘起空寂性——也就是见灭谛得道,是不一定矛盾的。经说:没有前三谛的现观(直觉的体验),是不能现观道谛的;四谛是渐入,犹如梯级的,这都是渐入渐证的确证。但四谛现觉的深见深信——也称为"证信",不是证入四种真实理体;谛是审谛不倒的意思,所以是指确认那四类价值而说。如苦:这些生死有为,是无常的,不安稳的,是无我而不自在的;这种生死事实的苦迫性,能深知深信而必然无疑,就是见苦谛。烦恼与引生的善恶业,是能起生死,使生死不断生起的真正原因,也就是惑业的招感性,深知深信而必然无疑,便是见集。断了烦恼,不起生死,那种寂静、微妙、出离的超越性,更没有任何系缚与累著的自在性,深知深信而不再疑惑,便是见灭。八正道,有了就有出离,没有就决不能出离;八正道的能向涅槃所必由的行迹性,能深知深信而不再疑惑,名为见道(谛)。这种印定苦集灭道的确信无疑,是四类价值的深知深信,当然是先后生起而印定的。但这无碍于缘起空寂性——灭谛的体见。缘起空寂性,就是"甚深广大无量无数永灭";这是超越缘起相对性的"正法";本来如此,必然如此,普遍如此,而称为"法性,法住,法界"的。见灭谛,不是上面所说的价值确信,而是体见那超越相对性的寂灭性自身。这是平等不二的,没有次第可说。学者在正观缘起的集灭中,达到离爱无欲而体见寂灭性,就是得道;四谛也当然证得了。但在智见上,应有引起的次第意义。如一下子发见了宝藏,又一样一样地点收一样——这是古德所说的一种解说。顿入,渐入,应该就是这样的。见寂灭而证道,为古代无数学者所修证的,是不容怀疑的事实,称此为灭谛的体见,是寂灭性自身的体见,与见四谛的见——四类价值的确认不同。

先得法住智,后得涅槃智;依俗契真实,正观法如是。

在中道的正见中,有着一定的程序,主要是:"先得法住智,后得涅槃智。"佛为深摩说:"不问汝知不知,且自先知法住,后知涅槃"[①],这是怎样的肯定、必然!什么是法住智?什么是涅槃智?依《七十七智经》说:一切众生的生死缘起,现在如此,过去未来也如此,都是有此因(如无明)而后有彼果(如行)的,决不离此因而能有彼果的,这是法住智。所以,法住智是对于因果缘起的决定智。这虽然是缘起如幻的俗数法(如不能了解缘起的世俗相对性,假名安立性,而只是信解善恶、业报、三世等,就

---

① 《杂阿含经》卷一四(大正二·九七中)。

是世间正见，不名为智），但却是正见得道所必备的知见。经上说：如依此而观缘起法的从缘而生，依缘而灭，是尽相、坏相、离相、灭相，名涅槃智。这是从缘起的无常观中，观一切法如石火电光，才生即灭；生无所来，灭无所至，而契入法性寂灭。这就是："诸行无常，是生灭法，生灭灭已，寂灭为乐。"①由无常（入无我）而契入寂灭，是三乘共法中主要的解脱法门（还有从空及无相而契入的观门）。所以，法住智知流转，知因果的必然性，涅槃智知还灭，知因果的空寂性；法住智知生灭，涅槃智知不生灭；法住智知有为世俗，涅槃智知无为胜义。"依俗"谛的缘起因果，而后"契"入缘起寂灭的"真实"，这是解脱道中"正观法"的必然历程，一定"如是"而决无例外的。

说到这里，觉得佛教中每有一种错误的倾向，就是不求法住智，而但求涅槃智。特别是备有世间一般知识，年老而求佛法的。对于因果缘起的必然性，四谛的价值决定，常是并无希求；有的以为这早都已经知道，而不知梦都没有梦想过。却以为，需要的是开悟，是明心见性。不知道没有修成法住智，涅槃智是不会现起的。由于偏向证悟，弄到一开口，一下手，似乎非说心说性、谈修谈证不可。于是乎失去了悟入的必要过程，空谈些心性、空有、理事，弄得内外也不辨了。过去的大德们，就有错认定盘星，以为孔颜乐处，大学明明德，孟子致良知，就是祖师西来大意。因此有的就高唱："东方圣人此心焉，西方圣人此心焉"，好像儒佛融通起来。其实，儒门大师，即使翻过语录，用过存养功

---

① 《大般涅槃经》卷下（大正一·二〇四下）。

夫,哪一位是确认三世因果的?哪一位从缘起的流转还灭中求正见的?哪一位体见一切众生平等的?根本都没有三世因果决定的法住智,必然是漂流于佛法的门外。理学大师都不能赞同佛法,而要以拒杨墨的态度来排斥佛老,为什么?就是于佛法没有正见,不知佛法的涅槃智是依缘起因果的法住智而进修得来。所以,如以为只要谈心说性,或者说什么绝对精神之类,以为就是最高的佛法,那真是误入歧途,自甘沉沦了!

正思向于厌,向离欲及灭。

无漏的八正道支,是同时成就的。但在修习过程中,有次第引生的意义。从先后的引生来说:正见以后,是"正思"惟,是对正见所见的,作更深入的正确思惟。正见可说是从闻(或从佛及佛弟子闻,或从经典闻)而来的慧学,正思惟是从慎思明辨而来的慧学。有正见的,一定成就正信;有信的一定有要求实现的意向。所以从正见而来的正思,是引发了向解脱的真实欲求。也就因此,古译正思惟作"正志"或"正欲"。从无常的正见中,引发正思,就"向于厌"。众生对于自我及世界是热恋着的;正思的向于厌,就是看到一切是无常是苦,而对于名利、权势、恩怨等放得下。这是从深信因果中来的,所以厌于世间,却勇于为善,勇于求真,而不像一般颓废的灰色人生观,什么也懒得做。从无我的正思中,"向"于"离欲"。于五欲及性欲,能不致染著。如听到美妙的歌声,听来未始不好听,可是秋风过耳,不曾动情,歌声终了,也不再忆恋。如手足在空中运动一样,毫无碍著。从涅槃寂静的正思中,向于"灭"。心向涅槃而行道,一切以此为目标。这三者,表示了内心的从世间而向解脱,也就是真正的出离心。出离心,贯彻了解脱道——八正道的始终。不过正见着重于知厌、知离欲、知灭而已。以下六支,都是向此而修习的。

正语业及命,净戒以为性。

正见与正思,是慧学。依于正思的要求实践,必然地引发"正语"、正"业及"正"命"——三正道支。正语,是不妄语、不两舌、不恶口、不绮语——合法的语言文字。正业,指不杀、不盗、不淫——合法的身业。正命,是合法的经济生活。有正确的见地,进求解脱生死,一定会表现出合法的行为。这三者,都是以清"净"的"戒"学"为"体"性"的。在家弟子的正命,是要有合法的职业,合理地取得钱财。在使用方面,不可过于浪费,也不可过于悭吝,应该遵行佛说的中道生活。出家弟子,一向是依施主的信施而生活,所以佛特别告诫。出家人的正命而非邪命,我想引《遗教经》的一节来说明。如说:(出家弟子)"持净戒者,不得贩卖贸易;安置田宅;畜养人民,奴婢,畜生;一切种植及诸财宝,皆当远离,如避火坑。不得斩伐草木,垦土掘地;合和汤药;占相吉凶;仰观星宿,推步盈虚;历数算计,皆所不应。节身时食,清净自活。不得参与世事,通致使命。咒术仙药;结好贵人,亲厚媟慢,皆不应作。当自端心正念求度,不得包藏瑕疵,显异惑众,于四供养,知量知足,趣得供事,不得蓄积。此则略说持戒之相。"[①]

始则直其见,次则净其行;足目两相成,能达于彼岸。

---

① 《佛垂般涅槃略说教诫经》(大正一二·一一一〇下——一一一一上)。

这是对于上来正道的合说。修学解脱道的,开"始"是先要正"直其见"解,这就是正见与正思。其"次"是要清"净其行"为,这就是正语、正业与正命。正业、正语、正命,如双"足",足是能向前进的。不但要有两只脚,还是要无病的、能走的。正见与正思,如眼"目",眼目能明见道路。不但有眼目,而且要是目无眚翳,见得正确。不论要到什么地方,一定要认清目的地,认识道路,又要能一步步地向前进。有了这"两"方面的"相"互助"成",才能达到目的地。一般的行路都如此,何况向解脱道呢?这当然要足目相成,才"能达于彼岸"的涅槃。这说明了,出世的解脱法门(世间善道也如此),非先有正确的见解、清净的行为不可。否则,不管你说修说证,决无实现的可能。如在火宅中,瞎子(有足)与跛子(有目)不肯合作,或只是瞎子或跛子一个人,那怎么能脱离火宅的灾患呢?

正勤遍策发,由念得正定,依定起证慧,慧成得解脱。

　　有了正确的见地,清净的行为,自然身安心安,而可以进修趣证了。这要有"正勤",是向厌、向离欲、向灭的精进,也称为正精进。佛说正勤为"四正勤":一、没有生起的恶法,要使它不生。二、已生的恶法,要断除它。三、没有生的善法,要使它生起。四、已生的善法,要使它增长广大起来。正勤是通于三学,有普"遍策发"推动的力量,就是一切离恶行善的努力。如戒学,正勤是离毁犯而持净戒的努力。定学呢,正勤是远离定障,如五欲五盖等,而修定善的努力。慧学呢,这是远离邪僻的知见妄执,而得正见正思的努力。这一切,都要精进修习,才能成功。世间的善事,都还非努力不可,何况出世大事?所以佛在游行休息时,听到阿难说精进,就立刻起坐,表示对于精进的无限崇敬。

　　有了正知见与清净戒,可以修定,但要"由念"的修习得来。念是专心系念,为摄心不乱的主要修法。但这里,还是以出离心为导向的。而所修的念,不是念别的,就是从正见、正思惟得来的正念。这是与慧相应的,向于涅槃的正念。正念修习成就,能"得正定"。约定境说,就是上面所说的七依定;佛又特别重视四禅(这是最容易发慧的定)。这不是一般的定,是与念慧相应的,向涅槃的胜定,所以叫正定,定慧齐修,末了,"依"正"定"而"起"现"证"缘起寂灭性的无漏"慧",也就是涅槃智。出世的无漏"慧"成就,就断烦恼,证真理,了生死而"得解脱"。到此,才完成修习出世解脱道的目标。解脱,涅槃,由修习八正道而成,所以佛说道谛,总是说八正道,誉为"八正道行入涅槃"①。

　　在这三学、八正道的叙述中,似乎有不同的次第。三学是戒而定,定而慧;八正道是慧而戒,戒而定。其实,道次是一样的。因为,慧学不但是首先的,也是究竟的,所以八正道的次第是:正见是闻慧;正思惟是思慧;思惟发起正语正业正命是戒学。正精进遍通一切,特别是依着精进而去修正念、正定,是定学。定与慧是相应的,就是修慧。等到从定而发无漏慧,是现证慧,真实的慧学,从此而得解脱。所以,佛说的解脱道,三学与八正道一样:不离闻思修及现证慧的次第,也就是依戒而定,依定而慧,依慧得解脱的次第。三学与八正道的一致性,试列表如下:

---

① 《大智度论》卷二(大正二五·七二上)。

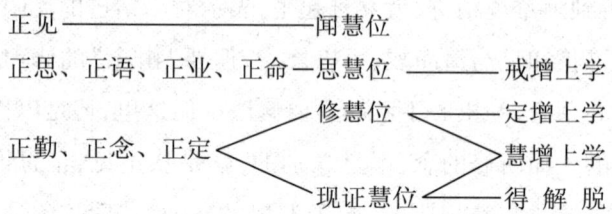

佛说诸道品，总集三十七，道同随机异，或是浅深别。

佛说道谛，总是说八正道支。但散在各处经中，"佛说"的修道项目，更有种种"道品"。道品，是道类，是将修道的项目组成一类一类的。经中将道品，"总集"为"三十七"道品，分七大类：(一)四念处；(二)四正勤；(三)四神足；(四)五根；(五)五力；(六)七觉支；(七)八正道支。这七大类——三十七类，为什么叫道品？道是菩提的意译，这些都是修行而得三菩提——正觉的不同项目，所以叫道品。四正勤与八正道，上面已经说到。还有，四念处是：身念处，受念处，心念处，法念处。念处是慧相应的念，重在观慧。如观身不净，观受是苦，观心无常，观法无我。四神足是定，定为神通所依止，称为神足。虽是定，但由修发三摩地的主力，有由欲、由勤、由止、由观而不同，所以分为四神足。五根是：信根，勤根，念根，定根，慧根。这五项功德，修得坚定而为引发功德的根源，名为根。五力，就是上面的五事，但已有降伏烦恼等力量，所以叫力。七觉支是：念觉支，择法觉支，精进觉支，喜觉支，轻安觉支，定觉支，舍觉支。这是道品中的重要一类，为引发正觉的因素。

解脱生死的道品，为什么说有这七类——三十七品呢？古人以为："道"体是"同"一的。修习的功德，本来是很多的，佛说的也只是举其主要而说。众生的生死是同一的,解脱生死的道,不会是不同的。不过"随"众生的根"机"不同,佛就说有别"异"的道品而已。因为从经中看来,任何一项道品(其实是包含一切功德,不过举其重要而说),都是能解脱生死的,都说为"一乘道"的。将一切道品总合起来,解脱道的主要项目,不外乎十类:

一、信——信根,信力。

二、勤——四正勤,勤根,勤力,精进觉支,正精进。

三、念——念根,念力,念觉支,正念。

四、定——四神足,定根,定力,定觉支,正定。

五、慧——四念处,慧根,慧力,择法觉支,正见。

六、寻思——正思惟。

七、戒——正语,正业,正命。

八、喜——喜觉支。

九、舍——舍觉支。

十、轻安——轻安觉支。

道的主要项目,虽有此十种,但正见成就,就能得信成就。而喜、舍、轻安,不外乎定中的功德。所以八正道的叙述,是最圆满的;而三学是最简要的。

"或"者说:在个人修学的程序上,这七类道品都是需要的;"是浅深"次第的差"别",而一类类的进修。这是说:初修学时,修四念处;到了暖位,修四正勤;顶位修四神足;忍位修五根;世第一位修五力;见道位修八正道;修道位修七觉支,但这也不过约特胜的意义说说而已。

此是圣所行,此是圣所证,三乘诸圣者,一味涅槃城。

出世的解脱法门——四谛、缘起;道谛中的三学、八正道,都如上文说过了。这都"是圣"者"所"修"行"的,也"是圣"者"所""证"得的。修行,证入,都离不了这些,这是释迦佛金口开示的正法。离了这,别无可归依的法门,别无能解脱的途径,别无永恒的归宿。这是佛弟子所应决然无疑信受奉行的!因此,"三乘"——声闻,缘觉,菩萨佛——一切"圣者",都是依着这唯一的正法,同受唯"一"的解脱"味",如长江大河入海,都同一咸味一样;同入"涅槃城"而得究竟的安息。论上说:"三兽渡河"①,"三鸟出网"②,虽然飞行有远近,渡水有浅深,但总是不离于虚空与大河。所以说:"三乘同入一法性";"三乘同坐解脱床"。

通论解脱道,经于种熟脱,修证有迟速,非由利钝别。

能证这四谛与缘起法的圣者,想简略地叙述一下。首先,不问声闻、缘觉、菩萨,"通"泛地"论"起来,每一圣者,在"解脱道"的修行中,都是"经"历了"种熟脱"三阶段的。一、初听佛法,生起厌离心,从此种下了解脱的善根,如种下种子一样。如没有出离心种,怎么听法修行,都是不会解脱的。二、以后,见佛、听法、修持,使解脱心种渐渐地成熟起来,如种子的生芽、发叶、开花一样。三、到末后,一切成熟,才能证果,如开花而结果实一样。有些佛弟子,一听佛法,当下悟入而证果;有的勤苦地修学了一生,还是不能得道。今生修行而能不能证入,证入的迟

---

① 《阿毗达磨大毗婆沙论》卷一四三(大正二七·七三五中)。
② 《肇论》(大正四五·一六〇上)。

入或者速入,那是决定于过去生中的修习。如过去没有种下解脱心种,现在初生厌离心而修行,就想迅速证果,正像种下种子就想结果,那怎么成呢？如前生已修到了成熟阶段,那今生一出头来,见佛闻法,便能证悟了(甚至有不必再用功行,就会圆证的)。所以,在今生"修证"过程中,"有迟速"的不同,但这是决定于前生的准备如何,并"非由"于"利钝"的差"别"。利根与钝根,当然是有的,那就是上面说过的信行人与法行人了。着重于依师学习,以信为先的是钝根；着重于自力学习,以慧为先的是利根；但这都是要经历种熟脱三阶的。依现生的修证而论,是不能以证入的迟速来决定他是利或钝的。

近代的佛教界,有许多观念,都是与经论相反的。他们以现生的修证努力,或悟证迟速来分别利钝,而不知恰好相反。重信与重慧的差别以外,凡急求速成的,才是钝根；大器晚成的,才是利根。如以三乘来说,声闻根性是钝,缘觉根性是中,菩萨根性是利。声闻是钝根,从发心到解脱,快些的是三生,最迟也不过六十劫。缘觉的根性要利些,从发心到解脱,最快的也要四生,最迟的要一百劫。菩萨是利根,他要修三大阿僧祇劫才究竟解脱呢！关于根性的利钝,在大乘不共法的申述中,再依经论来说明。

见此正法者,初名须陀洹,三结断无余,无量生死息。

再来叙述圣者证入的次第。声闻乘的修行者,证入圣果,一向分为四级,先说初果。

观缘起法无常无我而契入缘起空寂性的,就是体"见正法",也叫做"入法界"。"初"入正法的圣者,"名须陀洹"果须陀洹,是梵语,意译为"预流"或"入流"。修行到此,契入了法性流,也就参预了圣者的流类。须陀洹果的证入,经中形容为:"见法,得法,知法,入法;得离狐疑,不由于他;入正法律得无所畏。"①所以,这是现见的,自觉的,于正法有了绝对的自信。

初果圣者,已断了生死的根本,最主要的烦恼。照后代论师的分析条理起来,烦恼是非常多的。但大体可分为二类:一、见道所断的烦恼,是以智慧的体见法性而断的那部分,也称为见惑。二、修道所断的烦恼,是要从不断的修习中,一分一分断除的,也叫做修惑。现在初果所断的,属于见惑。这也包含极多的烦恼,论师们称为八十八惑。但佛在经中,总是重点地说"断三结"。我见结,戒禁取结,疑结——"三结",初果是彻底地"断"了,"无"有丝毫的剩"余"。结是系缚生死的意思,所以断了三结,也就是解开了生死的死结。我见,是自我的妄执,为生死的根本,从我见而来的,是我所见、断见、常见、一见、异见、有见、无见……我见断了,这一切也就都断了。戒禁,是无意义的、外道的戒行。见到了真理,不会再以为外道的宗教行为是可以得解脱的。不会再执取它,也就不会再去学习它。外道的戒禁极多:浅些的,如不吃烟火食,不剃发,守庚申,持牛戒、狗戒、猪戒(不吃猪肉),不吃血等。离奇起来,如食大便小便、男精女血;热天晒在太阳里,冬天睡在寒冰上。种种忌讳,祈禳。这形形色色的禁戒,现在都不会执取为清净了。疑是对于佛、法(四谛、缘起)、僧的狐疑不定。见了正法,是彻底明见,再不会将信将疑。

---

① 《杂阿含经》卷三五(大正二·二五三上)。

在修行的过程中,这些烦恼早已伏而不起;到了证见法性,才是断了根,永无生起的可能。所以,断是彻底断尽,不只是不现起而已。以三结为首的一切见所断惑,都由于真智现前,体见法性而断尽了。

见了正法,断了烦恼,也就断了生死,因为生死苦果,是以烦恼为根源而生起的,因断果也就断了。证到初果,可说"无量生死"都已经"息"了。经上说:如大池的水都干了,只剩一滴、二滴一样。分别来说:在没有证悟法性以前,未来的生死是无数量的。等到初入圣流,断了三结,再"不堕恶趣"。三恶道的业都失效了,三恶道的苦果再也不会生起了。剩下来的,人间天上的业果,称为"极七有"。就是说:最多是七往天上,七还人间,一定要永断生死入涅槃。这样看起来,到了初果,生死几乎都尽断了。现在虽还是生死身,虽可能还有七天七人的生死,但实已见到了生死的苦边,生死再不会无休止地延续下去了,所以在圣位中,初果是最可宝贵的、最难得的!得了初果,可说生死已了(一定会了)。如破竹一样,能破第一节,第二节以下,是不费力的一破到底。这是学佛法者当前的唯一目标。

二名斯陀含,进薄修断惑。

说明从初果而二果、三果、四果,就要说到断惑。但这有一番特殊意义,与初果的断惑不同,应该加以解说。先说一譬喻:如一棵大树,把它连根拔起,那它是死定了。然而,在三日、五日,或者半月、一月间,它可能还会发芽开花。过了相当时期,才完全枯黄死去。这应该知道:使大树继续不断生活下去的,是根,是根吸收水分、养料的力量。大树本身,虽保有相当的生活能力(如业),但必须水分与肥料的滋养。树皮与树叶,虽也能吸收多少,维持树的生活,但由于树根的拔起,它不能维持长久,终于会全部死去。假如在太阳下暴晒,那枯黄得更快。众生的生死解脱,也是这样。生死的真正根源,是我见;须陀洹断了我见,生死就解脱了,如大树的连根拔起,必死无疑一样。其余未断的烦恼——修所断惑,滋润固有的业力使他生在天上人间。剩下的烦恼,无论作(小)恶,或修戒修定,都不能成为人天的总报业与引业(只能是别报业与满业)。否则,生死也许还会无休止地,在人间天上延续下去。然而不会了,他仅能滋润旧业,使他往生天上人间。就是这样,由于我见断了,修惑也不能无限止地延续,永远润生下去。正如树皮与树叶的吸收养分,不可能维持大树的长期生存一样。证得初果的,如不断进修,可能这一生就证入涅槃。如拔起的大树,在烈日下,很快会枯黄了。如进修停顿,特别是在家弟子们,为家庭、职业、生活所累,但烦恼也是会萎缩,很快会断尽的。充其量,也只维持七返生死而已。所以证得初果的,虽可能有"隔阴之迷",但决不像凡夫一样。无论怎样,也还是生死已有边际,可说生死已了。

　　第"二"果,"名"叫"斯陀含"。斯陀含是梵语,意译为"一来"。因为,或是由初果而进修,或是经过了人间天上的六番生死,修道所断的烦恼,大大地削弱了力量,可说是断去了一分。剩下的修惑,所能润生的力量,已只有一生天上,一来人间,再不能延续下去了。到了这一阶段,由于"进"修而减"薄"了"修"道所"断惑",只有一番生死的力量,所以称为斯陀含果。

三名阿那含,离欲不复还。

再进一步,是"三"果,"名"叫"阿那含"。阿那含是梵语,意译为"不来"或"不还"。就是说:阿那含果死后,"离欲"界而上生色界,或者无色界,一定就在那边入涅槃,再"不复还"来生欲界了。这或是由二果而进修,在这生中证不还果;或是返来人间,只剩这一往天上的生死了。从断烦恼来说:欲界的修道所断惑,到此已断尽了,所以不再能成欲界的生死。但佛在经中,总是说:"五下分结尽,得阿那含。"五下分结是:身见,戒禁取,疑,欲贪,嗔。这五类,都是能感欲界生死的,所以叫下(对上二界)分。但身见、戒禁取、疑,在见道得初果时,先已经断尽了,现在又进一步地断尽了欲贪与嗔,也就是断尽了一切欲界修惑。嗔恚,是专属于欲界的烦恼。贪是通三界的,但欲贪指欲界的贪欲而说。欲贪断尽了而证得三果的,虽然身在人间,但对欲界的五欲、男女的性欲,已经不再染著。所以如证得三果,就是在家弟子,也是会绝男女之欲的。

断惑究竟者,名曰阿罗汉,毕故不造新,生死更无缘。

体见正法而断了见惑的圣者,知见是绝对的正确了。但在一切境界上,爱染的力量还很强。所以可能进修停顿,或者再生人天,忘失本来。不过修惑是自然萎缩(如拔了根,树皮会干枯一样),圣道的潜力一定会现起,一定会再向前进的。在这再进修中,无论是行住坐卧,衣食语默,毁誉得失,衰老病患,待人接物,在这一切境界上,能提起正念,时时照顾,不断熏修,这能使爱染为本的修惑,渐渐消融净尽。这是二果以来都是如此的。

证得初果或二果、三果,现生不断进修;或是阿那含(三果)死后,生到上界,圣道现前,到了"断惑究竟"净尽的时候,就证第四果,"名"为"阿罗汉"。阿罗汉也是梵语,意译是"应"。意思说:这是真正应受人天供养的圣者。或译为"无生"、"杀贼",是说:到此阶位,杀尽了一切烦恼贼,不会再有生死的生起了。总之,这是断尽烦恼、断尽生死的极果。所断的烦恼,论师说是色无色界的修断烦恼。佛在经中说:"五(顺)上(分)结"①断得阿罗汉。五顺上分结是:色贪,无色贪,掉举、慢、无明。色贪,无色贪,是色界与无色界的贪染。掉举,慢,无明,也应该是二界不同的。但修惑以染爱为本,所以特约二界而分别为二类。这五结,是使众生生于上界的,现在也断了,就断尽了系缚三界的一切烦恼。烦恼既断尽了,那依烦恼润生而感果的"故"业——从前以我见为中心而造的业力,已经完"毕"而不再有效。又"不"会再"造新"业,所以未来的"生死"苦果,"更无"生起的因"缘"了。所以阿罗汉现有的生死身,到了寿命尽时,就"前蕴灭,后蕴更不生",而入于不生不灭的无余涅槃。——声闻乘的进修,以此为最究竟的果位。

此或慧解脱,或是俱解脱。六通及三明,世间上福田。

　　经中说到阿罗汉,有六种、九种等分别,现在说二大类:"此"阿罗汉,"或"是"慧解脱"的,"或是俱解脱"的。俱解脱,就是定与慧都解脱的。要知道,定与慧,都有烦恼障蔽它,所以不能现起;如能现起,就从这些障碍而得解脱。经中时常说到:"离贪欲者,心(定)解脱,离无明者,慧解脱。"②这是说:依慧力

---

① 《长阿含经》卷八《众集经》(大正一·五一中)。
② 《杂阿含经》卷二六(大正二·一九〇中)。

的证入法性，无明等障得解脱。以定的寂静力，使贪爱等障解脱。如世间的外道们，也能离欲界烦恼（欲爱等）得初禅，离初禅烦恼得二禅……离四禅烦恼（色界烦恼——色爱等尽），得无色界的空无边处定……离无所有处烦恼，得非想非非想定，但不能离非非想处烦恼，所以不脱生死。在佛弟子的修证上，如约少分说，都可说有这定与慧的解脱，如依未到定或七依定而发无漏慧的，断见道所断惑，都可说有此二义。但如约全分来说，就大大不同。如修到阿罗汉的，以慧力断尽无明为本——我见为本的一切烦恼，那是不消说的，大家都是一样的。如依定力的修得自在来说，就不同。如依未到定或初禅而得阿罗汉的，就于初禅或二禅以上的定障，不得解脱。即使能得四禅八定，也还不能彻底解脱定障。如能得灭尽定的阿罗汉，无论是慧是定，都得到了究竟解脱。约得到定慧的全分离障说，称为俱解脱阿罗汉。如慧证究竟而不能彻底解脱定障，就称为慧解脱阿罗汉。生死苦果，依慧证法性而得解脱，所以定力不得究竟，也没有关系。阿罗汉的定力是浅深不等的，所以可分好几类。

俱解脱阿罗汉，不消说是能得"六通及三明"功德的。其他的阿罗汉，凡能得四根本禅的，都能修发三明、六通。六通是：神境通，天眼通，天耳通，他心通，宿命通，漏尽通。神境通能：变多为一，变一为多，隐显自在，山河石壁都不能障碍他。入水，入地，还能凌空来去，手摸日月等。天眼通能：见粗的又见细的，见近的又见远的，见明处又见暗处，见表面又见里面，尤其是能见众生的业色，知道来生是生天或落恶趣等。天耳通能：近处远处，听到种种声音。能听了人类的不同方言，连天与鸟兽的语声,也都能明了。他心通能:知道他众生心中所想念的。宿命通能:知众生前生的往因,作什么业,从哪里来。漏尽通能:知烦恼的解脱情形,知烦恼已否彻底断尽。六通中的漏尽通,是一切阿罗汉所必有的。其余的五通,要看修定的情形而定。这五通,不但佛弟子可以修发,外道也有能得到五通的。虽然说六通无碍,但所知所见的也有广狭不同,唯佛才能究竟。六通的前五通,是通于外道的,但三明是阿罗汉(三乘无学)所专有的。三明是:天眼明,宿命明,漏尽明。这就是天眼、宿命、漏尽三通,但在阿罗汉身上,彻底究竟,所以又称为明。天眼明是能知未来的;宿命明是能知过去的。漏尽明以外,特别说这二通为明,就是对于三世业果明了的重视。阿罗汉有这样的殊胜功德,所以是"世间"的上"上福田",应受人天的恭敬供养。

明净恒不动,如日处晴空;一切世间行,不染如莲花。

再举两个譬喻,来赞叹阿罗汉的功德。

一、证得阿罗汉果的圣者,智慧断尽了烦恼,所以是"明"而又"净"。在触对一切境界时,可以"恒不动"来说明。阿罗汉的功德,有"六恒住"。在见色闻声等六境起用时,恒常是:"不苦不乐,舍心住正念正智"①,这就是不动。在触对六境时,或是合意的,或是不合意的,但不会因此而起贪起嗔。一切利誉得失,在圣者的心境上,是不受外境所转动,"不能妨心解脱慧解脱"②。俗语所说的"八风吹不动",就是阿罗汉的境界。这如经

---

① 《杂阿含经》卷一三(大正二·九三上)。
② 《杂阿含经》卷九(大正二·六三上)。

上说:"六入处常对,不能动其心,心常住坚固,谛观法生灭。"①经中曾有云散日现的比喻:凡夫,如乌云密布,完全遮蔽了太阳。证初果时,如乌云的忽然散开,露出了太阳一样。但乌云太多,还在忽而遮蔽忽而显现的变动中。云渐渐淡了,散了,到末后,浮云净尽。阿罗汉极明极净,正"如日"光朗照,"处"在万里无云的"晴空"中一样。

二、证得阿罗汉的圣者,无论定力的浅深怎样,在没有舍报以前,总是生活在世间。一样的吃饭,穿衣,来去;一样的游化人间,待人接物。他的身体,他的环境,还是世间的有漏法,还是无常苦不净的。然而,阿罗汉生活在这世间中,却不受杂染的环境所熏变。所以他在"一切世间行"中,清净"不染,如莲花"一样。莲花是生于淤泥中,而却"微妙香洁"。周茂叔以莲花譬君子,其实人中君子,怎么比得莲花,阿罗汉才像莲花呢!

或不由他觉,从于远离生,名辟支迦佛,合说为二乘。

三乘共法的教化主机,是声闻乘,上面已大略说到。第二是缘觉乘。从证真断惑的地位来说,缘觉与声闻是一样的。但他的主要不同处:一、是"不由他觉",也就是无师自悟的。传说:有一国王,游览王家花园,见香花盛开,非常欢喜。不久,一群宫女来采花,那棵绚烂的花树一下子被折得不成样子。国王见了,深深地受到无常的感觉,就静坐思惟,由无常而悟入了缘起的寂灭,成了圣果。因为是无师自悟的,虽不能如佛那样的大转法轮,但比起声闻弟子来,要依师长教诲,到底略胜一着。所以缘

---

① 《杂阿含经》卷九(大正二·六三中)。

觉的根性比声闻要利一点。二、不由他觉的智慧，是由"于远离"而"生"的。远离，是远离愦闹，远离人事。他在因中，在证果以后，都是独往独来的，厌离人事的。他过着精严的十二头陀行，孤居独处，没有师长，没有同学，也没有弟子。据说：这都出于没有佛法的时代，现乞食的出家相，但不会说法，只是现神通而已。传说中，也有大众共住的缘觉，但这本是声闻根性，缘熟了自然证阿罗汉果，不过出于无佛的时代，所以也叫做缘觉而已。这一类圣者，"名"曰"辟支迦佛"，意译是独觉，也作缘觉，是由于观缘起而成道的缘故。证得辟支佛果的，与声闻乘的阿罗汉果，地位相同。所以，辟支佛与声闻，常"合说为二乘"。如与发菩提心的大乘相对论，就叫做小乘。

第五章　大乘不共法

大乘不共法,是在人、天、声闻、缘觉乘的共德上,进明佛菩萨的因行果德。人乘与天乘,终究是有漏的,不能出离生死的。声闻乘与缘觉乘,虽是无漏解脱,而偏于独善其身的。这都是善的,但不是圆满的。依《法华经》说:如来出世的唯一大事因缘,就是使众生开、示、悟、入佛之知见,也就是使众生悟入佛的大菩提。所以,以发菩提心,修菩萨行,成如来果的大乘法门,才是佛法的真实意义,如来教化的真正目的。成佛的法门,为什么称为"大乘"呢?既称为大乘,从立名来说,不外乎"待小名大"。这就是说:与小乘比对起来,不同于小乘,所以名为大乘。这或者是超胜了小乘的,或者是广大含容了小乘的。无论是"殊胜大"、"含容大",总之是对小立名的。然大乘法的超胜,是超胜到无所对待的;大乘法的含容,是含容到无所不摄的。所以约大乘的意义说,实在是不可以大小的比对来表示的,是绝待的,不过强名为大而已。说到"不共",也就有此二义:一、是人、天、声闻、缘觉乘中所没有的。二、在佛菩萨的心行中,统摄一切功德,无不成为大乘的特法。如《般若经》的《摩诃衍品》,总一切功德而名为大乘①。这

----

① 《摩诃般若波罗蜜经》卷五(大正八·二五〇上——二五六中)。

好像鸟类的高飞,"高入须弥,咸同金色"一样。

这是如来出世说法的本怀,所以在五乘及三乘共法以后,要叙说这成佛的不共法门。

耻有所不知,耻有所不能,耻有所不净,回入于大乘。

修习大乘佛法,不消说,是以发菩提心为主的。但众生的根性不一,所以引发菩提心的因缘也不同;依此而表现的菩萨风格,起初也多少有差别的。为了避免专以自己的偏好来衡量一切,自赞毁他,无意中损害佛法,所以对此不能不先有相当的认识。

上面说到的三乘共法,主要是声闻(缘觉)乘。二乘的学者,也是会发菩提心而入大乘道的:有的初学声闻行,不曾决定,就转学大乘;有的在声闻中已得决定(忍位),或是已证入法性而得初果(须陀洹)以上的;有的已证第四阿罗汉果的;也有入了无余涅槃,再发大心的。从佛法唯是一乘道来说,小乘本是大乘方便道,当然迟早要入大乘道的。但在小乘行者的见地上,起初却不免有点隔碍。拿阿罗汉果来说,他们自觉得"我生已尽,梵行已立,所作已作,自知不受后有"①;已经到了学无可学,进无可进的地步。佛是阿罗汉,他们也是阿罗汉;佛得解脱,他们也得解脱。自以为究竟了,那当然一时不想修习大乘道,于大乘毫无兴趣。然而,佛不是修菩萨行,广度众生而成佛的吗?佛为什么不教声闻行者修菩萨行成佛,却叫大家修自利行而了生死呢?这是一大疑问。同样的证入法性,同样的解脱生死,声闻阿

---

① 《杂阿含经》卷一一(大正二·七二下)。

罗汉果真的什么都与佛平等吗？比较起来，真是"天地悬隔"了！所以在事实的经验中，在佛的善巧教导中，阿罗汉们不免要从自惭而到自怨，终于撤除了自以为究竟的心理障碍，发菩提心，重行走向佛道了！

有的是自己心生惭"耻"，觉得自己"有所不知"，不能如佛那样的遍知一切。《大毗婆沙论》说：佛曾与弥勒菩萨等说法，阿罗汉们都不能了解。从前，有人到祇洹精舍来出家，阿罗汉们观察他的根机，一点善根都没有，这是不适宜出家的，出家也不能获得教证功德的。大家不肯度他，佛却度了他出家，不久就证了阿罗汉果。大家觉得希奇，佛说：此人在无量劫以前，曾经因为虎难而口称"南无佛"，凭这归向佛的功德善根，现在才成熟而得度。这可见，在佛智慧的深彻与广大面前，阿罗汉们的智慧，简直如日光下的萤光了！还有，自己心生惭"耻"，觉得自己"有所不能"，不能如佛菩萨那样的大能。如舍利弗说："呜呼深自责，云何而自欺！我等亦佛子，同入无漏法，不能于未来，演说无上道。"①其实，阿罗汉们不能的事太多了，如菩萨法的"游戏神通，净佛国土，成就众生"②等。还有，自己心生惭"耻"，觉得自己虽说断尽了烦恼，而事实证明，还是"有所不"清"净"的。如大树紧那罗王弹琴，年高德劭的大迦叶，竟然情不自禁地手舞足蹈起来。迦叶说：我虽能远离世间的欲乐，但菩萨法的微妙欲乐，还有所染著呢！又如天女散花，花到菩萨身上，不曾系著；而落到声闻阿罗汉身上，却系著了，这证明了内心的有所染著。又

---

① 《妙法莲华经》卷二（大正九·一〇下）。
② 《妙法莲华经》卷二（大正九·一六中）。

如小鸟通过舍利弗的身影,还不免"余悸";而通过佛的身影,就一些恐怖都没有了。阿罗汉们是"不断习气"的;这种习气,便是菩萨所要断的烦恼。所以在事实的经验中,自己感觉到有所不知,有所不能,有所不净,不免要自己惭愧,自己埋怨自己。一经佛的善巧教化,阿罗汉们就会"回"自利的小心,发菩提心,而"入于"自利利他的"大乘"道了。

不忍圣教衰,不忍众生苦,缘起大悲心,趣入于大乘。

发心向大乘道,并非一定要经历小乘圣者的果证;相反的,修学大乘法的主机,都是直从凡夫地而发心修学的。引起发心的因缘,种种不同:有的是亲见如来(及菩萨)的色身相好而发心的;有的是见如来的神通威力而发心的;也有见如来法会的庄严,听如来的圆音教化而发心的。有的生在佛后,听见佛弟子的教化,或诵读佛经的深义而发心的。或有自动的,也有被劝而发心的。发菩提心,主要是以佛菩提为理想而誓愿希求。着重在佛德的崇高深妙而发心愿求,当然是发菩提心的主要内容。但如缺少了另一要素——悲愿,那不是不圆满的,就是容易退堕的。经上说:"菩萨但从大悲生"①;所以发菩提心,也是"发心为利他,欲(求)正等菩提"②。这样,前面所说的,不太着重悲愿的发心,可知是容易退失的发心了。着重于悲愿而发心,略有二类:一、"不忍圣教(就是佛法)"的"衰"微,着重于护法而发心:知道三宝的殊胜功德,有救人救世、引生世出世间善法的力量。

---

① 待考。
② 《菩提道次第广论》卷八引论(四七下)。

可是生在像末,佛法衰落不堪,为教内教外的邪恶所娆乱,不能达成救人救世的任务。知道这唯有发菩提心,上求下化,才是复兴佛教、利乐众生的唯一办法。这样,就以不忍圣教的衰微为"缘",而"起大悲心",依大悲心而引发大菩提愿。二、"不忍众生"的"苦"迫,着重于利生而发心:或有生在时势混乱、民生艰苦的时代,想予以救济,而自己却没有救护的力量。深细地考究起来,知道唯有学佛成佛,才能真正地救度众生的苦迫。这样,以不忍众生的苦恼为因缘,起大悲心,依大悲心而引发上求下化的菩提心。这二类发心,是出于深刻的智慧及悲愿而自发的,所以是坚强有力,容易成就。真能这样的依悲愿而发心,就能从凡夫地而"趣入""大乘"道了。

我们这个时代,佛法是这样的衰落,人生是这样的苦恼,真正发菩提心的,应该是时候了!

或以信愿入,或智或悲入。

趣入佛道的圆满菩提心,应有信愿、慈悲、智慧——三德。但初学的发心趣入,由于根性的不同,对此应修的三德,不免会有所偏重。如偏重而不是偏废,那是不碍进入大乘道的,所以龙树释《般若经》说:"菩萨以种种门入佛道:或从悲门,或从智慧精进门入佛道。"①又说:"是般若有种种门入:若闻持乃至正忆念者,智慧精进门入;书写供养者,信及精进门入。"②如统摄初学的趣入佛道不同,不外乎"或以信愿入"、"或"以"智"慧入,

---

① 《大智度论》卷四〇(大正二五·三五〇上)。
② 《大智度论》卷五八(大正二五·四七二下)。

"或"以"悲"心"入"的三大类。其中重智慧而从智慧门入的，如说："是菩萨但分别诸经，诵读，忆念，思惟分别诸法，以求佛道。以是智慧光明自利益，亦能利益众生。"①这是智增上菩萨，近于声闻的法行人，着重于闻思修慧的自修化他。重悲而从悲门入的，如说："菩萨有二种：一者，有慈悲心，多为众生"②；也就是上面引述的"从悲门入"的菩萨。着重慈悲，这是不共二乘的根机，也可说是大乘特有的菩萨风格，名为悲增上菩萨。重信愿而从信愿门入的，也可有种种；信愿修学净土易行道的，是其中的一类。如说："二者，多集诸佛功德，乐多集诸佛功德者，至一乘清净无量寿世界。"③这是信增上菩萨，如声闻的信行人一样。在初学时，有此三类的不同；因为习以成性，所以直到地上，虽一定是三德齐修，但也还流露不同风格的，如观音悲、文殊智、普贤愿等。如约根性来分别，贪行人是悲增上的，嗔行人是智增上的，痴行人是信愿增上的。

或依声闻入，或天或人入。

约所依的身行而趣入佛道来说，就有"或依声闻"行"入"佛道的，"或"依"天"行入佛道的，"或"依"人"行"入"佛道的三类。这本是大乘经所说的，但经太虚大师的判摄——正法时期，多依声闻乘行而入大乘；像法时期，多依天乘行而入大乘；末法时期，多依人乘行而入大乘——意义更充分地显示出来。其中

---

① 《大智度论》卷三九（大正二五·三四五上——中）。
② 《大智度论》卷三八（大正二五·三四二中）。
③ 《大智度论》卷三八（大正二五·三四二中）。

依声闻乘而入佛道的,依经论所说,都是先修声闻(缘觉)乘法,或没有证果,或已经证果,然后回心而向佛道的。专修声闻行的,有些自以为究竟,但利根深智的行者,早是"内秘菩萨行,外现是声闻"①,不等佛的开权显实,心已安住大乘道了。依天乘行而入佛道的,又有二类:一、净土行者,专心一意地求生天净土,然后在净土中,渐修佛道。但依《观经》所说:上品利根,早是发菩提心,读诵大乘,解法空性。所以一登净土,不久就能彻悟无生,回入娑婆来广行菩萨道。二、秘密行者:着重修(欲)天色身,就是以金刚夜叉为本尊,修成持明仙人,然后久住世间,修行佛道。虽然,"劣慧所不堪,为应彼等欲,兼存有相说"②,而有些就专在修精练气的色身上作活计。而利根是:菩提心相应,大慈悲为根本,以方便而至究竟的。依天乘行而向佛道的二类,都重于瑜伽或三昧;定,本为天乘行的特质。但以此普摄初机,也只能口头诵持——持咒称名而已。依人乘行而入佛道的,就是发菩提心,修十善行,不废人间正行,广修人间安国利人的正业。但以此普及初机,大乘的外凡夫位,实等于人间的君子、善人。

如来的出现人间,教化人类,本意是令人开、示、悟、入佛之知见。所以依人菩萨行而向佛道,不但是适应时代的机感,也实在是佛乘的根本坦道。

趣入大乘者,直入或回入,相应诸教法,实说方便说。

"趣入大乘"的修学"者",一向分为"直入"菩萨、"回入"菩

---

① 《妙法莲华经》卷四(大正九·二八上)。
② 《大毗卢遮那成佛神变加持经》卷七(大正一八·五四下)。

萨二类。直入是直向菩萨道的；回入是先修别道，然后转入大乘道的。二乘的回心向大，如《法华经》的开权显实，便是回入大乘的确证。与直入或回入"相应"的"教法"，就是"实说"及"方便说"了。佛为什么不直示大乘道，不普为一切众生说佛乘，而要说方便教呢？佛说方便教，是有非常意义的。因为不说方便的诱化，他是不能进入佛道的。如小乘的经历修证，会发觉还有不知、不能、不净的，就能受佛的教化，回向佛道。而且小乘证果，到底生死已了，不必再为生死流转而忧虑了。所以，方便说是值得尊重的！

在大乘教中，也是有方便说的，这叫做"异方便"，即"胜方便"①。有些人，虽不是厌患生死的二乘根性，而趣入大乘，也还有点障碍。因此佛说殊胜的方便，以净乐国土、净乐色身的法门来化导，这就是"先以欲钩牵，后令入佛智"②，"以乐得乐"的法门。如真能往生净乐国土，也就不必再忧虑退堕；在佛菩萨的教导下，可以发菩提心而入佛道了。如真能修得净乐色身，也可依此天色身，深修胜慧了。所以佛出人间而教化人类，虽本意在即人乘而向佛道（即人成佛），但为了适应众生，不能不善施方便。或为厌苦根性，说依声闻行而回入大乘的教说；这大都是智慧增上的，重于自力的。或为欲乐的根机，说依天行而入大乘的教说；这大都是信愿增上的，重于他力的。如来双开权实二门，这才能使一切众生同归佛道。

---

① 《妙法莲华经》卷一（大正九·八下）《大乘起信论》（大正卷三二·五八三上）。

② 《维摩诘所说经》（大正一四·五五〇中）。

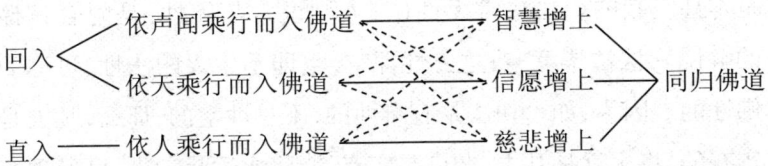

众生有佛性,理性亦行性。初以习成性,次依性成习;以是待修习,一切佛皆成。

一切"众生有佛性",为大乘佛教的重要教说,是一切众生同成佛道的原理所在。什么是佛性呢?可以有二个意义。一、佛性是佛的体性:"如黄石中有金性,白石中有银性"①一样。众生虽在生死迷妄当中,但不是没有佛的成分。如矿中有金性,所以可炼成黄金;如没有金性,那怎么也炼不出金来。当然,这是一般的说法,在科学进步的时代,可以非金属的物质而化合成同样的金质。佛性说也如此,众生本有佛的体性,或说众生本有如来胜德,相好庄严,或者说众生本来是佛,所以修行就可以成佛。这一本有佛性的教说,确是一般人所容易信解的,也就成为佛法中最通俗的学派。二、佛性是成佛的可能性,也就是成佛的因缘。但这是佛性的深义,有些人是不易信解的。那到底什么是成佛的可能性呢?这如《法华经》说:"诸佛两足尊,知法常无性,佛种从缘起,是故说一乘。"②这可以方便分别为二种佛性:一、"理"佛"性";二、"行"佛"性"(二佛性是印度旧说,今依中观义说)。什么叫理佛性?一切法是从本以来无自性的,也就

---

① 《大智度论》卷三二(大正二五·二九八中)。
② 《妙法莲华经》卷一(大正九·九中)。

是本性空寂的。法法常无性（古人别说常与无性，是附合三谛的解说），法法毕竟空；这无性即空，空即不生灭的法性，可称为佛性的。因为，如一切法是有自性的，不是性空的，那么，凡夫是实有的，将永远是凡夫；杂染是实有的，将永远是杂染；已经现起的不能转无，没有现起的不能转有，那就是无可断，无可修，也就不可能成佛了（如《中论》说）。好在一切法是空无性的，才能转染成净，转迷成悟，转凡成圣。此法空性，就是可凡可圣、可染可净的原理，也就是可能成佛的原理。所以说："以有空义故，一切法得成。"这是称空性为佛性的深义。同时，法空性虽是一切法成立的普遍理性，但空性就是胜义，是悟而成圣，依而起净的法性，实为成佛的要因。这虽是遍一切法，而与迷妄不相应，与无漏净德是相应的。所以为了引发一般的信解，方便说此法空性为如来藏、佛性，而说为本有如来智慧德相等。法空性是遍一切一味的，于一切众生无差别，所以说一切众生都可以成佛。什么叫行佛性？这是依修习发心而成为成佛的因性。如唯识者说：依"法界等流"的"闻熏习"，成为成佛的种子。《法华经》的"佛种从缘起"，也就是约行性说的。一切法空性，为可能成佛的理性。依佛菩萨的教化，发心成闻熏习，为可能成佛的行性。事理是一致的：如不是缘起的，就不是空的；不是空无自性的，也就不会是从缘起的。因为无性空，所以从缘而起；从缘而起，所以是无性空的。无性而缘起，缘起而无性，佛在坐道场时，就是这样的通达："观无明（等）如虚空无尽，……是诸菩萨不共妙观。"①依

---

① 《大般若波罗蜜多经》卷三四八（大正六·七八七中）。

此而成佛，佛也就依此而说一乘，说一切众生有佛性。

约理佛性说，一切众生都是有佛性的。约行佛性说，待缘而成，所以是或有或无的。大乘法种是菩提心，发菩提心，与菩提心相应的一切功德，就是行性佛性。《法华经》的"佛种从缘起"，就是约菩提心种说的。如在从前大通智胜佛法会中发菩提心的，有些人是退修小乘了。如亲友的为他系上无价宝珠，他竟不觉不知，弄得贫困不堪。其实，"一切智愿（菩提愿）犹在不失"①。在醉酒时，亲友为他系上无价宝珠，如在无明生死中，遇佛菩萨的化导而发菩提心（有人解说系珠为本有佛性，与经义相违）。发菩提心，就成大乘法器，能展转出生无边功德。所以《十地经》、《大集经》等，都喻菩提心为宝珠，经修治而圆成佛的果德。这样的行性佛性，依经所说，略有二位：一、性种性位；二、习种性位。这是说：起"初"，"以"见佛、闻法为因缘，发大菩提心，熏"习成"大乘佛"性"，如下种一样，名性种性。菩提心一发起，永为成佛的因缘，是不会失去的；如《法华经》系珠喻所说。但这不能说是本有的，因为是依发心而熏习成的——法界等流的闻熏习。其"次"，有了菩提心种，就"依"这佛"性"而渐渐修发，使佛种的清净功能，由下"成"中，由中成上。大乘的功德净能，不断熏"习"而增胜起来，名为习种性。等到久久熏修，引发无漏清净功德，那就不但是佛的因性，而且已分得佛的体性了。"以是"，法空性（理佛性）虽凡圣一如，众生界、菩萨界、佛界，平等平等，而成佛或不成佛，还"待修习"来分别：是否熏发

---

① 《妙法莲华经》卷四（大正九·二九上）。

了菩提心？是否依菩提心种而不断熏习增长？如不修习，凡夫还是凡夫，如能依大乘而熏修，那不问是谁，"一切"众生的"佛"果，都是可以"成"就的。

发心名菩萨，众生之上首。世出世功德，悉由菩萨有。

约一切法空性说，一切众生有佛性，但并不因此说一切众生是菩萨。要"发"菩提"心"，才"名"为"菩萨"。菩萨，是梵语菩提萨埵的简译，意译为"觉有情"，从上求菩提（觉）、下化众生（有情）得名。也可解说为：求大菩提的有情。发了菩提心，就是菩萨。菩萨是修学大乘道的通称，从初学、久学到最后身菩萨，真是浅深万类。但一般人总是想到观音等大菩萨，这才不敢自称菩萨了。初发心菩萨，虽还没有大功德，可是已经是一切"众生之上首"；不但为凡夫，而且为二乘贤圣所尊敬了。经中比喻为：如王子初生，就为耆年的大臣所尊敬；狮子儿初生，就为百兽所畏敬；迦陵频伽鸟在㲉中，音声已胜过了一切鸟类；新月的微明，就为人类所爱敬。菩萨发心以来，就是这样可尊可敬的，大菩萨们是更不必说了。为什么这样呢？因为"世出世"间的一切"功德"，"悉由菩萨"而"有"的。这是说：世间善法，声闻、缘觉等善法，都依佛菩萨而有；佛功德也是依菩萨而有的——所以菩萨为一切善法的根源。以世间善法来说，如说："菩萨受身种种，或时受业因缘身，或受变化身，于世间教化，说诸善法及世界法、王法、世俗法"①等。有些修菩萨行而暂时失败了的，名"败坏菩萨，亦有悲心。治以国法，无所贪利；虽有所

---

① 《大智度论》卷三六（大正二五・三二三下）。

恼,所安者多,治一恶人以成一家"①等。菩萨为一切善法的根源,可尊可敬,而菩萨是从发菩提心而来的。所以大乘经中,无边赞叹菩提心的功德,说他是"一切佛法种子"。

初发菩提心,重在立定上求佛道、下化众生的大誓愿,名为"愿菩提心"。广说如四弘誓愿:"众生无边誓愿度,烦恼无边誓愿断,法门无边誓愿学,无上佛道誓愿成。"②但是发菩提心,并非偶然想起成佛利生,而是要一番修习,达到坚固成就的。菩提心的修习,为修学大乘道、趣入大乘道的第一要着。菩提心从慈悲心起:或是缘慈母的孝敬救度,扩大到愿度一切众生,而上求佛道;或是设想他人与自己一样,利济众生应如爱护自己一样,进修到愿意为利他而牺牲自己。修菩提心的动机、方法,近于儒家的仁道、恕道。但菩提心修习圆满成就,深广是与世间法大大不同的。这是大乘道的基石,修学大乘道的,应先多多地修学!

菩萨之所乘,菩提心相应,慈悲为上首,空慧是方便。依此三要门,善修一切行;一切行皆入,成佛之一乘。

趣入大乘道的不同根性,佛性,发菩提心的尊胜,都已说到了。大乘道,发愿以后,就应该见于实行。说到菩萨的正行,就要先论到菩萨行所不可少的要素。声闻乘与缘觉乘,是通于因果的。但大乘中,重于因行的,名菩萨乘;重于果德的,名佛乘。因圆果满,为大乘法的全体。现在从成佛之道——因行来说,大

---

① 《大智度论》卷三六(大正二五·三二三下)。
② 《坛经》(大正四八·三三九中)。

乘是"菩萨""所乘"的法门；依此法门，从凡夫地而趣入大菩提，也叫一切智海。菩萨行中，不论修持什么，有必不可少的三要则。例如布施，一、要与"菩提心相应"，就是为了上求下化的志愿而布施。二、施时要以"慈悲"心"为上首"，为先导，就是从慈悲心而引发布施。三、法"空慧是方便"，方便是善巧的别名。如不著施者、受者、所施的物件，名为有方便。如没有法空慧，著相布施，名为不善巧，无方便，不能出离生死，而趣向一切智海。可以说：菩提心是志愿所在，慈悲心是动机，法空慧是做事的技巧。如"依此三要门"为本，"善"巧地"修"习"一切行"：世间善法的五戒、十善、三福业也好；出世善法的四谛、缘起、三学、八正道、三十七道品也好；大乘法的六度、四摄、百八三昧、四十二字门等也好：这"一切行皆"就归"入"于"成佛之"道的"一乘"法了。简单地说：有了这三心，一切善行都是大乘法；如离了这三心，或缺少了，什么也不是成佛的法门了。

《大般若经》说到菩萨的修行时，总是说："一切智智相应作意，大悲为首，由无所得而为方便"①；这就是本文所说的三心。依此，龙树的《宝鬘论》说："本谓菩提心，坚固如山王；大悲遍十方；不依二边慧。"②《大日经》也大体相同说："大菩提为因，悲为根本，以方便而至究竟"③（汉译误作方便为究竟）。一切智智相应作意，就是《法华经》的"一切智愿"，也就是菩提心的别名。大悲是遍十方一切众生而起，所以说遍十方际。无所得是般若，

---

① 《大般若波罗蜜多经》卷四一二（大正七·六七中）。
② 《入中论》卷一引论（三下）。
③ 《大毗卢遮那成佛神变加持经》卷一（大正一八·一中——下）。

就是不依有无二边的空性慧。《大日经》兼存有相说,所以说以种种的方便而到达究竟。但成佛的主要方便,不能不说是都无所得的空慧。因为如取著相,什么都不能到于究竟了。在大乘法中,这三者是同等的重要,不可或少的。但大乘经是各有所宗重的,或特重菩提心,或特重大悲心,或特重般若的都无所得;每把它说作首要的。这是依所宗要而巧说,其实这三者,初学是可以偏重而不可偏废的。

这三心是大乘的通行,正与儒者的三达德——智、仁、勇一样。这本是人类的特胜:忆念胜,梵行胜,坚忍胜;也就是理智的、情感的、意志的特胜。重于人乘正行的儒者,也就揭示了人乘通德的智、仁、勇。大乘法,本是着重依人乘而直入佛道的,所以也就揭示了:究竟无上的志愿——菩提心;普遍平等的同情——慈悲;彻法源底的智慧——空慧,为大乘行必备的通德。因此,大乘法行,就是使人类特胜的德性净化(俗称升华),使它融和进展而到达完成。成佛时,菩提心成法身德,慈悲心成解脱德,法空慧成般若德。如来的三德秘藏,不是别的,只是人生德行的最高完成。大乘的真义,与带有隐遁倾向的小乘行、带有神秘气息的天乘行,是不大相同的。大乘的真义,实是人生的趣向于究竟,"即人成佛"的法门。

菩萨之学处,十善行为本,摄为三聚戒,七众所通行。

大乘道,只是菩提心的修治历程。上面所说的发菩提心,是愿菩提心,以大乘的信愿为体,也就是大乘的归依。所以发菩提心时,先受大乘归依。这不是尽形寿的归依,而是"从今日乃至菩提"①的归依,归依于佛法,不退菩萨僧。归依表示了信心的所在,再发菩提愿,愿将所有的一切善根,如诸佛菩萨那样的,为无上大菩提而发心:"未度者令度,未解者令解,未安者令安,未涅槃者令得涅槃。"②这也就是一般归依文中,"从今日始,乃至命终,护生"的究极意义。论理说,归依表示了信愿,就依归依得戒;再受五戒等,不过开示戒相而已。然在如来的善巧渐化中,也有但受归依而不受戒的弟子。同样的,受大乘归依而发菩提心,就依菩提心而得菩萨戒,名为菩萨。其后再受菩萨戒,也不过开示戒相而已。但如来善巧化导,在大乘法中,也有但受愿菩提心,而没有受菩萨戒的。然经论中说:"菩提以正行而为坚实";"若无正行,不得菩提"③;不但以信愿而能成佛,所以立菩提愿以后,应进一步地受持菩提正行(行菩提心),也就是受持大乘"菩萨"的"学处"。

比丘戒名比丘学处,菩萨戒名菩萨学处。说到菩萨戒,是以"十善行为"根"本"的。不但菩萨初学,从十善学起,名为十善菩萨,如说:"十善菩萨发大心,长别三界苦轮海。"④就是大地菩萨,也就是十善正行的深广实践。除身语的正行清净外,如不邪见而得甚深的正慧,不嗔恚而具广大的慈悲,不贪欲而成无量三摩地。现从菩萨戒来说,就是十善正行,不过从善行的不同意义,总"摄为三聚"净"戒":一、从离恶防非来说,名律仪戒;二、

---

① 《胜鬘师子吼一乘大方便经》(大正一二·二一七中)。
② 《妙法莲华经》卷三(大正九·一九中)。
③ 《菩提道次第广论》卷九引经论(六七上)。
④ 《仁王般若波罗蜜经》卷上(大正八·八二七中)。

从广集一切善行来说,名摄善法戒;三、从利益救济一切众生来说,名饶益有情戒。总之,菩萨的戒行,是无恶不除,无善不行,无一众生而不加利济的。

在声闻法中,律仪戒有男女,僧俗等差别,分为优婆塞戒、优婆夷戒,沙弥戒、沙弥尼戒,比丘戒、比丘尼戒、式叉摩那尼戒。因戒的不同,分佛弟子为"七众"。但菩萨戒是不分男女及僧俗(小差别)的,所以是七众弟子"所"共"通"奉"行"的。要受菩萨戒,应先受七众的律仪戒。如优婆塞(受五戒的男众)而受菩萨戒,就名菩萨优婆塞;沙弥尼而受菩萨戒,就名菩萨沙弥尼;比丘而受菩萨戒,就名菩萨比丘。说到戒法,声闻藏中有广律,菩萨藏虽传说有菩萨的戒藏,但从传译到中国(西藏在内)来说,菩萨戒都是附见于经中的。现有传说为罗什译的《梵网》戒本,列十重四十八轻戒;昙无谶译的《优婆塞戒经》,列六重二十八轻戒;玄奘译的《瑜伽》菩萨戒本,列举四重四十三轻戒。轻戒多少有出入,菩萨的重戒,大致相同,如《虚空藏经》、《菩萨璎珞本业经》、《胜鬘经》等,也都有说到。我国一向采用《梵网》戒本,但广说开遮持犯,犯轻犯重戒相的,《瑜伽》菩萨戒要明确得多!

退失菩提心,嫉悭与嗔慢,障于利他行,违失大乘戒。

在菩萨的律仪中,现在略说最重要的禁戒。一、众多的大乘经中,以菩提心为菩萨戒。如对于利益众生,起了厌倦弃舍的意念,不想求证无上菩提,而想证得自利的阿罗汉果,或者但求世间的欲乐,不再想上求下化,这样的一念"退失菩提心",就是违犯了菩萨的净戒。菩提心,可说是菩萨的根本戒、总相戒,是大乘学人所应该特别护持的。二、依详广开示的菩萨戒来说，杀、盗、淫、妄等共声闻重戒，不消说是犯菩萨戒的。不共声闻的菩萨重戒，诸经及各种戒本中，虽举事小有出入，而内容都说到了"嫉、悭"、"嗔、慢"的四项重戒。现在且依《瑜伽》戒说。一、嫉：为了贪求个人的利养恭敬，因此嫉妒别人，故意地自赞毁他。二、悭：有来求布施的，由于悭吝心，虽然有法有财，而不肯修法施财施。三、嗔：嗔心极重，不但骂詈伤害别人；别人来忏悔，请求谅解，也不受忏谢，永远地怨恨他。四、慢：不虚心，自以为了不起，这才宣扬一些似是而非的佛法，反而毁谤别人弘扬的正法。这四项重戒，都是"障于利他"的菩萨"行"。只要犯了其中的一戒，就是"违失"了"大乘"菩萨的净"戒"，不成其为菩萨了。这如比丘的犯了四波罗夷戒，就不成为比丘一样。但比丘犯了四波罗夷戒，就要退出僧伽，不准重受，菩萨戒是可以如法重受的。换言之，发了菩提心，受了菩萨戒，怎么也不会退失的。犯戒的是暂时失却作用，所以应如法再受，给以新的熏发，恢复菩提心戒的功德。也就因此，发了菩提心，受过菩萨戒，即使是退证小果，或者退堕到三恶道中，终究要依此菩提心戒的清净善根，回入大乘道而成佛的。这样看来，在大乘法中，没有比菩提心、菩萨戒更重要了！

总摄菩提道，六度与四摄；渐入于诸地，圆满佛功德。

佛的功德，究竟圆满，从菩萨的修行而成，所以菩萨所修学的，也是"无量法门誓愿学"，而不是部分的、少量的法门。但"总"举大纲而统"摄"起来，证得无上"菩提"的"道"品，不外乎"六度与四摄"，六度是六波罗蜜多的意译。波罗蜜多，译义为到彼岸,也就是度。施、戒、忍、精进、禅那、般若,为从世间而达佛道彼岸的法门,所以叫六度。四摄是:布施、爱语、利行、同事。摄是摄受;这四法能摄化众生,所以叫四摄。菩萨修学的道品,不外乎为了自成佛道,利益众生。六度是成熟佛道的要目,四摄是利济众生的方便;所以大乘的菩提道,也就是六度与四摄了。但这不过是约特点而作分别的说明,其实六度也可分自利利他二道:如施、戒、忍,是利他的福德道;禅、慧,是自利的智慧道;精进通于二道。进一步说,六度都有自利与利他的二种意义。这里要特别说到的,佛果决不是一行一法门而可以圆成的。佛在经中,有时约重点说:修行什么法,就能速得无上菩提。有时约融摄说:修布施或般若时,即具足六波罗蜜多。如因此妄执:只要修某法某行,就可以成佛,不需要修其他功德,那就是颠倒误解了!

修学的法门,不是部分的、少量的;修学成佛的道品,也不是一天、一生所能完成的。由浅而深的修学历程,经中分为种种行位,其中主要的,是欢喜地等十地。菩萨在修行的过程中,不断进修,引发无边功德,如地一样能长万物,所以叫地。十地圆满了,就成佛。初地是欢喜地,在进修入初地时,应修三十心,所以在初地前,竖列十住、十行、十回向——三十位。十住的初住,名发心住。发心住是修习信等十心已经圆满成就了;信心等修习而未成就时,就列为十信位。菩萨的修行位次,是这样的展布开来。总之,由浅入深,是可以分为多少阶段的。这一进修的历程,就是"渐入于"欢喜等"诸地",就能"圆满佛"果的一切"功德",达成了菩萨发心修学的究竟目的。

这一颂，总列了：修学的法门，经历的地位，圆满的佛果。以下，就这样的依次说明。

身及诸受用，三世一切善，为利诸众生，无惜而行施。

先说六度中的施度。在五乘共法中，布施为三福业的一项。在三乘共法的道品中，是没有布施的。因为对于厌离世间、急求自证的声闻，布施是没有重要意义的。但在这大乘菩提道中，布施又恢复为修道的项目，而且居于第一位。舍己利他，是布施的真正意义，这与利他为先的菩萨心行相合，可知布施在大乘道中的重要性了！大乘的布施，是一般布施的深化广化。如上面说到，一定要与"菩提心相应，大悲为上首，无所得为方便"而修习。布施度如此，其他一切菩萨行，都要与此三心相应而修习，以下不再重说。

布施的意义，是舍己为他。所以不但是破除悭贪，而且是消除我我所执，达成无我我所（无我执法执）的大舍。一般人不容易布施，问题在执取为自己的。不知道摄取为己有的过失，也就不知道施与众生的利益。例如财物，世间为了积集与占有，造成人间的无边苦难，国际间的无穷纠纷，然而到底是无常过去了。拿人类来说吧，财物，虽经自己的功力而成为自己所摄取的，但实与一切人有关。如没有社会的关系，怎么也不会得到现有的财富，及物质的丰富生活。如真的独居深山，即使无尽的山地是属于你的，也许对你没有什么用处，还是贫乏不堪！不但是外物，就是身体，赖父母的养育，师长的训导，朋友的扶助，公共的医药卫生，国家的法律秩序，才能好好地生存。如专知自己，把身体看成唯一的自己，那不但徒增苦恼，也多增罪恶。就是丰富的学识,科学的发明,道德与宗教的进修,也都是受到人类的恩德。所以如执为自己的,为罪恶与苦痛的根源,而施与他人,则可为功德与安乐的因缘了。能这样的理解、学习,施心就会增长广大起来。

因此,本颂说:一、自己的"身"(身心全体):或以自己的身体去为人服务,或将自己身体的部分甚至生命,为国家为人类的利益而牺牲。二、"诸受用":就是可为自己受用的一切资财,能在悲田、敬田中,如法地施与。三、善法:自己在过去世、现在世及未来世——"三世"所有的"一切善"法。或是世间善法,或是出世间善法,或是出世间上上的大乘善法。这一切,不占为己有,而愿意施与众生,这是法施与功德的回向众生。这三类,一般都是看作自己的,以为属于自己才有意义。但菩萨能"为"了"利"益"诸众生",毫"无"顾"惜"地修"行"布"施",舍给众生。拿修行的功德来说:菩萨是愿意修集一切功德,回施一切众生,使众生因而成佛。等一切众生成佛,再修集功德而利益自己,自己成佛。能这样为他忘己而布施,才是菩萨的布施。

下士为己施;中士解脱施;利他一切施,是则名大士。

同样的施舍,由于施者的动机观念不同,功德也就不一样。发增上生心而求人天功德的,名"下士"。下士的布施,看来是道德的,其实出于功利心,"为"自"己"的人天福乐而布"施"。布施的功德是有的,但极其有限。发出离心的,名"中士"。中士是厌离生死苦,为求"解脱"而"施"的,着重于解脱,不受财物等所累,而不重视利人的积极意义。所以声闻法中,有人宁可将财宝投入大海,却不想用来利济贫穷。发菩提心的,名大士,就是菩萨。菩萨的布施是：一、为"利他"而施：这不是说否定自己的布施功德，而是不从自己的功德着想，专为与乐拔苦的利他而布施。二、"一切施"：菩萨是内而身心，外而财物，一切功德善法，什么都是施舍了的。一切施，是菩萨的净施。在发菩提心时，即将自己所有的一切，无条件地舍与众生。虽然还在保有、使用一切，但菩萨不再作自己私有想，觉得这是一切众生的。自己如雇员或公仆一样，代为管理经营，如物主需要时（有人来乞求时），就无条件地奉上。自己的享受，正像雇员的取得合法的生活费一样。能这样的布施，才"名"为"大士"。大士的利他一切施，才是最可称叹的！

财法无畏施；难施殷勤施。闻施心欢喜，胜于寂灭乐。

从所施的种类来说，有三类：一、"财"施：身外财物的布施，叫外财施。身体、生命的施舍，叫内财施。二、"法"施：以自己所解所行的佛法，教化众生；或以医药、工巧、文学等种种有益的知识技能，教授别人，都叫法施。三、"无畏施"：或是恶王、盗贼、流氓等威胁迫害的怖畏；或是狮子、虎、狼、毒蛇等威胁伤害的怖畏；或是水灾、风灾、地震、瘟疫等伤财失命的怖畏。对这些，菩萨都能给以力量，协助他，保护他，使人获得没有威胁、没有恐怖的自由，叫无畏施。所以菩萨的布施，不仅是慈善救济性质，而含有知识、技能、道德的教化，扶危济困、除暴安良的积极援助。

在菩萨的布施中，有两点值得提到。一、"难施"：或是自己还不够用的财物，或是自己最心爱的物品，或是以极大努力与牺牲而得来的东西，菩萨也能乐意地施舍出去，所以是不容易的布施。二、"殷勤施"：一般人每是因人求上门来，不得已才布施；或自以为有钱有势，随便叫人拿一些给他；或是冷讥热讽地说上一顿，再给他多少，这不是如法的布施。菩萨总是以清净心、恭敬心、欢喜心来布施，而且亲手布施，决不使人有难堪的感觉。

凡不知积聚的过失，布施的功德，在布施时，每有舍不得的心情，或者心里不乐意，特别是比较重大的布施。而菩萨却是：一听"闻"到求"施"的人来了，要求什么，"心"里就"欢喜"得了不得。这种欢喜，不要说胜过世间的第三禅乐，也"胜"过了二乘圣者证得的"寂灭乐"，可说是无上的欢喜。因为菩萨觉得：功德送上门来了！没有乞施的，就不能圆成布施功德；由于来人的乞求，才使自己的功德增长。而且自己的财物、身体、知识、技能，如不能好好地使用，一旦损失、死亡了，岂不可惜！有人来乞求，使自己的无常物能投入波罗蜜多大海，成为成佛的资粮，无穷无尽，这真是世间第一等好事！所以菩萨闻施心喜，真能体验到"为善最乐"的境界。

或有不应施，自他及所为。

菩萨是应该一切施的。然在事实上，也"有不应"该布"施"的。布施，是为了于他有利，于自己的道业有益。如违反了这一原则，那就不应该施给他。因为布施了，徒增自他的烦恼与罪恶。不应该施的具体事实，真是说不完，现在且约三方面来说。一、"自"：菩萨是应该不惜身命财物来布施的，但这要渐渐修学，忍力强，悲心深，不带一分勉强才得，否则会障碍修行的。如要力气小的，挑起重担子，结果是反而使人畏怯退心了。又如自己对甚深经典，还没有熟习明了；出家人必备的衣钵等，都不应该施舍,以免障碍自己的道业。二、"他":从求布施的人来说,如是邪魔外道,故意来捣乱;或是疯狂,或是幼稚,作不正常、不需要的求索,都不应该施给他。如布施了,反而有过失的。三、"所为":要求布施,到底为了什么;如为了小小事而乞求身命,那是不应该施的。所以说"为小勿舍大"。又如要求你帮助他,供给他,助成他的杀、盗、淫业;或者乞求的目的,是为了损害众生;或为了赌博游荡,这都是不应该施的。总之,于他无益,于自己的道业有损的,都应该谢绝他。

施以舍心胜,常修于意乐。

修布施度,当然要作实际的布施,利益众生。但在事实上,这样的布施,怎么也不能满足一切的。要知道,从自成佛道来说,布"施"度以圆满"舍心"为最"胜",重在养成一切能施的意欲。而且在菩萨的修学历程中,初学菩萨有时也会贫穷艰苦,没有什么可布施的。所以菩萨应"常"常"修"习胜解的布施,使能施的"意乐"增长。什么叫胜解的意乐施?这是没有实物的布施,是在安静的禅心中,以胜解力,现起广大无量的种种资财,拿来上供诸佛,下施众生。见到他人布施而生随喜之心,还有大功德,何况自心现起种种资财,在悲田敬田中广行布施呢?这是布施中的善巧布施。

三轮处处著,是施名世间;三轮空相应,出世波罗蜜。

"从三界中出,至一切智智中住"①,叫波罗蜜多;所以波罗

---

① 《大般若波罗蜜多经》卷四一六(大正七·八八下)。

蜜多是"到彼岸",也是"事成办"的意思。如修布施,怎能成为到彼岸呢?论上说:五度如盲,般若如导①;布施等所以能趣入佛道,完全是般若(慧)摄导的力量。所以布施而成波罗蜜多,一定要以无所得的般若为方便而修。说到布施,就有"三轮",三轮是三处的意思。一、施者,是能布施的自己;二、受者,是受布施的人;三、施物,是布施的那个东西。有了这三处,才能成为布施。但如对于这三处,没有法性空慧的照见,在布施时,就著这三处为实有的。如实有能施的自我,以为我是能行布施的;实有受施的受者,以为他是受我施与的;实有所施的东西,是大是小,是胜是劣的。这样的不能通达无自性空,就会"处处著"相,著我相,著法相。有取有著,就为我我所执所系缚,不能出离三界而趣入佛道。这样的著相布"施","名"为"世间"的施波罗蜜多。其实,这不成波罗蜜多,不过假名为波罗蜜多而已。反之,如布施时,对于施者、受者、施物——"三轮",能与无所得的"空"慧"相应",或是无分别智相应,深入法性空,不取我相,不取法相,那就是有方便善巧的布施,不为烦恼所系缚,"能动能出",名为"出世"间的施"波罗蜜"多。真实的出世波罗蜜多,是大地菩萨与无分别智相应的布施。发心住以上菩萨,能与法空慧相应,名为近(似)波罗蜜多,也能趣向佛道了。

布施度要三轮体空,一切修行,一切波罗蜜多,都应这样的修习。

戒断于损他,普施无所畏。

---

① 《大智度论》卷二九(大正二五·二七三上)。

次说戒波罗蜜多。

如修布施行,而不能使自己的身心如法,所作所为时常损害恼乱众生,这样的慈济利他,是不能达成利生的目的。就是孩子,一面给他吃糖,又一面打他骂他,孩子也不会与你结善缘的。而且,如果自己堕落不堪,事业与财富也一定丧失;来生失却人身,这还能布施利他吗?所以修行布施,更有修持净戒的必要。

戒,虽有世间的、出世间的、出世间上上的,但原则是一样的——护生。护生,就得同情别人,尊重别人;尊重爱护别人的权利与自由,就要使自己的身心如法持戒,不损害他才得。所以,"戒"以能"断""损他"的愿心为本。从不损他的意愿,而表现于对人类、对众生的身语行为,就是守法的戒行了。因此,戒是对人类、对众生,而"普"遍地"施"与"无""畏",造成彼此间无威胁、无恐怖的和乐与自由。如持不杀戒的,不是不杀甲,不杀乙;或今天不杀,明天不杀,而是从今以后,于一切众生离杀害心。持不杀戒的,什么时候,谁也不会对他有被杀害的威胁与怖畏了。这是约律仪戒说,就有积极的利生意义。能这样,才能说得上摄善法戒,饶益众生戒。

失戒众患本,恶趣亦贫困。持戒三善本:增上决定胜;为他净尸罗,则入于大乘。

为什么不能受持净戒?因为不知道犯戒的过失,持戒的功德。重戒——性戒,不问有没有受戒,犯了都是罪恶的。所以有的听了犯戒的过失,而不敢受戒,极为可笑!实际上,外依三宝的加持,内发深切的誓愿而受戒,是更能做到清净不犯的。从违犯而"失戒"的过失来说,这是"众患"的根"本",主要是堕落三

"恶趣",及受"贫困"的果报。平常说:悭吝不舍得贫穷报,犯戒得堕落恶趣报,这是约特殊的意义说。生在鬼、畜,有堕落而受福报的;在人中,有贫苦不堪的,这是施与戒的不同果报。如犯重戒而堕地狱,一定贫乏得什么都没有;如持(世间)上品净戒而生天,一定是非常富乐的。可见犯戒也是贫乏因,持戒也是富乐因了。要知道,专知私德而洁身自好的,(如不布施)才会生人而得贫乏报。如与慈心相应而持戒,充分表现积极利他的意义,生天是一定能得富乐尊荣的。

从"持戒"的功德来说,那是"三善"的根"本"。三善是:一、以增上生心而持戒的,能得"增上"生,生人天而得富乐自在的果报。二、以出离心而持戒的,能得"决定胜"果。决定,是证得圣果胜法的,一得永得,决定不再退堕生死。三、如以菩提心持戒,"为"利乐"他"而持清"净"的"尸罗"(戒),这就"入于大乘",名大乘戒,为成佛的因。所以,优婆塞戒也好,沙弥戒也好,比丘戒也好——七众的别解脱戒,从菩提心出发而受持的,就是菩萨的别解脱律仪。有人以为:七众别解脱戒是小乘的,我是大乘学人,所以不用受持声闻的别解脱戒。有人听到持戒,就以为是小乘。这是大邪见,为佛教衰落与混乱的原因!

受持净戒者,如护于浮囊。不轻于毁犯,持犯俱不著。

"受持净戒"而又毁犯,不是环境的诱惑力太强,就是烦恼的冲动力太强。但重要的,还是自己净戒的力量太弱。否则,如城防坚固的,虽有强大的敌人来侵袭,也能坚持而不致陷落的。所以护持净戒而使戒力增强,是重要的修习。没有犯重戒以前,一般总是忽视轻微的过失,而不知这是大失败的远因。如涓滴不塞,会造成堤防的溃决一样。举不肉食来为例,如素食成了习惯,内心有对肉食腥臊的厌恶心,这是不容易犯的。如本没有不肉食的决心,或者会想到肉食而生快感,那虽然素食很久了,由于戒力的羸弱不堪,还是容易破戒的。如持戒而时有微小的违犯,不知道警觉,不知道忏悔而使净戒清净;积小成大,就随时有犯重的危险了,所以戒经有"如护""浮囊"的比喻。浮囊是游水所依而不致沉没的,如现代的橡皮圈。这应该特别珍惜爱护它,如小小泄气,不知道补救,一定会渗水而有灭顶的危险。菩萨在未得忍力以前,在生死大海中,常愿生在人间,见佛闻法,利益众生;净戒就是确保人身而不致失败堕落的浮囊。所以菩萨的受持净戒,"轻重等护",比声闻人的持戒还要谨严得多。

菩萨净戒,是不离三心而修的,所以菩萨虽自己严持净戒,而决"不轻"视"毁犯"戒法的众生。从大悲心来说,这是可怜悯,而不是可轻视的。虽然犯戒,不是不可能还复清净,不是不可能成佛的。凡轻视毁犯的,一定是自以为持戒,自己是怎样的清净如法。不知道这早落在我执我慢的分别心中,不成菩萨的戒波罗蜜多了。而且,如轻视毁犯,由于意识上的对立,不容易教化他,也就失去菩萨利他的方便。倒不如不轻毁犯,怜愍而安慰他,容易把他感化过来。所以菩萨的净戒,是无所得的空慧为方便,对于"持"戒"犯"戒,都是"不著"相的。能达"持戒犯戒不可得故",就是三轮体空的净戒波罗蜜多了。

其余如上面菩萨学处中说。

摄护于众生,菩萨修忍度。耐怨安受苦,及谛察法忍。

再说忍度。菩萨行是为了成佛。成佛一定要"摄"化众生,

"护"念"众生";修集摄受众生的布施,护念众生的净戒,才能利益众生而后成佛。但众生是愚昧的,可能会给予布施而不知感恩,或反而相仇害的;护念众生而持戒,众生却偏要来娆害的。如不能坚忍,施与戒的功德,都是会因而破坏的。世间尚且要"相忍为国","小不忍则乱大谋",何况在无量生死中度众生而成佛的大事,哪有不修忍而能成就呢!所以"菩萨"非"修忍度"不可,而忍成为菩萨的大行之一了!忍是忍耐,忍辱不过是忍的最重要的一项。忍是意志坚定,经得起打击,受得了磨难,不问怎样艰苦,都能保持自己,不受外来的影响而改变宗旨,或者引生罪过。从前,舍利弗六十劫修菩萨行,有人来乞求眼睛。舍利弗对他说,这并无用处,他却一定要乞化。等到给了他,他又嫌它腥臊,丢在地上,很不满意地走了。舍利弗觉得众生难度,因此退了大心,这就是不能忍而失败的一例。

忍,分为三类:一、"耐怨"害忍:如有怨仇来损害,或是刀杖伤害,或是挟怨诬害,或者是恶意诽毁,因而损害名誉、利养。这是一般人最难忍受的,菩萨应修安忍:怜悯对方,觉得他为烦恼所驱迫,为恶势力所转动;忍受怨敌的伤害而不生嗔忿,不加报复。二、"安受苦"忍:苦是各式各样的,有从外界的无情物来的,如风雨、寒热等苦。有从外界的有情来的,如蛇、蝎、蚊、虱等苦。有从自身发生的,就是出家、乞食、游化、修行,也都是会引生苦痛的。这都要磨练心志,安心忍受;不能忍,那不是引起烦恼罪恶,就是障碍自己的修行。三、"谛察法忍":法是佛法,审细谛察而悟入佛法,忍是安心入理的意思。如浮光掠影,不能安心深入,就不能获得深广的法益了!

瞋他有何益？自他增忧苦。瞋火烧善根，忍则五德具。

受到名誉、财产、事业、身体的损害，是一般人所最难忍的，所以特再为开示。受人损害时，会引起瞋忿的反应，取敌视、反抗、报复的行动，这确是凡夫的本性。但在人类德性的进展中，尤其是通达甚深法义，忍就被发现而尊重起来。因为如不忍而"瞋他"，向他报复，这到底"有何"利"益"呢？这真是不必要的。要知自身的失败，决不单是因为他人的损害破坏，主要还在自身的不健全。换言之，自己才能损害自己。古人说："君子有终身之忧，而无一日之患。"眼前的受损害，受冤曲，在自己如法的进修中，没有不被了解而恢复的。唯有自己不向上，到死而德业无成，才是可忧虑的。依佛法，不要说一日之患，就是一生的冤抑、屈辱、牺牲，在无尽的生死过程中，这算得什么？唯有不能趣向佛道，永远在生死中头出头没，才是可悲哀呢！所以不应该瞋忿报复，而应该安忍。而且，向怨敌瞋忿报复，并不就是恢复已受的损害。不忍而瞋忿报复，徒然使"自"己与"他"人"增"长种种的"忧苦"。向他报复，他当然受到忧苦，而自己瞋心发作，身心烦躁不安，有时会不顾一切，造成更大的错误，招致更大的损害。以怨报怨，这是不能解决问题的。所以说："不可怨以怨，终已得休息。行忍得息怨，此名如来法。"[①]

修集布施、持戒，好不容易。但由于一念的不忍，瞋忿心发，全部都被摧坏了。如说："若有瞋恚诸佛子，百劫所修施戒善，

[①] 《出曜经》卷一六（大正四·六九七上）。

一刹那顷能顿坏。"①所以形容"瞋"是"火"一样的,能焚"烧"一切功德"善根",非下决心修忍不可!假使能知道瞋恚的过失,安忍的功德,多多地考察,自会以理智来制伏瞋恚烦恼。那么,瞋恚有什么过失呢?一、坏色:瞋心一起,全身血脉沸腾,面色会立刻变成丑恶的样子。研究美容学的说:如人而多起瞋怒,面貌是很快地衰老了。二、失辩:瞋心一起,情感压倒了理智,有的连对方说话的意义都听不明白。冲动紧张,当然失掉了论辩的才力,为自己申诉,有时也会说错了。三、善士远离:凡性情暴躁、多起瞋恚的人,良善的朋友,都会为了不值得结怨而离去的。四、毁戒:瞋恚发作,只图达到报复目的,什么都顾不得了。杀、盗、淫、妄,无恶不作。五、堕落:这样的积集瞋业,一旦老死到来,还有什么善报,只有堕落恶趣的一路了。一念的不忍,产生这样的恶果,怎可不加以制伏?反之,如能"忍"怨,那么,相貌端严,辩才明晰,善友共聚,不犯禁戒,死后上升而向佛道——"五德"都"具"足了。在五乘共法中,虽也有忍,但真能"难忍能忍",就只有菩萨行了。

施戒及安忍,多为在家说。广聚福资粮,是佛色身因。

上面所说的布"施"、净"戒"、"安忍"——三度,现在要综合地叙述一下,也就说明了六度为成佛所必修的法门。这有三个意义:一、出家人的修持重心,是禅慧熏修,所以这三度虽也是出家人所修的,但在经中,佛大"多"是"为在家"人"说"的。尤其是财物的布施,为在家弟子的要行。出家人仅可随分行施,如

---

① 《入中论》卷一(二六上)。

像在家人那样，积聚财物来作种种布施，就会过失丛生，非佛制所许可了。二、佛是福德与智慧圆满，被称为两足尊的。福慧圆满的佛果，从修集福慧的因行而来。如远行一样，要备足资粮——旅费、粮食等，才能到达目的。菩萨久劫修行而成佛，福慧就是成佛的资粮。前三度，在二资粮中，是"广"大积"聚福"德的"资粮"，为成佛必备的胜行。三、说到佛，经中有四身、三身、二身等分别；扼要地可分为法身与色身。大菩提的圆证法界，体现绝对真理而成佛，是法身；佛的相好庄严，是色身。色身是无边福德所庄严的，所以前三度"是佛"的"色身因"缘。知道了前三度的特性如此，后三度是多为出家人说的，是智慧资粮，是佛的法身因缘，也就可以知道，不必再说的了。

佛说精进度，福智之资粮。无厌心如海，力尽而不止。

现在要说到精进度。精进是能普遍策发一切善行的，与一切功德相应，所以在福、智二资粮中，虽说精进是属于智资粮，而实"佛说精进度"，是通于"福、智"二"资粮"的。

三乘共法中，已说到正精进；大乘的精进，有着更深远的意义。修菩萨行，是以无尽的法界为境的：亲近供养一切佛，闻持修习一切法，庄严一切国土，度脱一切众生，断尽一切烦恼，……圆满一切功德。"穷虚空，遍法界"，什么都是一切的一切。心量的广大，真可说是：虚空一样的广大，大海一样的渊深！这样的大愿、大行、大果，如没有无限的精进，是不能成就的。所以菩萨的精进度，应有"无厌"足的"心"量。求一切佛法而不满足，证得功德而不得少为足；"如海"一样的吞纳百川，无穷无尽地进趣。唯有这样的无厌足心，才能发为大乘的精进。因此，

一、大乘的精进度,不是有限的精进。如农夫下田,某甲尽力收获,得到了一些,就回家去休息享受,某乙也尽力收获,要收割圆满了,才告一段落。在工作的努力方面,也许某甲更紧张,然而某甲到底是工作的懒惰者,某乙才是精进的。这样,声闻的急求自了,如丧考妣,在大乘法中,不能说是真精进。二、精进是持之以恒,而不是不自量力的急进。如二人上山,一人急急地跑,不到半路,心跳足酸,只好停止而退下来。一人是大踏步前进,不是急进的,但能保持体力而不休息的,这样才能登上高山。总之,无厌足的、不休止的善行,才是大乘的精进!

在修学的进程中,有时会山穷水尽,无法再进,有的就中止退失了。但是菩萨的精进,现有的(体力、智力、财力、能力)"力"量,虽是可"尽"的,而内心的无限精进,却是永"不"停"止"的。古人说:"哀莫大于心死";承认失败,放弃努力,是真正的失败了!故事说:有旅客在山中前进,被山鬼障住了路。旅客举左手去打他,可是左手被捉住了。再用右手、左足、右足,末了用头去撞他,头又被鬼缚住了。山鬼说:好勇敢的旅客,你现在还有什么能耐呢?旅客说:我的心,将永远不受束缚而要求前进。山鬼佩服他的胆量与毅力,就让路而让他过去。在修菩萨行的历程中,如由于力量不足而无法进行时,也应这样的保持那前进的决心。

推延著世乐,自轻心怯弱。

对于大乘佛法,不能精进修学,不出于二种障:一、不想进修;二、不敢进修。佛道有这样的功德,为什么不想进修呢?不是"推延"懈怠,就是染"著世乐"。有的懈怠成性,什么好事都不能努力去做,总是推延又推延,今天推明天,今年等明年。这样根机,是难得猛进的。如能多多忆念:人命在呼吸间;死亡是不分老年与少年的;人身难得。多念无常,才能警策修行。有些是贪染世间乐事,专在声色货利中过日,忙得不亦乐乎,这也就不想进修佛道。如能思察世乐的不究竟,多引起未来的苦果,如刀头蜜一样,减少世乐的贪染,就会进修法利了。为什么不敢进修呢?因为"自"己"轻"视自己,觉得现在是末法时代,自己是根钝障重,深广无边的佛道,实在无法成功。这样的"心"生"怯弱",就不敢承当下来,当然不会精进地修学了!这类心性怯弱众生,容易退取小乘,走那迂回的路子。

满果亦难行,久处于生死,资粮广无边,练心勿退屈!

　　心性怯弱,不敢进修深广圆满的大乘佛道,每从三方面怯弱退屈下来。一、听说圆"满"的佛"果"是永尽一切过失,圆满一切功德的,就自己觉得不行,我怎能得到那么圆满的佛果呢!这就退屈下来了。应该想:十方无量数菩萨,都能修行圆满而成佛,我为什么不能!所以说:"彼既丈夫我亦尔,不应自轻而退屈。"[①]从前曾经堕恶道的,现在已经成佛;现在在恶道中的,将来也要成佛。恶道众生都会成佛,自己现在难得地生在人间,能知道正理,能奉行善行,为什么反而怕不能成佛呢?二、听说菩萨要修"难行"苦行,施舍手足头目等,觉得太难太苦,自己做不到,就不敢进修而退屈了。这也不对。从无量世以来,每堕落在恶道中,说不尽的苦都受了,为什么为佛道而修行,反而怕起苦

[①] 《摄大乘论释》卷六(大正三一·四一四中)。

来。如长病痛苦不堪,受一次手术,就能彻底治疗,因受手术而来的小苦,难道都不能忍受吗?况且,菩萨的难行,与外道的苦行不同。菩萨修行,有方便善巧,次第学习。忍力成就,悲心增胜,有利益时才施舍身分,并非专以受苦为修道的。三、听说菩萨修行,要长"久"地"处"在"生死"海中度众生,时间这样的长,要积集的"资粮"又那么的"广"大"无边",觉得自己修不了,也就不敢进修了,这是更不应该的。菩萨能通达生死如幻,才能长在生死中度众生,并非长在生死中堕落受苦。而且,无边资粮是无边的功德,还会嫌多吗?谁会听说财富多而怕计算的麻烦呢?对这些,如由于心性怯弱而有退屈心,应以上面的理论,多多训"练"自"心",让自心坚强起来,精进地荷担佛道,而"勿"使"退屈"才是。

不过,世间也有把成佛看得轻易的,以为修习微少功德,就会成佛。这或是从怯弱懈怠中来,或是不知天高地厚,如"初生犊儿不怕虎"一样。如自以为然,等到觉得不是这么一回事,也许要懊悔不及了!

怯弱下劣者,希求易行道。

虽然一切众生,毕竟成佛,但就现实的众生性来说,根机是种种不一的。在发心向道的众生中,有是适宜于菩萨行的,有与菩萨法是格格不相入的,也有想学菩萨而不敢修的。适宜于菩萨行的根性,佛当然"为说无上道"了。与菩萨心行格格不相入的,是鄙劣怯弱的根性,如《法华经》的穷子喻:穷子回到故乡,望到财富无量的长者,惊慌失措,吓得逃走都来不及。对于这类根机,不得不为说方便法门——声闻、缘觉乘法,渐渐地引摄化导他。想修菩萨行而不敢修的,知道羡慕佛果的究极圆满,但对于菩萨的广大心行,却不敢担当,精进修行。这也是怯弱众生,缺乏自信,生怕退堕小乘,或沉沦苦海。对于这类众生,二乘方便是不适用的,佛只有用特别的方便来化导了。这类"怯弱下劣"的根性,想成佛而不愿修学菩萨的大行难行,所以"希"望"求"一简单"易行"而又迅速的方便"道"。但这是不顺菩萨的菩提愿行的;因为求成佛道,是决无不修菩萨大行的道理。这如龙树菩萨《十住毗婆沙论·易行品》说:"问曰:是阿惟越致(不退转)菩萨,……行诸难行,久乃可得,或堕声闻、辟支佛地,若尔者,是大衰患!……若诸佛所说有易行道,疾得至阿惟越致地方便者,愿为说之!(龙树)答曰:如汝所说,是儜弱怯劣,无有大心,非是丈夫志干之言也!何以故?若人发愿欲求阿耨多罗三藐三菩提,未得阿惟越致,于其中间,应不惜身命,昼夜精进,如救头燃。"①

佛有胜方便,摄护于初心。

希求简易迅速的方便道,虽缺乏大丈夫(大丈夫即菩萨,提婆菩萨有《大丈夫论》)的志行,但"佛有"无量善巧,别说殊"胜方便","摄护"怯劣的"初"发"心"学人,使他不致退失信心,趣入大乘,这就是易行道法门了。这如龙树在《十住毗婆沙论》里,虽呵责了一番,仍摄受他说:"汝若必欲闻此方便,今当说之。佛法有无量门,如世间道有难有易:陆道步行则苦,水道乘船则乐。菩萨道亦如是:或有勤行精进(难行苦行),或有以信

---

① 《十住毗婆沙论》卷五(大正二六·四〇下——四一上)。

方便易行,疾至阿惟越致。"①易行道,就是以信愿而入佛法的一流。

易行道的真正意义是:一、易行道不但是念一佛,而是念十方佛,及"阿弥陀等佛,及诸大菩萨,称名一心念,亦得不退转"②。二、易行道除称佛菩萨名而外,"应忆念、礼拜,以偈称赞"③。三、易行道不单是称名、礼拜而已,如论说:"求阿惟越致地者,非但忆念、称名、礼敬而已。复应于诸佛所,忏悔、劝请、随喜、回向。"④所以,易行道就是修七支,及普贤的十大愿王。四、易行道为心性怯弱的初学说,重在摄护信心,龙树论如此说,马鸣论也说:"众生初学是法,欲求正信,其心怯弱……当知如来有胜方便,摄护信心。"⑤五、易行道的摄护信心,或是以信愿,修念佛等行而往生净土。到了净土,渐次修学,决定不退转于无上菩提,这如一般所说。或者是以易行道为方便,坚定信心,转入难行道,如说:"菩萨以忏悔、劝请、随喜、回向故,福力转增,心调柔软。于诸佛无量功德清净第一,凡夫所不信而能信受;及诸大菩萨清净大行希有难事,亦能信受。……愍伤诸众生,无此功德,……深生悲心。……以悲心故,为求随意使得安乐,则名慈心。若菩萨如是,深随慈悲心,断所有贪惜,为施勤精进。"⑥这就是从菩萨的易行方便道,引入菩萨的难行正常道了!

---

① 《十住毗婆沙论》卷五(大正二六·四一中)。
② 《十住毗婆沙论》卷五(大正二六·四二下)。
③ 《十住毗婆沙论》卷五(大正二六·四三下)。
④ 《十住毗婆沙论》卷五(大正二六·四五下)。
⑤ 《大乘起信论》(大正三二·五八三上)。
⑥ 《十住毗婆沙论》卷六(大正二六·四九中——下)。

于中殊胜者，往生极乐土，弥陀佛力持，不退于菩提。

　　以信愿而趣入佛道，是乐行的、他力的法门。如大乘经论所说，法门也是很多的，但其"中殊胜"的，为中国佛教界所特重的，不能不说是称念阿弥陀佛，"往生极乐"净"土"了。极乐世界，在西方十万亿国土以外；阿弥陀佛，现在那边说法教化。佛佛道同，功德愿力是不能说有优劣的，那到底弥陀净土有什么殊胜呢？在佛佛道同的平等一法界中，确也不碍差别而显出诸佛的特胜。在大乘经中，虽广说十方净土，称扬种种易行道，而确是多称扬赞叹弥陀净土的。阿弥陀佛所表显的特色，是因中立二十四大愿（或作四十八愿），以无边的悲智功德，现起极乐世界，肯定地宣说：不论什么人，只要信赖弥陀愿力，愿生极乐世界，称念阿弥陀佛，不问一日、二日，以及十念，做到了专诚虔敬，一心不乱，就能为"弥陀"的"佛力"所加"持"，死后往生极乐世界。在极乐世界中，物资非常丰富，所以没有所求不得苦。与诸上善人在一处，精勤佛道，所以没有怨憎聚会、恩爱别离的苦恼。莲花化生，在这生中，一定会悟得无生法忍，所以没有老病死苦。往生极乐净土的上品上生，当下就花开见佛，悟无生忍。其余中品、下品根机，虽还没有了生死，而可说生死已了，也就是必了无疑。虽还没有得不退转，但可说已得不退。总之，在极乐净土修学的，不论时间多长，一定要了生死，"不退于"无上"菩提"的。所以，如觉得自己心性怯弱，菩萨道难行，恐怕会堕落二乘，或者随业力而漂流，不能趣向佛道，那么称念阿弥陀佛，是最稳当的了！也就是最能摄护初心众生，不致退失信心的妙方便了。

　　称念阿弥陀佛，应该礼拜、赞叹、忏悔、劝请、随喜、回向。依

《净土论》的五门渐次成就来说,应从礼拜、赞叹,而进入止、观、回向,也就是渐成智慧、慈悲、方便。这所以能速得不退转于无上菩提,与龙树的论义一样,"求阿惟越致地者,非但忆念、称名、礼敬而已"①。

不舍现法乐,而向于菩提,药师大悲愿,东方现净土。

在易行道的净土中,释迦佛宣说弥陀佛的极乐净土以后,又说东方药师佛的净琉璃净土,这是适应另一类根性的。弥陀佛的极乐净土法门,是厌弃现实人间的。韦提希夫人,深感世事的痛苦,不愿再生此世界,所以佛为说极乐净土。弘扬弥陀净土法门的,也说:"不厌娑婆,不生极乐。"由于厌此人间,所以专重死后往生的。但有些适于易行道的根性,对于现实人间——如身体健康,家庭和乐,社会繁荣,国家富强,天下澄平,并没有厌弃的心情。为了摄护这一类"不舍现法乐"的初心学人,使他也能"向于菩提",所以释迦佛又开示药师佛的净土了。药师净土在东方,象征生长;弥陀净土在西方,象征归藏。中国佛教界,为了超荐死亡,就称念弥陀佛;为了消灾延寿,就称念药师佛,充分显出了后世乐与现法乐的差别。经上说:"药师"琉璃光王佛,在因地中,以"大悲愿",发十二大愿,目的在:开发知识,促进事业;救治身体残废,贫病无依;大家获得丰富的衣食康乐;不信邪外;不犯法受刑;男女平等;一切众生成佛。以这样的愿行,在"东方"世界,"现"起与极乐世界一样清净、一样庄严的净琉璃"净土"。以此净土法门,摄护信心,使众生能得人天增上益,往

---

① 《十住毗婆沙论》卷五(大正二六·四五上)。

生净土益,终于成就无上菩提。从前玉琳国师,见到了《药师经》,称叹为无上的方便。因为有厌离心的人太少了,与弥陀净土不相应。有了药师净土法门,那些不舍现法乐的没有厌离心的多数人,也有往生净土而成佛的可能。所以玉琳国师称叹药师净土为:"人间亦有扬州鹤,但泛如来功德船。"

胜解坚固力,欢喜休息力,能修于四力,精进不为难!

怯弱懈怠众生,不敢精进地直入大乘,所以以易行的方便道,信愿为方便,引入大乘的精进道。其实,如能得善巧方便,精进也并非难以成就。这应该修集四种力来助成精进。一、"胜解"力:胜解是深刻的信解。信解善恶业报的因果道理,及菩萨行的功德与违犯的过失。若能深刻信解,就会生起乐欲,要求远离一切恶,成就一切功德。从这样的胜解欲乐,就能引发精进而使之修行。所以说:"信为欲依,欲为勤依。"越是信解深彻,也就越能精进修行。二、"坚固力":在进修中,要有坚固力,这有二种意义。第一、有些人,随随便便,修这修那,无决心,无恒心,结果是养成恶习惯,什么都修不成。所以要审慎而行,可以不行,行就要行得彻底,有始有终,不能中途放弃,这才能养成意志的坚定。第二、进修时要尊重自己,强化自力。成佛大事,要自己力行,不能希望他力,所以说"解脱唯依于自修"[①](楞严会上阿难的失败,病根就在此)。要肯定自己是能修行的,能战胜烦恼的,坚决地负起菩萨大行的重担,非达到目的不止。三、"欢喜"力:在修学的过程中,法喜充满,如尝到美味而没有厌足心。

---

① 《菩提道次第广论》卷一二(三七页下)。

越是进修,越是有兴趣,这才能精进修行,愈入愈深。四、"休息力":如身心感到疲劳了,应该休息一下,否则会引起厌倦心而障道的。或某一功德修成了,虽略略休息,也意不满足。如这样"能修于四力",那就如泉源长流,"精进"不息,而"不"太"为难"了!

三乘诸胜德,悉由定慧生。

以下先总说禅那及般若二度。

禅那,意译为静虑,一般称为禅定;为定的一名。般若,意译为慧,一般称为智慧。定与慧,在修习成就的(声闻)菩萨行中,是相应不离的,称为"止观双修"、"定慧均等"。也就因此,声闻及菩萨法中,每以禅及三摩地等定,来称那与慧相应的禅定。声闻法中,如空三摩地、胜义禅等;大乘如首楞严三摩地、如来禅等。但从下手学习,及定慧的特殊性能来说,定与慧是有分别的。所以声闻法的三增上学,心增上学以外,有慧增上学;大乘法的六波罗蜜多,禅波罗蜜多以外,有般若波罗蜜多。从修习来说,多称之为止观,止与观也是不同的。大乘的修学者,必须肯定定与慧的特性,否则就会以禅为慧,以修得四禅为证四果,得定德而以为得慧成佛了。其次,定与慧,不但为大乘行果的心髓,也是声闻行果的要目。菩萨的修行,虽重在菩提愿、大悲心、回向等功德,但如没有定慧,这一切都是不能成就的。所以《解深密经》说:"若诸声闻,若诸菩萨,若诸如来,所有世间及出世间所有善法,应知皆是此奢摩他及毗钵舍那(止、观)所得之果。"[1]

---

[1] 《菩提道次第广论》卷一四引经(四九上)。

止与观,是定慧所摄的,从修习方便得名。对于定、慧——止、观的尊重修习,为修学大乘行的要着。所以称赞说:"三乘诸"殊"胜"功"德","悉由定、慧"所"生"!

修习止观者,应先修习止;止成观乃成,次第法如是。

说到定、慧的修习,就是止、观的修习。什么是止、是观?什么是定、是慧?慧是以"简择为性"的。梵语毗钵舍那,意译为观,经说观是"正思择,最极思择,周遍寻思,周遍伺察"①。所以,慧是以观察抉择为特性的。有人以为明了就是观慧,这是不合经义的。梵语奢摩他,意译为止,经说止是"心一境性";"内心相续"②。定是"平等持心"的意思,所以止是安心一境而不散动的。止与观不同,若"修习止观",就"应"该"先修习止"。这不是说:把定修好了,再来修习观慧。事实上,止与观有互相助成的作用。在没有修止成就以前,也是有散心观察慧的。那怎么说先修止呢?在止与观的修习过程中,一定先修"止成"就;止成就了,然后才能修"观""成"就,如定心不成就,那观慧也是不会成就的。依这个意思,所以说先修止。经中说到止观、定慧、禅慧,也总是先定而后慧的。这是修习的必然"次第",不管你横说竖说,头头是道,如真的修习止观,那"法"定有"如是"次第的。这样,现在就先说止,就是禅度的修习。

依住堪能性,能成所作事。

为什么要修止而得禅定?因修止而能得定,就能成办种种

---

① 《解深密经》卷三(大正一六·六九八上)。
② 《解深密经》卷三(大正一六·六九八中、上)。

有义利的事业。所以说："制心一处,无事不办。"①修止而得住心时,身心引发轻安,身心都轻快舒适,而有行善离恶的力量。众生一向在散乱心中,对欲境的抗拒力,烦恼的制伏力,善事的进修力,都非常薄弱,总觉得有心无力,如逆水行舟那样的艰难。身体也如此,身体健康的,也时有烦劳不堪的感觉。如久病一样,身心都滞重迟缓,软弱无力。如修止而能住正定,"依住"心而发生"堪能性",就是从身轻安而生身精进,从心轻安而生心精进;过去无能不堪的情形,全部改观。依止这样的堪能性,就"能"勇于进修,作"成所"要"作"的"事"业。什么是要作的事?声闻人,依定才能得现法乐住,得殊胜知见(天眼),得分别慧,得漏尽解脱。大乘行人,依定才能引发身心轻安,引发神通等功德;能深入胜义,更能作饶益众生的种种事业。总之,佛法的殊胜功德,都是离不了定的,所以应专心修习禅定。

由灭五过失,勤修八断行。

"依慈住净戒",为修定所不可缺的资粮;调身、调息等,略如五乘共法中说。要怎样用心修习,才能引生正定?这要"由灭五"种的"过失"而成就。五过失是:懈怠,忘圣言,惛沉掉举,不作行,作行。怎能灭除这五失呢?这要"勤修八"种"断行"。八断行是:信、欲、勤、安、念、知、思、舍。修八断行,灭五过失,自能成就定心了。如破除了障碍,才能平安地到达目的地一样。五过失与八断行,以下会分别解说。现在总列一表如下:

---

① 《佛垂般涅槃略说教诫经》(大正一二・一一一一上)。

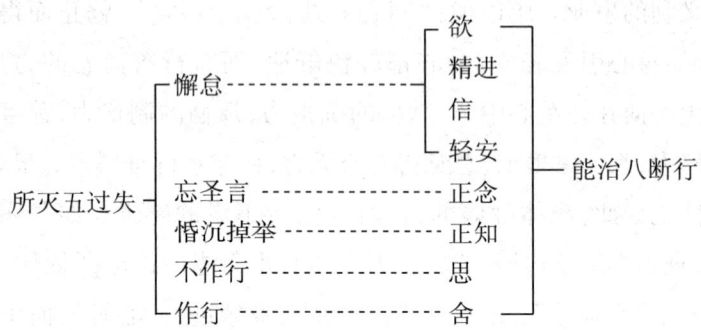

懈怠为定障,信勤等对治。

　　禅定,是修所成的胜德,要有信心,有耐心,不断地学习,才能成就。所以从初学到学习成就,"懈怠为"习"定"的大"障"碍,非修"信勤等对治"行不可。懈怠,是对善事缺乏勇气,敷衍,泄沓,为障精进的烦恼。要灭除懈怠,非精进不可。但定的修习精进,要从对于禅定的希求愿欲而来。如一心想成就禅定功德,非得不可,自然就乐意修习而不疲懈了。但这要从信心中来:深信禅定的功德,深信定是可以修习而成的,更信自己能切实修学,一定能成就。有了这样的信念,自然"信为欲依,欲为勤依",而勤修不懈怠了。在禅定的信心中,第一要深信定境的轻安自在,身心勇锐,使自己的身心进入一新的境地。如于定的轻安而能深信,实为引发精进的要着。修信、欲、勤、安——四种断行,灭除懈怠过失,实是贯彻于修定的始终过程;而在开始修习时,这是应特别重视的学程。

正念曾习缘,令心不余散,明记不忘念,安住而明显。

　　在修止时,主要是使心在同一境相上安定下来。使心系住一境的,是"正念"的力量。正念如绳索一样,使心系在一境上,不致流散开去。念什么境呢?是"曾习缘"。缘是所缘境;曾习缘是曾经惯习了的境相。如修念佛的,先要审视观察佛相;修习时忆念佛相,使佛相在心上现起来。如修不净念的,就要先取青淤、脓烂等不净相。念,就是曾习境的忆念;修念才能成定,所以定是不能以幻想而修习成就的。有了正念,就能对治"忘圣言"的过失。圣言是圣者所开示的法义,作为修止的所缘,念念不忘于所缘,就能"令心不"向"余"处驰"散",心就渐渐安定了。

众生的心,明了时就散乱了;心一静就昏昧了,睡着了。昏昧而不明了的,是无力的;明了而散乱的心,如风中的烛光一样,动摇不定,也是没有大用的。所以修止成定的主要目标,是心力增强,能做常人所不能做的大事。这就要修习这个心,明显而又安住,安住而又明显。怎样才会安住又明显呢?这要以正念为主,正知为助来修习,此心能"明"白地"记"忆所缘,"不"致于"忘念";忘念是障于正念的,使心忘失所缘的。修习时,如心以正念力,能安住所缘,不向余境流散,就让它安住而相续下去。但安住而要求明显,就要以正知来时时关照,确知住在所缘境。如念佛的,不但要心住佛相,而且要明了佛相,佛相渐渐地明显现前。这样的"安住而"又"明显"——明与静,为修止学程中的重要内容。切勿以为专心一境就得了,落入无记昏昧中去。

有以为我是不取相而修的,是无分别的,不用系心一境,也还是有修有证的。这当然是有些误会了!即使是不著相,无分别,也还是对此有一解了,然后专心向着修去。这还不是系念所缘吗?如什么都不想(初学是无此可能的),幽灵似的茫无着落,那能成什么呢?例如中国的禅者,提起一句:"念佛的是谁?""拖死尸的是谁?"虽然由此激起疑情,方便小小不同,但由此使心打成一片,拨落无边妄念,这还不算系念于一吗?

圣说是所缘,能净惑障者,或顺于正理,能向于出离。

到底应住心于什么所缘,才能修习成定呢?"圣"者"说:是所缘"是没有一定的。没有一定,这不是说什么都可以,而是说,在可为念境的种种缘中,没有一定而已。瑜伽师说有四种所缘:周遍所缘,净行所缘,善巧所缘,净惑所缘。总之,圣教中所说的种种所缘,一定是合于二大原则的:一、是"能净"治"惑障"的;二、是契"顺于正理"的。凡缘此而修习住心,就能使烦恼渐伏,或者断而不起,这才能引生正定;定是离(烦恼)欲而修得的。这或是共世间的,或是出世的,"能向于出离"道的断惑证真,这才是值得缘以为境的。如缘荒谬悖理的,反增烦恼的,如缘淫欲,缘怨敌,或是缘土块木石无意义物,那不发狂成病,就算万幸,不要说得定了!对治烦恼而渐伏的,如不净治贪欲,慈悲治嗔恚,缘起治愚痴,界治我执,持息治寻思散乱。这是随烦恼的增强,而施以不同的对治法门。顺于正理的,如以蕴、界、处、缘起、处非处——五种善巧为缘;这五者都是契顺于正理而能灭除愚痴的。出世断惑的总相所缘,是一切法无我,一切法性空。这些所缘,都是通于止观的。如系心于这些所缘,持心令住,不使流散,不加观察,这就被称为"无分别影像",而是奢摩他——止的所缘了!

大乘多修习,念佛与念息。

可作为修止的所缘境,虽然很多,声闻法是多修不净与持息念的;因为这是对治贪欲及散乱,而最易发定的。但"大乘"佛教界,"多修习"的是"念佛与念息"。念息,多少有着重身体的倾向。大乘以成佛为标的,所以念佛为大乘要门。如易行道的称名念佛,若得一心不乱,也就是念佛三昧。不过念佛法门的重点,是念佛的身相与功德,旧称观相与观想念佛。如依此而念佛由心起,念佛如实相,那就是实相念佛,趣入出世的胜义禅观了。浅一些,念佛有忏业障、集善根的功能;深一些,就缘相成定,更进而趣入证悟。念佛法门,是由浅入深,贯彻一切。所以在大乘五净行中,早就有以念佛来替代界分别了。念佛,还念菩萨,如文殊、观音、普贤等菩萨,并可依相摄心而修习。进一步,金刚、夜叉,是佛菩萨的化现,所以也可依以修习。但这就成为修天了,因为佛再不是解脱相、慈和相,而化为忿怒相、贪欲相。到此,佛与天几乎合一。不过大乘并非天乘,修止并非修观。所以尽管也称为念佛,但到底重定而流入天乘,还是化天乘行而入佛乘,那就要看有否依大乘的特质——三心相应而修了。

念佛由意念,真佛非像佛;观相而持心,善识于方便。

系"念佛"为所缘而修习时,应知这是"由意念"的。一般散心的称名念佛,也还要重在意念,何况缘佛相而修止?在起初,审取佛的相好而修,切勿因为佛相的不易现起,现起而不易坚定,就置佛像在前,望着佛像而修习。修止成定,是定中意识,不是属于五识的。所以如眼识取色相而修,就是心"由外门转",这是怎么也不会入定的。要知系念所缘相,是向内摄心的,是由意识所安立的影像,所以止观的所缘相,也叫做"影像"。凡是修止的,都是意识所安立的影像相而使他安住,不但念佛是这样的。有些修止的,略得安定,前五识相续等流,没有随念及计度分别,就以为无分别定,极为可笑!还有,初学时从石刻的,或木雕的、纸绘的佛像,取相明了,然后再缘此摄心而修习。但在修时,应觉得所念的是"真佛",并"非"木石等"佛像"。这才能修习成就时,佛现前住,放光说法等。如作为佛像而修,就失去这些功德了。总之,"观"佛"相"为境"而持心"令住,应该知道的方便是很多的,所以说"善识于方便"。例如初取佛相而修习时,不必过求细微,能略现佛相大体就得。等到佛相现前,渐渐坚定,如某部分特别明显,就不妨缘此而修。如破竹,能破了初节,余节就可迎刃而解。观佛相等也一样,如粗相安住明显了,再观细相;心力愈强,就是《华严经》等所说的佛相,也都有修习成就的可能。所以起初必须专一,切勿念此念彼,或急求明显,急求细微,反而成为定障。又如佛相是意识现起的影像,随心力而成,所以必须是因果相应的。如缘阿弥陀佛相而释迦佛现前,缘佛相而菩萨相现,缘立佛而坐佛相现;修的与现起的不一致,都是不相应。切不可跟着现起的境相而住,应该仍依起初修习的所缘相而摄心。

念息数随止,非风非喘气。

以"念息"为方便而修止,也是容易得力的法门。一呼一吸,叫做一息。息是依缘身心而转的,对身心的粗动或安定,有密切关系,所以安定身心的定学,对修息极为重视。修息的有六门:数、随、止、观、还、净;但后三者,是依止起观的观法。一、"数"息:以息为所缘,吸入时,以心引息而下达于脐下;呼出时,心又随息而上,自鼻中呼出。这样的一呼一吸为一息,数入息的不再数出息,数出息的不再数入息。一息一息地默数下去,到十数为止,再从一数起。数息,如念佛的捏念珠一样,使心在息——所缘上转,不致于忘失。初学的如中间忘记了,那就从一数起,以做到一息一息的不加功力,忆念分明为限。二、"随"息:久久心静了,不再会忘失,就不必再数,只要心随于息,心息相依,随息而上下,觉息遍身等。这样,连记数的散乱,也离去了。三、"止"息:久久修息渐成,心与息,如形影的不离。忽而心息不动,身心泯然入定,也就是修止成就。凡修息的,以细长为妙,但初学不可勉强,以免伤气。又息须均匀,切勿忽长忽短。佛法的持息,本意在摄心入定,所以不可在身体上着想。修习久了,如小腹充满、发热,或吸气时直达到足跟趾端,或觉脐下气息下达,由尾闾而沿脊髓上升,或气过时,幻觉有光色、音声等——这都是气息通畅,生理上的自然现象。切勿惊奇夸眩,落入气功及丹道的外道窠臼!又修息以微密匀长为准,所以"非风"相:息出入时,如风的鼓荡一样,出入有声,那是太粗而要不得的。也"非喘"相:这虽然出入无声,但不通利(艰涩),如刀刮竹一样,一顿一顿的有形可见。也非"气"相:虽然通利了,但口鼻仍有气入的感觉。离此风相、喘相、气相,微密匀长,古人形容为"悠悠扬扬","若存若亡",才合于息相的标准。

觉了沉与掉,正知不散乱。

以正念摄心,达到了安住所缘的阶段,那就要以正知来灭除"惛沉与掉举"的过失了。掉举是贪分,是染著可爱境,心不自在,引起心的外散。惛沉是痴分,是身心沉重,引起摄心所缘的力量低弱，不大明显。初修时，妄想纷飞，或者惛沉暗昧，与修止全不相应的重大过失，容易觉知，不是这里所说的。这里所要说的是：念既安住所缘了，应"觉了"微细的惛"沉与掉"举。如不能觉了，或误以为定力安稳，那就会停滞而不再进步；日子一久，反而会退落下来。这是非常重要的！如在修习中，觉得影像不安定，不明显，或觉得心力低弱，不能猛进，这就是微细沉、掉存在的明证。这只要正念安住，相续忆念，绵密地照顾，就能生起"正知"，知道沉、掉已生起了，或要起来了，能使心"不"向"散乱"流去。

为断而作行，切勿随彼转。

觉了到微细的惛沉与掉举，假使由他去，或因沉、掉过失的深重，不容易遣除，就不设法对治。这种"不作行"的过失，要以思来对治它，才能达到灭除沉、掉的目的。思，是推动心心所而使有所作为的，所以这就是"为"了"断"除沉、掉，"而"以思来"作行"；"切勿随彼"沉、掉等流或增长下去。要怎样的作行呢？如沉、掉不太严重的，那么沉相现前，就举心而使它明了有力；或修观察。如掉相现前，那就下心而使它舒缓；或专修安住。所以在修止的过程中，举心或下心，止修或观修，有随心的情况而应用，以达平衡中正的必要。这如骑马的，马向左就拉它向右，马向右就拉它向左，总以使马向中驰去为标准。但沉、掉严重的，不容易遣除，就应该修特别的对治。如沉没重的，修光明想，或修菩提心等可欣喜的功德相。如掉举重的，应修无常等可厌患相。等沉、掉息去，再依本来所修的，安住所缘而进修。

灭时正直行,断于功行失。

如修习到沉掉息"灭"了,心就能平等正直。那"时",就应该不太努力,让心平等"正直"而"行"就得了,这叫做舍。舍时不加功用,让心在平等正直的情况下自由进行,这就能"断于功行"的过"失"。这如骑马的,如马不偏向左,不偏向右,就应放宽缰绳,让它蓦直地向前去。这时候,如依旧把马缰拉得紧紧的,马反会因不适意而走向两边去。修止的也如此,如心已平等安住,还是为了防护沉、掉而"作行",结果反而使心散乱了。所以到这阶段,应修舍,舒缓功用。这是第八断行的舍,能灭第五过失的作行。能这样,心就快要得定了!

内住亦续住,安住复近住,调顺及寂静,次最极寂静,专注于一趣,等持无作行:圣说止方便,不越九住心。

从初学的摄心,到成就正定,有九住心,也就是住心的修习过程,可分为九个阶段。一、"内住":一般人,一向是心向外散;儒者称为放心,如鸡犬的放失而不知归家一样。修止,就是要收摄此外散的心,使心住到内心所缘上来,不让它向外跑。二、"续住":起初摄心时,心是粗动不息的,如恶马的腾跃一样,不肯就范。修习久了,动心也多少息下来了,才能心住内境,相续而住,不再流散了。三、"安住":虽说相续而住,但还不是没有失念而流散的时候。但修习到这,能做到妄念一起,心一外散,就立即觉了,摄心还住于所缘中。到这阶段,心才可说安定了。四、"近住":这是功夫更进了!已能做到不起妄念,不向外散失。因为妄念将起,就能预先觉了,先为制伏。这样,心能安定住于所缘,不会远散出去,所以叫近住。五、"调顺":色、声、香、味、触——五欲,贪、瞋、痴——三毒,加男、女为——十相,这是能使心流散的。现在心已安住了,深知定的功德,也就能了知"欲"的过失。所以以静制欲,内心柔和调顺,不会因这些相的诱惑而散乱。六、"寂静":十相是重于外境的诱惑,还有内心发出的"不善"法,如不正寻思——国土寻思、亲里寻思、不死寻思、欲寻思、恚寻思、害寻思等。五盖——贪欲、瞋恚、惛沉睡眠、掉举恶作、疑。对这些,也能以内心的安定功德而克制它,免受它的扰乱。到这,内心是寂静了。寂静,如中夜的寂无声息一样,并非是涅槃的寂静。七、"最极寂静":上面的寂静,还是以静而制伏寻思等烦恼,还不是没有现起。现在能进步到:寻思等一起,就立即除遣,立刻除灭。前四住心,是安住所缘的过程。但修止成定,主要是为了离欲恶不善法,所以定力一强,从五到七,就是降伏烦恼的过程。必静而又净,这才趣向正定了。八、"专注一趣":心已安住,不受内外不良因素所动乱,临到了平等正直持心的阶段。就此努力使心能专注于同一,能不断地、任运地(自然而然地)相续而住。九、"等持":这是专注一趣的更进步,功夫纯熟,不要再加功用,"无作行"而任运自在地、无散乱地相续而住。修习止而到达这一阶段,就是要得定了。

　　修定的方法不一;到达的时间,也因人而不同。住心的教授,也说有种种,如八断行等都是。但从最初摄心,到成就正定,叙述这一完整的学程,依"圣"者所"说":修"止"的"方便"过程,"不"会超"越九住心"的,也就是不外乎九住心的法门。所以修习止,应依此修习,而认识自己的进程到了什么阶段,以免增上慢而贻误了自己。

若得轻安乐,是名止成就。

在修止过程中,早就有些轻快舒悦的身心感觉,而也一定有热触、动触等发现。但一直到第九住心,能无分别、无功用地任运,还只是类似于定,不能说已成就定。这一定要,"若得"生起身心的"轻安乐",引发身心精进,于所缘能自在,有堪能,这才"名"为"止成就",也就是得到第一阶段的"未到地定"。发定时,起初顶上有重触现起,但非常舒适,接着引发身心轻安:由心轻安起身轻安。这是极猛烈的,乐遍身体的每一部分,彻骨彻髓。当时内心大为震动,被形容为"身心踊跃"。等到冲动性过去,就有微妙的轻安乐,与身相应;内心依旧无功用、无分别地坚固安住所缘,这才名为得定。从此出定以后,在行、住、坐、卧中,都有轻安及定的余势随逐,好像常在定中一样。如再修止入定,持心不散,一下子就能入定,生起身心轻安,而且能不断增胜起来。

明显无分别,及妙轻安乐,是道内外共,由观成差别。

成就定的,能得由定所发的殊胜功德。通遍的定德,有三:一、"明显";二、"无分别";三、"及"微"妙轻安乐"。明显是:心极明净,所缘于心中现,也极为明显,如万里无云,空中的明月一样。无分别是:心安住而自然任运,了了分明,不曾有什么作意的功用。所以当时的心境,澄净得如波平浪静的大海一样。真可说惺惺寂寂,寂寂惺惺了!而在这样的定境中,又有微妙的身心轻安,因而离恶行善非常有力,又极其自然,不像平时的逆水行舟那样。于欲境自然不起染著,大有染著不了的情况。最低阶段的定境,就是那样的深妙!

然而,这样深妙的定,在世出世道中,大小乘道中,还"是""内外共"的,还只是共世间的定,也是凡夫所可以修得的。有些偏好禅修的,不读不诵三藏教典,以为这只是增长知解,于修持没有多大用处。在这种远离显了教典,专心修习,凭自己的一些修持经验,就以为了不得。由于这是离欲的,所以觉得自己不起烦恼(欲界的),就以为断烦恼而不为烦恼所染了。由于任运的无功用无分别心,就以为无分别智的证悟了。由于起定而定的余力相随,就以为动静一如,常在定中了。看作解脱的有(如说修得四禅,以为得了四果),看作成佛的也有,不知这还是共世间定的初步呢!其实,有这样修验的人,也并不太多。有些还在修止过程中,有些身心特殊经验,就狂妄得不知自己真面目!修禅而不修观慧,以为禅那就是般若,这是永不能深入出世法中,真是可悲愍的!

这还是共世间的定道初阶,要"由观"慧而"成"为"差别":这是世间的,出世间的;小乘的,还是大乘的。这是说,得此未到地定后,如修欣上厌下的六行观,就次第上升,而成世间的色无色定。如以无常为观门,渐入无我我所观,才是声闻乘的定。如依此,观法性空不生不灭,与大乘般若相应,就成大乘禅定。所以但修禅定,不修观慧,是不能解脱生死的,更不要说成佛了!

如修此定,与无所得慧相应,就是三轮体空的禅波罗蜜多。

般若波罗蜜,最尊最第一! 解脱之所依,诸佛所从出。

以下,说般若波罗蜜多。

"般若波罗蜜"多,在一切无漏功德中,要算是"最尊"贵、"最第一"了!经中以无边赞叹来赞叹它。到底什么意义,值得这样的尊敬呢?佛法的无边功德,各有特胜,都可以有值得被尊重的价值。但般若却有一特殊的意义值得尊重,这就是佛法的根本。般若是凡夫与圣者、世法与出世法的差别所在。所以一切无漏功德,一切三乘圣者,都依般若而有。如经中说:"欲学声闻地,亦当应闻般若波罗蜜。……欲学辟支佛地,亦当应闻般若波罗蜜。……欲学菩萨地,亦当应闻般若波罗蜜。"①总之,没有般若,就没有出世圣者,没有无漏功德。所以佛法超胜于世间法的特质,也就唯是般若了!

般若是出世圣法的根本依处,所以是三乘"解脱"的"所依"处,三乘圣者都是依般若而解脱生死的。一切"诸佛所从"而"出"生的,也是般若,所以《般若经》称般若为"佛母"。如经中说:"般若波罗蜜能生诸佛。"②"智度菩萨母,方便以为父。"③这样,般若为二乘圣者的生母,又是佛菩萨的生母,那般若到底是小乘法,大乘法呢?约般若的广义说,也就是专约能生圣法说:般若是三乘共学的法门。依般若证入空性来说,声闻如毛孔空,菩萨如太虚空④,并非质的不同。三兽渡河,唯香象才能彻底("唯佛与佛,乃能究竟诸法实相");浅深不同,而同样地契入法性流中。约这个意思说:三乘的观慧,可以有方便浅深不同,而

---

① 《摩诃般若波罗蜜经》卷三(大正八·二三四上)。
② 《摩诃般若波罗蜜经》卷一四(大正八·三二三中)。
③ 《维摩诘所说经》卷中(大正一四·五四九下)。
④ 《大智度论》卷七九(大正二五·六一八下)。

根本特质是不许差别的。然约般若的深义说,如与国王和合而生王子,"母以子贵",也就与生育常人不同。依此,般若是与菩提心相应,大悲为上首的般若;是五度所庄严的般若;是能摄导一切功德而趣向佛道的般若。这样,"般若……但属菩萨"①;"能生诸佛"。般若现证法性空,不但不会如二乘那样的趣入空寂,反而是方便善巧,成为一切功德的摄导者,成为一切波罗蜜多的总相。不论约哪一方面说,般若决定是出世圣法的特质,非布施、禅定等所及,而为了生死与成佛的必修法门!

现证由修得,修复由思闻;善友及多闻,实为慧所依。

般若,有胜义般若、世俗般若。真实的般若,是由修习所得的"现证"般若——亲切体证的般若。如说:"般若定(契合而如如不动的意思)实相,甚深极重,智慧轻薄,是故不能称。"②要知道,般若本是世间固有的名词,是以简择为性的理智。但现证实相的般若,为世间所从来没有的,当然也就不是世间固有名词所可以称呼的,这要叫做什么好呢?佛有善巧,使众生依着世间固有的慧性,使他向高深处进展,进展到超越世间理智的——现证实相。这是依简择的慧性所引发来的,所以虽不是世间固有的慧,也就叫做般若了。其实修持而得的真般若,决非世间理智所可比的。佛法的现证,不是脱空而来的,有方便,有因缘,那就是离不了闻、思、修三慧。现证慧,"由修"所成慧进修而"得"的。修所成慧,是与定相应的观慧。"修"也不是盲目的修习,又要

---

① 《大智度论》卷四三(大正二五·三七一上)。
② 《大智度论》卷七〇(大正二五·五五二上)。

"由思"所成慧,对法义作深刻的思惟抉择,才可以作为观察的所缘。思慧,又要从"闻"所成慧得来。闻是"若从佛闻,若从弟子闻,若从经中闻"①。闻、思、修三慧的详细叙述,就是十法行:"一、书写;二、供养;三、施他;四、若他诵读,专心谛听;五、自披读;六、受持;七、正为他开演文义;八、讽诵;九、思惟;十、修习。"②佛法都要依佛菩萨的开示而修习,也就是三慧的修学过程;特别是般若,非从闻、思、修入手不可!综合起来,这就是平常所说的三种般若:现证慧是实相般若,是胜义般若。修、思慧是观照般若。思、闻慧是文字般若(思慧是依文的,也可不依文的)。闻、思、修是世俗般若,因为可为胜义般若的因缘,因中说果,也就假名为般若了。修学般若,所以般若经论,为闻、思对象,也是必要的资粮了。修学般若的初方便,是闻、思,所以亲近"善友,及多闻"熏习,是必要而不可缺的,"实为"修学"慧所依"止的。

这有二点应注意:一、多闻,并非广识名相而已。依声闻法,闻无常无我是多闻,所以说:"若人生百岁,不解生灭法,不如生一日,而得解了之。"③大乘法中,多闻是闻空性不生不灭,如《楞伽经》等说。所以能通达实义的,才是多闻的善知识。二、在十法行中,闻只是听闻、读诵、解说等,也就是依文达义。所以如以闻慧为对于修习般若无用,是不合佛法的,是会漂流于三藏教典以外的。但是,这虽是必要的,但还是初步的,还要依此而向思、

---

① 《大智度论》卷一八(大正二五·一九六上)。
② 《辨中边论》卷下(大正三一·四七四中)。
③ 《付法藏因缘传》卷二(大正五〇·三〇二下)。

修前进!

般若本无二,随机行有别;般若诸经论,于此最亲切。

　　佛所开示的般若学,是依缘起法而显胜义法性的法门。这样的闻、思,又这样的修观,以到达现证。从"般若"的内容——体证的内容来说,"本"来是"无二"无别的。一切菩萨所分证的,十方诸佛所圆证的,平等平等。所以说:"与十方诸佛同一鼻孔出气。"那么,在教义的开示与观慧的修习方面,也是本无二致了。但是不然,因为众生的根性好乐是不相同的。如来"随机"说法,不能没有适应的方便,说明就有些不一致。就是如来所开示的同一教典,由于学者的思想方式不完全相同,理解法义而作为观慧的所缘,也就不能全同;就是修"行"的次第先后,也会"有"多少差"别"。这样的师资授受,成为学派,彼此的不同越发显露出来。总之,根性不同,所以佛法有随机异说、同闻异解、经同论异等现象。

　　现在要开示般若波罗蜜多,依据什么呢?中国的祖师们,也有独到的行解,但总不及印度菩萨的教授;因为对于佛法,印度学者到底减少一层文字上的距离。印度的大乘学,也有好多学派。龙树、提婆菩萨所传的中观宗;无著、世亲菩萨所传的瑜伽宗,可说是二大派。这其中,龙树菩萨阐扬一切法性空的观慧,比较直接简要些,因为这是直依般若经系而作论的。如龙树的《大智度论》,就是《般若经》的广释。龙树的《中论》、《七十空性论》、《六十如理论》、《十二门论》、《回诤论》、《宝鬘论》等,以及提婆的《百论》,公认为依《般若经》而作论,以发挥一切法空的法门。所以"般若"系的"诸经",及龙树学系宗依般若的诸

"论","于此"般若学的解行来说,可说是"最亲切"不过的！现在就依此来叙述；到末了,再附说大乘三系的特点,与怎样的融贯。

诸佛依二谛,为众生说法：依俗得真谛,依真得解脱。

"诸佛"的教化,是"依二谛"而"为众生说法"的。二谛是：世俗谛,胜义谛；也简称俗谛,真谛。这二谛法门,为般若正观的要门。佛为什么说二谛？众生自身——身、心,与众生相对的世间万有,都叫做法。在众生的心境上,物质是真实的物质,精神是真实的精神。每一法——物理的、生理的、心理的,都有必然的因果关系,所以能从中发见制御物质、修治身心、齐家治国的法则。这是看来确实如此的,一致公认；这一常识的世界,就叫做俗谛的。俗谛中,也有深隐的,浅显的,如木石等物质,是人人可见的；原子、电子,是经科学仪器才能发见的。如现生,是人人知道的；前生与来生,要有天眼才能明见的。虽有浅深不等,但都是庸常心识的知识。如佛说三界、六道、五蕴、六处、烦恼、业、苦等,也都是世俗谛的说明。

众生一向在俗谛心境中,现现实实,无可怀疑,也无可逃避。但这现实的,公认的,就是究竟的真相吗？不是的。在知识的进展中,发见了过去千真万实的,并不就是如此。如不可析不可入的原子,现在知道是电子集成的现象了。如青、黄等颜色,现在知道是光波的不同了。在佛的正觉中,知道众生所经验的,世间的真实,是浮虚不实的（所以叫世俗）；是由种种因缘而现为如此,并非一一法是真实有的。这可见,人人以为确实如此的认识,并不能体见世间的真相；反而显出了人人有愚蒙的障碍,非破除这迷谬的错误——透出常识的见地,不能明见世间的真相。这一理解,是佛法所共同的。所以佛法的修学,就是要从现实世间(俗谛)的正观中,发见其错误,不实在,去妄显真,深入到世间真相的体现。这究竟真相,名为胜义谛,因为是特殊体验的境地,而是圣者所公认的。般若,般若的修习,就是达成:依俗谛而见真谛,由虚妄而见真实,从凡入圣的法门。

说真谛,切勿幻想为离现实世间的另一东西。佛说二谛,指出了世俗共知的现实以外,还有圣者共证的真相。但这是一切法的本相,并非离现实世间而存在,所以非"依俗"谛,是不能"得真谛"的,这就是"即相显性"。为什么要这样的修学?因为众生——人类不能通达世间的真相,就不能与真理相应。因此起心动念,见于行动、语言,都不能契合真理。众生界——人类如个人、家庭、社会、国家,一切的纷乱苦难,都只是不与真理相应的悖理现象。个人的所以从前生到今生,今生去后世,流转生死而苦苦永续,也就是不与真理相应,无明妄执,错乱颠倒的成果。所以佛说二谛,教人修学依俗而得真的般若;得般若,就能"依真"谛的体见,豁破无明妄执,与胜义相应,也就能"得解脱",更进而成佛了!

世俗假施设,名言识所识。名假受法假,正倒善分别。

众生惯习的常识心境,似乎是实在的,所以隐蔽了真相。如能依此而了达为"世俗"的,"假"名"施设"的,就有向真实的可能了。这所以是世俗的,因为它是假施设的,假施设或译为"假名"。这不是说没有,也不是指冬瓜话葫芦地乱说一通。这是说:我们所认识到的,是依种种因缘、种种关系而成立的。这不是实体的,所以是假;依因缘而成为这,成为那,所以叫施设。假而施设为这为那,就叫做假名,假名就是常识中的一切。约认识的心来说,这是"名言识所识"知的。当一个印象、概念,显现在我们的心境时,就明了区别而觉得:这是什么,那是什么,与我们的语言称说对象相同,所以叫名言识,就是一般世俗的认识。如大人,是善了名言的;认识分明,又能说得清楚。如婴孩、畜生,只要他有认识,虽不及大人分明,也还是觉到这是什么的;虽不能说什么,却能知道这是什么。当然,知道的并不太多,错误的也多。我们的根识——眼识、耳识、鼻识、舌识、身识,还有意识,都是这样的认识。这都是依惯习的心境而来;世间以为如此,就以为如此的。在这不寻求真相的世俗共认的基本知识上,发展为世间的一切知识。如一一地寻求究竟相,那世俗知识就不能成立了。

世俗假施设的,也有易了与不易了的差别,可分为三类:一、"名假";二、"受"假;三、"法假"。名假是浅显而易了的。如想到人,说到人,有以为就是那个人,名与义合一,不知道这是名义相应假施设。如不称他做人,不想他做人,他还是他,并不因不想不说而没有了。可见名与义是不一定相应的;知道这,就破除以名为实的执著。受假,玄奘译作取假。如那个人,这个屋,这些复合物,当认识时,总以为:这虽不一定叫做什么,但那个、这个,到底是实在的。不知道这是假施设的。如人,通俗地说,四肢、百骸、五脏、六腑等所和集而成;如屋,是木、石、土、金、人工等和合而成。如分析起来,离了这些因素,就没有这个、那个的实在体了(但不是没有假施设的这个那个)。为什么叫受假?

因为这是种种因缘摄取而成的一合相。知道了这,就破除以复合物为单元,如从前以原子为实体等执著。法假,是分析到不失自性的,也就是人生宇宙的基本因素,如现在所知的电子等。但这还是假施设的,因为它还是可变化的。在现实时、空中,成为那个特有的因素,如电子,不能说不是关系所决定的。离了因缘,它并不能自己如此,所以也是假施设的。这是最难破除的,为众生执实的最后据点。般若的正观,就是以般若观,"先破坏名字波罗聂提(假的梵语)到受波罗聂提,次破受波罗聂提到法波罗聂提,破法波罗聂提到实相中"①。三假应善巧学习,勿以为一切是假施设,而不再辨别一切了。

在世俗的假施设中,又有"正"与"倒"二类,也是应该"善"巧"分别"的。如白天,与人相见,说话做事,是一类;梦中与人相见,说话做事,又是一类。白天的人事活动,是现实时空中的事实,是别人所可以证知为实在的。世俗法中,这是被认为实在的,名为正世俗。但梦境,只是个人的梦境;在世俗法中,也可知是虚妄不实的。这类倒世俗,有是境相的惑乱,如插笔入玻璃水杯中,见笔是曲折的。如眼有眚翳,见到空花乱坠,这是根的惑乱。如心有成见的,所有错误的见解,是识的惑乱。这在世俗名言识中,也是能了解为惑乱的,虚妄不实的。但一般正常的心理、生理、物理现象,如法假等,在名言识中,即难于了解它是惑乱的,虚妄不实的。这要般若正观,才能知道是世俗的假名。所以佛每以倒世俗——如水中月、梦境、空花等的虚妄惑乱,喻说

---

① 《大智度论》卷四一(大正二五·三五八下)。

正世俗的惑乱不实。如不知这一不同，多少知道一些倒世俗的惑乱不实，知道空花等"易解空"，不能以正世俗为境而观照"难解空"，是不能通达世间真相的。

自性如何有？是观顺胜义。

佛于众生名言识中，指出一趣向于胜义的观慧。这是有漏的名言识，但是顺于胜义，而不顺世俗的。名言识是随顺世俗共许的，并不因为推求究竟是什么，得到了究竟而后成立的。虽然知识进步，都有探求究竟的倾向，但总是依世间公认——"自明的"，或称"先天的"。在这种独断、不求究竟的基石上，而构成认识，成为行动。例如说：船在某日某时某分，在东经几度几分遇险。时间本身，并无某时某分；地球自身，也找不到东经几度几分。但在世俗公认的假设上，知道什么时候，船在某处，大家才设法营救他。又如现代科学家，以为地球从太阳分出，从无生物而生物，植物而动物而人类，建立起竖的进化序列。但对于为什么而有这些物质，物质是依何而成立，最先的或究竟的，也并没有追究到底。如问到底，一切学问就难以成立。又如哲学家，推求假设为：宇宙的本元是物的、生的、心的，或多元的。认为宇宙本元那个东西，并不是从寻求究竟而得到，其实是从世间现象的物理、生理、心理，经自己的设计精制，看作宇宙本元，推论为应该这样而已。世俗的认识与行为，都是这样的，本不依于推求得究竟而成立。如树是我栽的，到底什么是我，并不要加以考实，世俗就认为树是我栽的了。这些知识是不彻底的，含有相对的矛盾特性。这不妨成为世俗的知识；众生一直在这样的心境中，以为是真实的，其实从来不曾达到究竟的真实。现在，胜义谛是究竟真实的体验；依世俗事而作彻求究竟"自性"的观察，观察他"如何"而"有"。这种"观"察，名为"顺"于"胜义"的观慧。从前后延续中，观察什么是最先的，最先的怎么会生起？从彼此相关中，观察彼此的绝对差别性是什么，怎会成为彼此的独立体？约受假来说，观集微成著，那不能再小的，到底是什么？这是怎样的存在与生起。如以为宇宙的实体是同一的，观察这同一体是什么，是怎样的存在？一体怎能成为差别？这名为寻求自性，自性是自体，是本来如此的，自己如此的，永远如此的；最小或最大的，最先或最后的。这并不预存成见，想像有个什么，而只是打破沙锅问到底，追求那究竟是什么。这虽是名言识，却是一反世俗知识的常途，而是顺于胜义的观察，趣入胜义的。所以世俗事相，经论说得很多，而胜义观慧——从闻而思而修，专是观察自性而深入究竟。这才能彻破众生的根本愚迷，通达世间的实相。

苦因于惑业，业惑由分别，分别由戏论，戏论依空灭。

　　胜义观，是寻求一切法的自性，而依之悟入胜义的。这一正理的观察，为解脱的不二门。解脱的是"苦"，苦是众生的身心自体，以触对一切而引起的忧苦。众生为什么是苦？为什么在生死中轮回？上面已讲过，这是"因于惑业"。"业"依惑而起；"惑"是无明——我我所见为主的烦恼，经说"无明，不正思惟"为因[①]，就是"由"不如理的虚妄"分别"而起。为什么众生的心识，总是妄"分别"而不能如实知呢？这是"由"于"戏论"。什

---

① 《杂阿含经》卷一三（大正二·九二下）。

么叫戏论？妄分别是不离境相而现起的，妄分别生时，直觉得境是实在的，这似乎是自体如此，与分别心等无关的。这不只是妄分别的错觉，在凡夫的心境中，那个境相，也确是现为这样的。这是错误的根本来源，是不合实际的。为什么？如认识到的，确是实在的，是自体如此的，那与经验的事理，全不相合；也就是世俗的、出世的一切，都不能成立了！那并不如此而现为如此的"戏论"，分别心——名言识是不能知道它是错误的。如以寻求自性的正理观察，层层剖析，要他还出究竟的着落，就显出是并无真实自性的。一切法无自性，就是一切法的真相了。所以，"依"于寻求自性不可得的"空"观，不断修习而能够"灭"除。戏论灭了，妄分别就失却对象而不起。分别心息，就是般若现前，当然不再起惑造业，不再苦体相续而解脱了。圣者的解脱，是依空为观门而得到。佛说空、无相、无愿为三解脱门，理由也就在此。

诸法因缘生，缘生无性空；空故不生灭，常住寂静相。

分别心所现起的，有实在感的境相，为什么知道是戏论，与实际不相符合呢？因为如一切是实在的，就与现实经验不相符，而且怎么也不能证实它是实在的。关于这，佛开示"缘起法"，说明了"诸法"——外而器界，内而身心；大至宇宙，小到微尘，都从"因缘生"的。换句话说，不论是什么，都不是自己如此，而是为因缘关系所决定的。也就是，一切是"此有故彼有，此生故彼生；此无故彼无，此灭故彼灭"的。我们如离了这现实经验的一切，因果法则，那就什么也无从说起，更不要说论证诸法的真相了。一切从因缘生的，无论是前后关系的因缘生，或同时关系的因"缘生",就可知诸法是"无性"的。无性,就是无自性。自性,这一名词,有自有自成的意义。实在的,应该是不依他而自有的,也应该是独存的。因为,如依他因缘,就受因缘所决定、支配,不能说自己如此,与他无关了。实有而自有的、独存的,也应该是常在的。因为,离去了因缘,就不能从自体而说明变化。假使说:自身有此变化可能性,那自身就不是单一性的自体,而有相对的矛盾性,这应该是因缘所起,而不是自性有了。观一切法是缘起的存在,所以不能是自有的、独存的、常在的,也就决非如分别心所现那样的实在性。无自性而现为自性有,所以是戏论惑乱。是戏论有,也就可知是无自性的;无自性的,佛就称之为"空"。空与无,在中文中也许有点类似,但梵文是不同的。无是没有;空不是什么都没有,而是说自性不可得,无自性的。自性不可得的一切法,只是世俗的施设有——假名有,空是不碍于假名有的:空的,所以是假名有的,因缘生的;因缘生的假名有,所以知道是无性空的。缘起观、无性观、空观、假名观,是同一的不同观察,其实是一样的。所以说:"众因缘生法,我说即是空,亦为是假名,亦是中道义。"①

　　依此观察:世俗假施设的一切,是这样的有了,无了,生了,灭了,前后延续,展转相关,成为现实的一切。透过无性空而深观一切法的底里时,知道这是无性的假有;有无、生灭,并没有真实的有无、生灭。尽管万化的生生灭灭,生灭不息,而以"空"无自性"故",一切是假生假灭,而实是"不生灭"的。一切法本来

---

① 《中论》卷四(大正三〇·三三中)。

是这样的不生不灭,是如如不动的"常住"。这不是离生灭而别说不生灭,是直指生灭的当体——本性,就是不生灭的。因此,世相尽管是这样的生灭不息,动乱不已,而其实是常自"寂静相"的。动乱的当体是寂静,也不是离动乱的一切而别说寂静的。这样,依缘起法,作寻求自性的胜义观时,就逐渐揭开了一切法的本性,如经上说:"一切法皆无自性,无生无灭,本来寂静,自性涅槃。"①

法不自他生,不共不无因;观是法空性,一切本不生。

一切无自性空的胜义观,菩萨是广观一切的;以无量的观察方便,通达无自性的。如概略地说,可摄为二大门:法空观、我空观。法,是以法假为主,摄得受假、名假;我,是受假中的一类,就是身心和合而成个体的众生。法空的观门,最扼要的,是观四门不生。法是有的,凡夫执著为实有,否则就是实无。佛开示生灭无常观,这只是从无而有,有已还无的生灭现象。但有些以为:有法的实生实灭。这不但不因生灭而解了世俗假名,反而执著生灭的实自性,这恰好违反了法空的不生灭性。所以大乘法以因缘不生为要门,遣除凡夫、外道、有所得小乘与大乘的妄执,而显示佛法的真义。

众生执为实有性的法,是有的,也就是生的。这到底是怎样的生起?怎样而有呢?说到生,不外乎有因缘生与无因缘生二类。有因缘生的,又不出自生、他生、共生三类——一共四门。自生,是自己生成的。他生呢,依他而生起,生起的是实有的。

---

① 《解深密经》卷二(大正一六·六九三下)。

共生是：虽自体自有，但要其他的助缘，才能生起。解说起来，虽各派的异说众多，但总不出此四门，所以就以四门来观察。

以正理观察起来，凡是实有自性的"法"，四生都不可能。一、"不"可能"自"生的：自生是自己生起自己的意思，自体既已经存在，就是已生起；说自体又再说生起，是思想的矛盾！试问：没有生起的自体，已生起的自体，有没有不同？如有些不同，那么生起的是存在，未生的应该是不存在了。未生时的自体，如不存在，那怎能从不存在的自己而生起自体？如未生的自体已经存在，那对生起的来说，既有所不同，就不再是自体了。假如说：未生的自体，已生的自体，毫无不同，那就应该没有生与未生的差别了。而且，自体能生自体，生起了还是那样的自体，那就应该再生起自体，而犯有无穷生的过失。二、也不可能是"他生"的：没有生的时候，如没有自体，就没有与他相对的自；没有自，也就不能说是他了。自他的意义都不成立，又怎么说生呢？如真的是他，是别有自性的他，他是不能生自的，如牛不生马一样。有以为：佛法说"因缘生"，"依他起"，不也就是他生吗？如执为自相有，自性有的他生，是应该破斥的。但佛说因缘生，缘生是无自性的，所以不能说自相有。因缘与所生法，都不是别有自性的，所以依世俗而假名为他，而决非与自体对立的他自体。三、也"不"是"共"生：共生是自生与他生的综合。如分别起来，自生不成立，他生不成立，自生他生都不成，那共生又怎么可能呢？如甲盲不能见物，乙盲也不能见物，二盲合作，又怎么能见物呢？四、更"不"能是"无因"生的：现见世间是有因果关系的，如说无因无缘，那就一切都不成立了！善恶、邪正，也不成立了！如无因而生,那十恶、五逆的,也许会生天或成佛了,这是怎么也不可能的。

总之,凡以为法是实有性的,那就不出四门,而结果都是不能生的。但生是世间的现实,所以一切法决非自性有的。由于自性有、自性生的不成立,所以知道是缘生,是假施设有。依缘生假名而"观是"无性的,是"法空性",也就能通达"一切"法"本"来"不生"了。如经说:"若从缘生即无生,于彼非有生自性"①;"诸法从本来,常自寂灭相"②。

我不即是蕴,亦复非离蕴,不属不相在,是故知无我。

次略说我空观。我有二:一、补特伽罗我;二、萨迦耶我。补特伽罗,意译为数取趣,是不断在生死中受生的意思。无论是自己、别人、畜生,都有身心和合的个体,都可说有世俗假我的(受假)。但众生不能悟解,总以为是实体性的众生在轮回,就成为补特伽罗我执。萨迦耶,是积聚的意思。在自己的身心和合中,生起自我的感觉,与我爱、我慢的特性相应,与他对立起来(名假)。这是根本没有的妄执——萨迦耶见。对人,有补特伽罗我执;对自己,有补特伽罗我执,更有萨迦耶见的我执。

众生的世俗心境,都是执我的(俱生我执)。但这是直觉来的,极朴素的实我,到底我是什么,大都不曾考虑过。这到了宗教家、哲学家手里,就推论出不同样的自我来(分别我执)。但作为生命主体、轮回实体的我,一定认为是实有的;这是与他对

---

① 《菩提道次第广论》卷一九引经(四九下)。
② 《妙法莲华经》卷一(大正九·八中)。

立而自成的,轮回而我体不变的。实有(实)、自有(一)、常有(常),为自我内含的特性。这与执法有自性的自性,定义完全一样。所以约法说无自性,约众生说无我,其实是可通的。所以说为法无自性空,我无自性空;又说为法无我,人(补特伽罗)无我。可是萨迦耶我执,又在这实、一、常的妄执上,进而说乐。觉得自身为独立的,就觉得是自由自在的。从我(妄执)的本性说,我是乐的;从我所表现的作用说,是自我作主,由我支配(主宰,是我的定义)的权力意志。所以萨迦耶我,是以主宰欲而显出他的特色。不过,如通达无自性,通达实、一、常的我不可得,主宰的自在我,也就失却存在的基石而遣除了。这些,是观我空所必应了达的意义。

从凡情所执的我来说,不外乎"即蕴计我"、"离蕴计我"二类。然以正理观察起来,自性有的"我,不"能说"即是"五"蕴"的。我到底是什么?一般所说的:我走、我拿、我欢喜、我想像、我作为、我认识,都是不离身心——五蕴的。所以一般的我执,都是执蕴为我的。但五蕴是众多的、生灭无常的、苦的,这与我的定义——是一、是常、是乐,并不相合。如真的五蕴就是我,那就不成其为我,要使大家失望了。一般宗教家,经过一番考虑,大都主张离蕴计我,认为离身心——五蕴外,别有是常、是乐,微妙而神秘的我。但以正理推求,也决"非"是"离蕴"而有我的。因为离了五蕴,就怎么也不能形容、不能证明我的存在,不能显出我的作用。怎么知道有我呢?众生的执我,都是不离身心自体的,并不如神学家所想像的那样。有的固执离蕴有我,又另为巧妙的解说。有说是相属的:以为五蕴是属于我的,是我的工具。我利用了足，就能走；利用了眼睛，就能见；利用意识，就能明了认识。有说是相在的：如我比五蕴大，五蕴就在我中；如五蕴比我大，我就存在于五蕴中。这既然都是离蕴计我的不同解说，当然也不能成立。所以，"不"是相"属"的，也"不"是"相在"的。相属，如部下的属于长官；相在，如人在床上。这都是同时存在，可以明确地区别出来。但执相属、相在的我执，如离了五蕴，怎么也不能证明为别有我体，所以都不能成立。经这样的观察，"故知"是"无我"的，并没有众生妄执那样的我体；我不过是依身心和合相续的统一性，而假名施设而已。我执本不出这二类，后来佛法中的犊子部等，执有"不即蕴不离蕴"的不可说我，这是误解世俗的施设我为自相有，"执假为实"的分别妄执。

若无有我者，何得有我所？诸法性尚空，何况于彼我！

我空与法空，在般若经论中，常常是互相证成的。我空，所以法也是空的；法空，所以我也是空的。依此，"若"了达众生而"无有我"，那"何得有我所"法呢？我所，是我所有法，我所依法。如我的身体，我的财产，我的名位，我的国家……凡与我有关，而系属于我的，就是我所有的法。又如我是受假，是取身心而成立的。所以，如五蕴、六处、六界、六识等，都是我所依的法假。我所有的，我所依的，都是法。无我，就没有我所，所以我空也就法空了。反之，"诸法"的自"性"，似乎是真实的，"尚"且是"空"的，"何况"那依法而立的"我"？这更不消说是空的了。

本颂，含有非常的深义，唯有大中观者，才能如实地开显、贯通。这是说：佛在声闻法中，多说无我；明说法空的不多。因此在佛法的流传中，就分为二派：西北印度的一切有系，以为佛但说无我，法是不空的（如毗昙家）。中南印度的大众系中，有说：佛说我空，也是说过法空的（如《成实论》）。大乘佛经，不消说，是说一切法性空的。但对于我空及法空，如从有部系而来的瑜伽宗，就以为小乘但说我空，大乘说我、法二空。中观宗近于中南印的学派，所以认为小乘有我、法二空，大乘也是我、法二空。今依龙树论而抉择贯通。

"小乘弟子钝根故，为说众生空。……大乘弟子利根故，为说法空。"①"不大利根众生，为说无我；利根深智众生，说诸法本来空。"②大小乘经，确是明显如此的。但这不能说声闻弟子没有法空，因为，"若了了说，则言一切诸法空；若方便说，则言无我。是二种说法，皆入般若波罗蜜相中。以是故佛经中说：趣涅槃道，皆同一向，无有异道"③。这明白说破了：众生空的无我与法空，只是说明得显了一些，或含浑一些，其实都是般若正观，一乘一味的解脱道。所以说："我我所法尚不著，何况余法？以是故，众生空，法空，终归一义。"④这是说：能得无我我所的，一定能通达法空。因为观空的意义，都是无自性。观我无自性而达我空，如以此去观诸法，法当然也是空的。不过，"声闻者但破吾我因缘生诸烦恼，离诸法爱，畏怖老病死、恶道之苦，不复欲本末推求了了，坏破诸法，但以得脱为事"⑤。这就是急求证悟，直

----

① 《大智度论》卷三一（大正二五·二八七中）。
② 《大智度论》卷二六（大正二五·二五四上）。
③ 《大智度论》卷二六（大正二五·二五四上）。
④ 《大智度论》卷三一（大正二五·二九二中）。
⑤ 《大智度论》卷三一（大正二五·二八七中——下）。

从观无我我所入手,不再去深观法性空了。但这是不去再深求(佛也不为他说法空),而决不会执法实有的,如"若无众生,法无所依"①;"无我我所,自然得法空"②。这样,声闻的无我,是可以通法空,而不与法空相违反的。依《中论·观法品》的开示,虽广观一切法空,不生不灭,而由博返约的正观,还是从无我我所悟入。这正是生死的症结所在,出世的解脱道,决不会有差别的。不过根机不同,说得明了或含浑些,广大或精要些而已。

这样,凡是通达我空的,一定能通达法空;可以不深观法空,不开显法空,而决不会坚执自性有而障碍法空的。如执法实有,那他不但不解法空,也是不解我空的;不但不除法执,也是不除我执的。所以经上说:"若取法相,即著我、人、众生、寿者;若取非法相,即著我、人、众生、寿者。"③龙树论也说:"若见阴不实,我见则不生。由我见灭尽,诸阴不更起。……阴执乃至在,我见亦恒存。"④谁说声闻圣者,知我空而说一切法实有呢?不解法空,不离法执,谁说能离我执呢?这可以推知:佛说本来一味,只是浅者见浅,深者见深,浅深原是一贯的,到了偏执者手里,才分为彼此不同的解行。

惑业由分别,分别由于心,心复依于身,是故先观身。

空,是要观众生与一切法都是性空的。龙树继承佛说的独到精神,以为初学的,应先从观身下手。这有什么意义呢?因为

---

① 《大智度论》卷三一(大正二五·二八八中)。
② 《大智度论》卷三一(大正二五·二九二中)。
③ 《金刚般若波罗蜜经》(大正八·七四九中)。
④ 《宝行王正论》(大正三二·四九四上)。

生死是由于惑、业，"惑、业由"于"分别"，这已如上面说过。此惑乱的妄"分别"，是"由于心"。从人类、众生能发心学佛的来说，"心"又是"依于身"的。从依心而起惑造业来说，佛法分明为由心论的人生观；重视自心的清净，当然是佛法的目的。然心是依于身的，此身实为众生坚固执著的所在。贪、爱、喜、乐阿赖耶，所以生死不了；而阿赖耶的所以爱著，确在"此识于身摄受藏隐同安危义"①的取著。人类在日常生活中，几乎都是为了此身。身体是一期安定的，容易执常，执常也就著乐、著净，这是众生的常情。反而，心是刹那不住的，所以如执心为常住的，依此而著乐、著净，可说是反常情的。这只是神学与哲学家的分别执，论称为"如梵天王说"②，也就是婆罗门教的古老思想。所以，如众生专心染著此身体，是不能发心、不能解脱的大障碍，"是故先"应该"观身"。佛说的道品，以四念处为第一，称为一乘道。四念处又以观身为先，观身不净，观身为不净、苦、无常、无我，就能悟入身空。对身体的妄执爱著能降伏了，再观身心世界的一切法空——无我无我所，就能趣入解脱。佛法中，有的直捷了当，以心为主。理解是唯心的；修行是直下观心的。这与一般根性，爱著自身的众生，不一定适合。因为这如不严密包围，不攻破堡垒，就想擒贼擒王，实在是说来容易做来难的。自身的染著不息，这才有些人要在身体上去修炼成佛呢！

无我无我所，内外一切离，尽息诸分别，是为契真实。

---

① 《解深密经》卷一（大正一六·六九二中）。
② 《大智度论》卷三一（大正二五·二八九上）。

大乘行者，以"无我无我所"的正观，观察"内"而身心，"外"而世界，知道这"一切"都是似有真实而无自性的。观我无自性，名我空观；观法无自性，名法空观。由于空观的修习成就，能"离"一切法的戏论相，也就不于一切而起我我所执。因此，"尽息"所有的"诸分别"，无漏的般若现前。所以说："诸法不生故，般若波罗蜜应生。"①又如说："语言尽竟，心行亦讫。不生不灭，法如涅槃。"②现证的般若现前，就是"契"入一切法的"真实"相；这名为空性、法性、法界、真如等，都只是假立名言。这实是超脱一切分别妄执，超越时空性、质量性，而证入绝待的正法。

同样的无我无我所，那二乘与佛菩萨有什么分别呢？悟入"无分别性"，依《华严经·十地品》说：这是二乘所共得的③。《般若经论》也说："二乘智断，即是菩萨无生（法）忍。"④但菩萨有菩提心、大悲心，回向利他，以本愿力广度众生，这怎能与二乘无别！这是说，大小乘以愿行来分别，不以慧见来分别。虽说同证无分别法性，也有些不同。声闻于一切法不著我我所，断烦恼障。而菩萨不但以我法空性慧，证无分别法性，断烦恼障，更能深修法空，离一切戏论，尽一切习气。得纯无相行，圆满最清净法界而成佛，这哪里是二乘所及的呢？

真实无分别，勿流于邪计！修习中观行，无自性分别。

---

① 《大智度论》卷四〇（大正二五·四九六下）。
② 《大智度论》卷一（大正二五·六一中）。
③ 《大方广佛华严经》卷二六（大正九·五六四下）。
④ 《大智度论》卷七一（大正二五·五五五上）。

现证的般若，名无分别智；证悟的法性，名无分别法性。在修习般若时，经中常说：不应念、不应取、不应分别。证悟的且不说，修习般若而不应念，不应取，不应分别，那怎么修观——分别、抉择、寻思呢？这也难怪有些修持佛法的，劝人什么都不要思量，直下体会去。也难怪有些人，以无观察的无分别定，看作甚深无分别智证了！所以无论是无分别智证，无分别的观慧，"真实"的"无分别"义，应善巧正解，切"勿"似是而非的，"流于邪"外的"计"执，故意与佛说的正观为难！要知无分别的含义是多种不同的，不能笼统地误解。如木、石，也是无分别的，这当然不是佛法所说的无分别了。无想定，心心所法都不起，也是无分别的，但这是外道。自然而然地不作意，也叫无分别，这也不能说是无分别慧。因为无功用、不作意的无分别，有漏五识及睡闷等，都是那样的。又二禅以上，无寻无思；这种无寻思的无分别，二禅以上都是的，也与无分别慧不同。所以慧学的无分别，不是不作意、不寻思，或不起心念等分别。那到底是什么呢？"修习中观行"的无分别，是以正观而"无"那"自性"的"分别"；从自性分别不可得，而入于无分别法性的现证。

自性分别，是对于非真实而似真实的戏论相，著相而以为自性有的。上来已一再说到，自性有，是我我所执的著处；如起自性分别，就不能达我法空，而离我我所执了。所以，应分别、抉择、观察，此自性有是不可得的，一丝毫的自性有都没有，才能尽离自性有分别。离此自性有分别，就是观空——无自性分别。分别，不一定是自性分别，而分别自性分别不可得——空观，不但不是执著，而且是通向离言无分别智证的大方便！经说的不应念、不应取、不应分别,是说:不应念自性有,不应如自性有而取,不应起自性有的分别。不是说修学般若,什么都不念、不思、不分别。如一切分别而都是执著,那佛说闻、思、修慧,不是颠倒了吗?如无分别智现前,而不须闻、思、修慧的引发,那也成为无因而有了!

不过,在从修无分别观——观自性分别不可得,临近趣入无分别智证时,如着力于分别、抉择,也是障碍,所以经说不应念等。这名为"顺道法爱生"①,如食"生"不消化而成病。这等于射箭,在瞄准放箭时,不可太紧张,太着意;太紧张着意,反而会不中的的。从前有人,写信给有地位的人,生怕错误,封了又开。这样的开开封封,结果是将空信封寄了去,成为大笑话。所以,在观心成就、纯运而转时,不可再作意去分别、抉择。其实,这也还是不著相、不作意分别的意思。

以无性正见,观察及安住。止观互相应,善入于寂灭。

想修学般若,契悟真实,先要对于一切是世俗假名有,自性不可得,深细抉择,而得空有无碍的坚固正见。假名有与无性空,是相成不相碍的。所以说:"宛然有而毕竟空,毕竟空而宛然有。"有极"无"自"性"的"正见",而不坏世俗缘起有的一切,这就是闻、思慧的学习。如定心没有修成,那还只是散心分别的观察。如修止而已得到轻安,已经成就正定,就可以不碍假有的空性正见,依定修观,入于修慧阶段。那时,以无性空为所缘而修"观察",名"有分别影像"。观察久了,就以无性空为所缘而

---

① 《摩诃般若波罗蜜经》卷三(大正八·二三三中)。

修"安住"——定,名为"无分别影像"(这是不加观察的无分别)。如安住了,再修观察;这样的止观杂修,都是以无性空为所缘的。观心纯熟时,安住、明显、澄净,如净虚空的离一切云翳一样。那时,"一切法趣空",观一切法相,无一法可当情而住的,都如轻烟一样。修观将成就时,应缓功力,等到由观力而重发轻安,才名修观成就。以后,就"止观互相应",名为止观双运。以无分别观慧,能起无分别住心;无分别住心,能起无分别观慧。止观均等,观力深彻;末了,空相也脱落不现,就"善入于"无生的"寂灭"法性。到此,般若——无分别智现前,如说:"般若波罗蜜,能灭诸邪见烦恼戏论,将至毕竟空中。"①又说:"慧眼都无所见。"②唯识学也说:无分别的真见道,是离一切相的,从凡入圣的毕竟空慧,为印度大乘学者所公认。这与末世的拟议圆融,不知重点突破的方便,不可并论!

善哉真般若!善哉真解脱!依无等圣智,圆满诸功德!

般若波罗蜜多,已约略说明进修的方便。这是超凡入圣的不二门,所以特为赞叹。"善哉"!这是佛所觉证、佛所开示的"真般若"!不但不是凡夫外道的智解,也不是有所得小乘与大乘学者的相似慧。从凡情而点出生死的症结所在,给予根本的重点突破,这是不共世间的特法。法性空义,所以是甚深难见,非世间学者所能梦想到的。因此,这是可赞叹的。"善哉"!善哉!这才能得"真解脱",而不像外道愚夫,或以生天为解脱,或

---

① 《大智度论》卷七一(大正二五·五五六中)。
② 《大乘掌珍论》卷下(大正三〇·二七四下)。

以深定的境界为解脱。经上说:"菩提萨埵,依般若波罗蜜多故,心无罣碍;无罣碍故,无有恐怖,远离颠倒梦想,究竟涅槃。三世诸佛,依般若波罗蜜多故,得阿耨多罗三藐三菩提。"①共声闻的涅槃德,不共二乘的大菩提德,都是"依"此"无"与"等"伦的"圣智",才能"圆满诸功德"。所以说:般若波罗蜜多,是诸佛甚深的法宝藏。如学佛而不进修这一法门,不真是如入宝山而空回吗!

法性本无二,随机说成异。了义不了义,智者善抉择。

解脱生死、成佛,都是依现证"法性"而成就的。法性——一切法的真实相,"本"来是"无二"无别,"遍一切一味相"。二乘、菩萨、佛,都是证入这同样的法性。经说"以无为法而有差别"②,其实无为法说不上差别,只是依智证浅深而说差别。如虚空本无差别,因方器、圆器,而说为方空、圆空一样。佛是依缘起而觉证法性的,也就依缘起而开示法性。这虽本无差别,但在"随机"巧"说"时,不能不"成"为别"异"的教说。因为法性甚深,如依甚深义说,有些人不但不肯信受,而且还会诽毁。这样,佛就不能不有善巧的异说了。以大乘法来说,可条别为三大系,太虚大师称它为:法性空慧,法相唯识,法界圆觉。我也曾称之为:性空唯名,虚妄唯识,真常唯心。名称不同,内容大致一样。古代贤首宗判大乘为:法相宗,破相宗,法性宗,也还是这大乘三系。这三系,有时会使人迷惑,不免有互相乖角的情形。因为都

---

① 《般若波罗蜜多心经》(大正八・八四八下)。
② 《金刚般若波罗蜜经》(大正八・七四九中)。

是以自系为了义，以他系为不了义的。如贤首宗，立宗于第三系，以法相、破相为权教，以自宗为实教。瑜伽宗（唯识宗），立宗于第二系（虚妄唯识），自称"应理宗"；而称第一系为恶取空者，第三系为此方分别论者（中国的佛教）。立宗于第一系之三论宗，自称"无所得大乘"，也不免有过分弹破余系的学者。这都是以自系为"了义"，以他系为"不了义"的。各有经典可证，也各有自称为了义的论证，所以是始终不易消解的论诤。这是有关于法性的、般若修证的，是不可以笼统颟顸过去的！到底什么是了义不了义？到底谁是了义，谁是不了义？"智者"应"善"巧"抉择"，才能彻见佛法的真实宗旨，也明了佛说的方便大用。

关于法性般若，上来虽依般若经论而略为解说，如余系的学者读起来，是会不同情的；所以又不能不略说三宗。现在撇开后代学者的异见，直从根本经论中去求一消息。虽不一定尽合读者的口味，也还不致是自己的成见。

诸法从缘起，缘起无性空；空故从缘起，一切法成立。现空中道义，如上之所说。

先说依《般若》、《中观》等经论的大乘性空唯名系。

首先要说明：印度的大乘教学（小乘也一样），都是要安立一切法的。善恶业果，生死流转的迷倒，是怎样而有的。这是极根本的理论，依着而开示人天善法。反过来，怎样的彻悟法性，断惑证真，成立三乘圣法。要从怎样的修习过程，达到涅槃与菩提的圆成。这实在就是苦、集与灭、道的二大门。这虽然不是一般人所能完满通达的，而真正弘宣大乘佛教者，始终是不会忘失这些问题的。从经论的教证看来，大乘佛法的三系不同，主要在成立一切法的见地不同；最根本的是，业果怎样安立。

《无尽意经》说：显示世俗的，是不了义经；显示胜义的，是了义经。显示名句施设的，是不了义；显示甚深难见的，是了义。显示有我，是不了义；显示无我、空、无生，是了义的①。这也如《三摩地王经》等说②。这样，《般若经》、《中观论》等，深广宣说无自性、空、不生灭等，是了义教，是义理决了、究竟，最彻底的教说。依于这一了义的立场，一切我、法，都是世俗的、假施设的。从生死业果，到三乘道果，就是涅槃，凡是安立为有的，都是"唯名，唯假"的，名言识所成立的世俗有。如从胜义观察起来，一切是无自性而不能安立的。这就是"于无住本，立一切法"③，而非从真如实相中去成立一切。这如《般若经》说："世间名字故有须陀洹，乃至阿罗汉、辟支佛、诸佛；第一实义中，无知无得，无须陀洹乃至无佛。……六道别异，亦世间名字故有，非以第一实义。……第一实义中，无业无报。"④"我如幻如梦……佛道如幻如梦……我说涅槃亦如幻如梦。若当有法胜于涅槃者，我说亦复如幻如梦。"⑤这是一切如幻如化，唯是世俗假名施设的确证。

中观者贯彻了这性空唯名的深见，说色心、染净、世出世"法"，都是世俗假施设的（"亦为是假名"），是"从缘"而"起"的。这本是佛在《胜义空经》所说的根本立场。凡是"缘起"的，就是假名有，以胜义观察，一切是"无"自"性"而"空"的，没有

---

① 《辨了不了义善说藏论》卷三引经（一上——下）。
② 《辨了不了义善说藏论》卷三引经（二下）。
③ 《维摩诘所说经》卷中（大正一四·五四七下）。
④ 《摩诃般若波罗蜜经》卷七（大正八·二七一下）。
⑤ 《摩诃般若波罗蜜经》卷八（大正八·二七六上——中）。

一法可以安立的。但这不是说,无性空破坏了一切,不能成立一切法,反而如不是无性空的,有自性的,那就是实有法。实有、自性有法,就不用从缘而起。这就未生的不能生,未灭的不能灭,凡夫决定是凡夫,不能成佛了!好在由于"空故",是极无自性的,所以要"从缘"而"起";依于因缘,"一切法"都可以"成立"。行善得善报,作恶的得恶报。迷著了流转生死,悟证了就得解脱。而且,以性空的缘起观一切法,所以不著生死,也不住涅槃,广行菩萨行而成佛。不空,什么都不能成立;空,一切都能成立,这如《中论·观四谛品》、《回诤论》的坚决论证。如说:"以有空义故,一切法得成。"①"若谁有此空,彼有一切义。"②依无自性空相应的缘起义,立一切法。所以约世俗假施设说,是如幻而"现"的;约胜义无自性说,是"空"的。幻现不碍性空,性空不碍幻现。空假无碍、二谛无碍的"中道义",为性空宗的了义说。这就是"如上"般若波罗蜜多中"所说"的。

一切法无性,善入者能入。或五事不具,佛复解深密。

次说虚妄唯识系,以《解深密经》、《瑜伽论》等为宗依。玄奘所传的法相唯识,最能表达这一系的意趣。《般若经》被说为第二时教(小乘是第一时),《解深密经》是第三时教。无著传出《瑜伽论》,也是在龙树以后。所以,这一系经论,比般若经论要迟一些。

胜义,是一切法的究极真性,没有更过上的,所以胜义就是

---

① 《中论》卷四(大正三〇·三三上)。
② 《菩提道次第广论》卷一七引论(三二上)。

了义。这是中观论者,承《般若》、《无尽意经》而确立的见地。但《解深密经》以了义与深密(不了义)相对论:说得显明易了的,是了义;说得深隐微密的,是不了义。因此,在胜义谛中,又有深密与了义的分别。依佛说的《解深密经》去理解,胜义法空性,所以有深密与了义,是根机的问题。如经上说:"一切法皆无自性,无生无灭,本来寂静,自性涅槃。于是经中,若诸有情已种上品善根,已清净诸障,已成熟相续,已多修胜解,已能积集上品福德智慧资粮。彼若听闻如是法已,于我甚深密意言说,如实解了。于如是法,深生信解;于如是义,以无倒慧如实通达。依此通达善修习故,速疾能证最极究竟。"①这可见,对于"一切法无性"的教说,像这类根机成熟的,已有"善入"甚深法性的能力,就能以无倒修慧,"能"证能"入",也就不需要佛说《解深密经》了。但"或"有"五事不具"足的,对于一切法无性的教说,就有了问题。经上说:种上品善根,清净诸障,成熟相续,多修胜解,但还没有积集上品的福智资粮。这一类有情,有的听了,就觉得甚深甚深,虽能信仰,但不能解了。有的听了,虽能信仰,不能解了,却要照着自己的意见去解说。以为一切法无自性空,就是什么都没有(龙树称之为方广道人)。结果是对自己毫无利益,反而退失智慧。从他听法的人,有的跟着他执著无见,有的就反对一切法性空教。还有,五事都不具足的,听了一切法无性空的教说,不信不解说:"此非佛语,是魔所说。"②正如龙树所

---

① 《解深密经》卷二(大正一六·六九五中)。
② 《解深密经》卷二(大正一六·六九六上)。

说:"声闻五百部,……闻说般若诸法毕竟空,如刀伤心。"[1]对于这信而不解的、信而误解的、不信又不解的钝根,"佛"所以又说"解深密"经:"我依三种无自性性,密意说言一切诸法皆无自性。"[2]简单地说:依三无性,遣除遍计所执性,说一切法无自性。其实,缘起法——依他起性,寂灭法性——圆成实性,是有自性的,并非一切都没有。有的是非有,有的是实有,这才不信不解的,也不反对了。误解以为什么都没有的,也不误解了。有信而不解的,也可依着进修了。依经文的叙述去了解,在五事具足的,于一切法无自性空,能成立一切法,能修能证的根机来说,这还不是了义教吗?如根机不够,五事不具足,于一切法无自性空,不能成立一切法,或者破坏一切法,这才成为深密难解,而需要佛的浅显解释了。龙树论意也如此:如大海,人以为极深,而罗睺罗阿修罗王,站在大海里,水不过脐,这深个什么呢!又如山民听说盐能美味,就抓一把盐来吃,结果是咸苦不堪。盐能美味,这在一般人,是怎样的明白,而在无知的山民心里,却成为秘密难懂了。所以深与不深,密与不密,不在乎法的本身,而在乎听众的根机。这样,《般若经》等说一切法无性空,一切唯名唯假,对般若法会的根性来说,是究竟的了义教。不过在五事不具的根性看来,深而又密,这所以又要解释一番,浅显明了,能信能解,觉得这才是了义法门。

或是无自性,或是自相有。

---

① 《大智度论》卷六三(大正二五·五〇三下)。
② 《解深密经》卷二(大正一六·六九四上)。

无著所传的瑜伽法门，依《解深密经》的显了说，站在五事不具的根性来说话。以为：一切无自性，一切假有，这是等于说什么都没有，是不能成立一切法的，所以应有假有无自性、实有自性的二类，"依实立假"才对。如说："譬如要有色等诸蕴，方有假立补特伽罗；非无实事而有假立补特伽罗。如是，要有色等诸法实有唯事，方可得有色等诸法假说所表；非无唯事而有色等假说所表。若唯有假，无有实事，既无依处，假亦无有，是则名为坏诸法者。"①这在《解深密经》中，就分世俗为二类："云何诸法遍计所执相？谓一切法假名安立自性差别，乃至为令随起言说。云何诸法依他起相？谓一切法缘生自性。"②遍计所执相："此由假名安立为相，非由自相安立为相，是故说名相无自性性。"而依他起是："此由依他缘力故有，非自然有，是故说名生无自性性。"③所以这一系的根本立场："或是无自性"的假有，叫做假说自性，遍计所执相。"或是自相有"的"实有唯事"，叫做离言自性，依他起性。因缘生法是自相有的，是一切法的缘生自性。或说为十八界性，界也就是自性不失的意义。这不是执著而实有性的，从因缘生时，就是这样自性有的，这与中观者看作戏论相，似有而实非有的见地，有着根本不同。至于依法而执为实有，是无自性的，那是二家公认的了。

依佛的教说来看，是毫无诤论的。五事具足的，于一切法无自性空，一切唯假名，了解得空是不碍有的，依空所以成有的，能

---

① 《瑜伽师地论》卷三六（大正三〇·四八八中）。
② 《解深密经》卷二（大正一六·六九三上）。
③ 《解深密经》卷二（大正一六·六九四上）。

成立一切法，也就能信解而如实通达了。五事不具足的，以为一切空是什么都没有，空就是没有，这当然不能成立一切法，不免误解，那么依浅显明了的新解说，说有自相有的"实有唯事"，也就可以信解一切法空，而渐入佛道了！但后代的瑜伽学者，不能体解如来说教的意趣；不知弥勒、无著的教说，是为了五事不具的根性而说。反而以为：不问根机怎样，非要依《解深密经》的了义说不可。这样，问题就来了。一、以为《般若经》的一切法空说，佛当然如实通达，但说得不明显，容易误会，所以非依《解深密经》的新解说不可。二、虽不敢指斥龙树，但解说为龙树的意思，与自己（解深密说）一样，反而坚决反对中观者——一切法性空，一切唯假名的了义说。甚至说："不应共语，不应共住"①，掀起宗派的斗争！假使能想起还有五事具足的根机，有"以有空义故，一切法得成"的深见，那也许可以各适其机，各弘其道，而不必争执了！

缘起自相有，即虚妄分别。依识立缘起，因果善成立。

"缘起"而"自相有"的，就是依他起性。依他起是一切缘起法，但唯识大乘是以唯识为宗，所以依他起是以"虚妄分别"为性的，也就是有漏识（众生从来没有无漏现行）。识有八种，但"根本分别"，为一切法所依止的，是称为"所知依"的阿赖耶识。"依"阿赖耶根本"识"为依，而"立缘起"所生的一切法。阿赖耶识，译为藏识，含藏有无量种子。依种子生起现行——七识及相应心所，根、尘、器世界；一切法生起时，又熏习成种，藏在阿赖

---

① 《瑜伽师地论》卷三六（大正三〇·四八八下）。

耶识里。这样,阿赖耶识为种子性,一切"因果"都能"善"巧地"成立"了。唯识学者是以自相有立一切法的,所以因果也是自相有的。阿赖耶识为种子性,名为"分别自性缘起"。如眼识种子生眼识,耳根种子生耳根,贪种子生贪,青色种子生青色,黄色种子生黄色,有漏种子生有漏,无漏种子生无漏。什么种子生什么现行,什么现行又熏成什么种子。这种种子性,称为"亲生自果功能差别",是自性生自性的因果观。不过自种子而外,还要其他的现缘,才能生果,所以叫依他起。这可见依自相有种子,生自相有现行的唯识因果观,与无自性空的因果观,是怎样的差别了!

心外法非有,心识理非无。达无境唯识,能入于真实。

依虚妄分别识,种子生现行,现行熏种子的因果来说,"心外法"是"非有"的。众生直觉得外境实有,是客观存在的色——物质。甚至反省起来,心也好像是所对的境界。这是无始来的错乱妄执,由此而执我、执法,都是遍计所执相的,是空无自性的。然假必依实,自相有而为一切假所依的"心识",论"理"是"非无"的。如心识也没有自性,那就一切都不能成立了。识是虚妄的,但是自相有的。由于无始以来,心境相应,熏习成种子。所以识从自种子生时,那以识为性的境相种子,也就生现行,而现起能分别、所分别二相。好像是心境独立的,其实境不离心,以心识为性的。心外的境相虽没有,而不离心识的境相,也是有的,从自种子生的(这名为性境;如依心识的想像妄执而成的,才是没有的)。所以依他起的一切因果,都能成立,不过说一切以识为性罢了!这都是自相有的,不可说是空无自性了。

依唯识而成立因果，也就依唯识而立迷悟。众生不了解外境是唯识的，是颠倒错乱，为执我、执法的根源。因妄执，起烦恼，造业，这都熏习在阿赖耶识里。业种成熟时，随业受报，阿赖耶识就名为异熟识，成为生死轮回的主体了。反之，如依观而通"达"实"无"外"境"，是无自性的，是"唯识"所现而立的，这就能于依他起而知遍计所执空。如境相空不可得，虚妄分别识也就因失去对象而不生。境无所得，识也就无所得，就"能"悟"入于"唯识"真实"性——空相，真相。真实性是依他起自性离执所显的，所以也不能说是空的。如说："唯所执、依他、及圆成实性；境故、分别故、及二空故说"；"依识有所得，境无所得生；依境无所得，识无所得生。由识有得性，亦成无所得；故知二有得，无得性平等"①。

识有所得，有自相，依此而成立因果、迷悟，为虚妄唯识系的要义。这对于五事不具的根性，真可说是善巧极了！而且依实立假，本是小乘一切有系的根本立场。一切法的实有性，十八界的实有性，以唯识义来解说，这对于摄化小乘有宗而向于大乘一切法空性的教说，不能不说是佛菩萨的难思方便！

或以生灭法，缚脱难可立，畏于无我句，佛又方便摄。

再说真常唯心系。这是依如来藏——如来界，众生界，自性清净心等为本依的。如《如来藏》、《胜鬘》、《楞伽》等经，《宝性》、《起信》等论说。在印度及中国，这一系的弘扬，是比般若

---

① 《辨中边论》卷上（大正三一・四六四下——四六五上）。

经论迟一些。

中观者依彻底的我法无自性(无我)说,缘起是如幻的生灭,与无常、无我的法印相合。唯识者依自相有的立场,说一切法是生灭无常的;种子六义中,第一就是"刹那灭"。对于没有补特伽罗我,也是彻底的(小乘说一切有及经部,也与唯识相近)。但这在称为"附佛法外道"及神教徒,是极难信解的。没有我体,怎么会有轮回?刹那生灭,那前生与后生,又怎样连系?这是佛法中的古老问题,如说:"我若实无,谁于生死轮回诸趣?"①《楞伽经》说:"阴、界、入生灭,彼无有我,谁生?谁灭?愚夫者依于生灭,不觉苦尽,不识涅槃。"②大慧菩萨这一段问话,就是代表了一般愚夫——觉得无常、无我,不能成立轮回,也不能成立解脱。在愚夫的心想中,一切是生灭的,生灭无常是苦的,那就不能发现尽苦得乐的希望了!这似乎非有常住不变的我才成。所以佛法内,佛法外,都"或"有这一类众生,"以"为"生灭法",对于系"缚"生死与解"脱"涅槃,都是"难可"安"立"的。这类众生,佛说是"畏于无我句"的,就是听了无我,而怕系缚解脱不能成立,死后断灭而畏怯的根性。对于这,"佛又"不能不适应他们,以善巧"方便"来"摄"化了,这就是如来藏法门。

如来藏说,佛说的经典不少,会使人生起一种意解:在生死众生,或众生心中,有如来那样的体性存在,而具足智慧德相,或说相好庄严的。这与印度的神我说很接近。所以西藏的觉囊巴派,就依十部大乘经——如来藏说教典,成立神我体系的大乘佛

---

① 《成唯识论》卷一(大正三一·二中)。
② 《楞伽阿跋多罗宝经》卷四(大正一六·五一〇中)。

教。中国内地也有这一类,以真我的体验,作为最高的法门。好在佛知道众生愚痴,预先在《楞伽经》里,抉择了如来藏说的真意义。这是摄化计我外道,而实际与大乘法空性是一脉相通的。

甚深如来藏,是善不善因。

大慧菩萨所代表的众生,要求生死轮回的主体,本有涅槃佛体。佛适应这类根性,所以说如来藏。如说:"如来之藏是善不善因。能遍兴造一切趣生,譬如伎儿,变现诸趣。……自性无垢,毕竟清净。"①如伎儿的变现诸趣,可说是轮回主体。自性无垢,毕竟清净,就开示了佛身与涅槃的本有,这如一切如来藏经广说。

如来藏是"甚深"的,如来彻底体证,了了明见;其他利根深智的大菩萨,才能分证。为什么叫"如来藏"呢?圆满究竟的佛,在众生因地,可说本来就成就了的。如说:"如来藏自性清净,转三十二相,入于一切众生身中。如大价宝,垢衣所缠。如来之藏,常住不变,亦复如是;而阴、界、入垢衣所缠,贪欲、嗔恚、不实妄想尘劳所污。"②所以如来藏可解说为:含摄如来一切功德,而主要是为杂染法所覆藏。因此,如离了烦恼藏,如来藏也就名为法身了。以如来藏为轮回解脱的主体来说:"即此法身,过于恒沙,无边烦恼所缠,从无始世来,随顺世间,波浪漂流,往来生死,名为众生"(这就是《楞伽》的"譬如伎儿变现诸趣");

---

① 《楞伽阿跋多罗宝经》卷四(大正一六・五一〇中)。
② 《楞伽阿跋多罗宝经》卷二(大正一六・四八九上)。

"众生界即法身,法身即众生界"①。众生与佛,平等无差别。所以在众生叫众生界,在菩萨叫菩萨界,在如来叫如来界。这一法门,在外表上,与印度的吠檀多哲学,大梵(法身)小我(众生界),是非常类似的。

依如来藏,成立生死与涅槃,众生与佛,所以说:"是善不善因",就是为不善的生死杂染因,也为善的清净佛果因。但因是多种多样的,如唯识学有十因,有部立六因,这到底是怎样的因呢? 有些学者,受到一本万殊——从常无而生妙有的玄学影响,以为:善与不善,是如来藏所本具的,以如来藏为体的,从如来藏所生的。关于这,这里不能多说。总之,印度的如来藏为因,是自有意义的。如《胜鬘经》说:"如来藏离有为相,如来藏常住不变,是故如来藏是依、是持、是建立;世尊! 不离不断不脱不异不思议佛法。世尊! 断脱异外有为法,依、持、建立者,是如来藏。"②这样的文句,《无上依经》、《宝性论》,都是一样的。是依、是持、是建立,这就是因;是增上缘,能作因。例如四大能造造色,决非以四大为体而发生造色,是依"生、依、立、持、养"——五因而说造;是说不离四大,而造色才可以生起(《楞伽经》的"如遍兴造一切趣生",也是这样的造)。五因中的依、立、持——三因,也就是经说的"是依、是持、是建立"了。所以,善与不善,依如来藏而有,而不是以如来藏为体,从如来藏生出来的。为什么如来藏可以为因——依、持、建立,就因为是常住不变的。尽管轮回诸趣,解脱涅槃,如来藏是常住不变的,为这一

---

① 《不增不减经》(大正一六·四六七中)。
② 《胜鬘师子吼一乘大方便经》(大正一二·二二二中)。

切所依止的。有了常住不变的,那些听说无常无我,而怕轮回与解脱无着落的,也就可安心了。如来藏为依止因,可以举例解说。如太阳、乌云,依止虚空而有,与虚空不相离。但太阳与乌云,并不是以虚空为体,也决非从虚空生出来的!如来藏为生死涅槃因,也就是这样。

如来藏怎样的为不善因?无始以来,就有那些与如来藏不相应的,相离的有为法——阴、界、入、贪、嗔、痴等无边烦恼,都依如来藏而有;如灰尘的依明镜而有一样。有了这些,生死杂染就流转不息了。这些都是依如来藏而有的,所以说:"依如来藏故有生死。"怎样为善因呢?无始以来,就有那些与如来藏相应的,不可说异,不可分离的不思议佛法,也依如来藏而有;这就是佛性了。但这与如来藏相应而不异的,为什么不说生,而说依呢?第一,这是无为法,不可以说生。还有,如有漏种子,在阿赖耶识中,是不可说有别异的。但只能说从赖耶中的有漏种子,生有漏现行,不能说从阿赖耶识生。如说一切从阿赖耶识生,就有一因多果的过失了。所以说不异不离,也不能就说是一。同样的,众生本具的,能为无漏清净德性因的,与如来藏不能说有别异的,也只能说"依如来藏",为依、为持、为建立。总之,佛是说有"常住不变"的如来藏,为善与不善所依,而一切法都能成立。

无始习所熏,名为阿赖耶。由此有生死,及涅槃证得。

佛说如来藏,主要是以常住不变、自性清净的法体,作为生死与涅槃的所依。如来藏在阴、界、入中,也就是在众生身心中,所以如来藏说,不一定与唯识的阿赖耶识相结合。但是,众生是一切由心的;阿赖耶识是所知依的根本识,所以自然地形成:依如来藏而有阿赖耶识,依阿赖耶识而有一切法的思想体系。自性清净的如来藏,在阿赖耶识(阿赖耶识是一切法的根本或中心)深处,所以到了《胜鬘经》,如来藏也就被称做"自性清净心",与心性本净说相合,展开了真心论的思想系。但这是真实心,是核心、心髓的心,切勿误作一般的心。

《阿毗达磨大乘经》说:"无始时来界,一切法等依;由此有诸趣,及涅槃证得。"①界,是如来藏,也是阿赖耶识。这里面的联络是:如来藏是自性清净的,但"无始"以来,就为虚妄杂染的戏论"习"气"所熏"染,这就"名为阿赖耶"识。这如太空而为浮云所蔽,成为不明净的空界一样。所以分析阿赖耶识的内容,有真相(如来藏)与业相(戏论熏习),这二者的和合,就是阿赖耶。这在无著、世亲的唯识学里,是不容易信解的,但这是依如来藏而有的阿赖耶识呀!"由此"阿赖耶识的杂染种子——不离如来藏真相的业相,就"有生死"流转的诸趣。如来藏常住不变,不离生死,所以也可说如来藏流转诸趣。这正像虚空的随方器而方,随圆器而圆一样。同时,由于阿赖耶识真相——如来藏,有不离不异的清净性;这不是阿赖耶识所摄,而是法界所摄的(唯识宗的无漏种子,也这样说,与经义相合;但说是有为生灭,就与经相违)。所以能厌生死,欣涅槃;能发心修行,破烦恼而有"涅槃"的"证得"。如彻底离一切妄染,成就一切清净功德,那就是如来藏出缠,名为法身,也不再叫做阿赖耶识了。

虚妄唯识与真常唯心二系,是适应不同的根性,开示不同的

---

① 《摄大乘论本》卷上引经(大正三一·一三三中)。

教说。但时间是前后相近,同以实有法为依而立一切法,同以心识为中心,所以又时常起着相互的影响。

佛说法空性,以为如来藏。真如无差别,勿滥外道见!

　　如来适应凡夫、外道,及一分执我小乘,说如来藏常住不变,流转生死。又说:如来智慧德相,相好庄严,在众生身中成就。如来藏是什么呢?真的是无边相好的如来,具体而微地在众生身中吗?真的是"外道之我"一样,成为众生,而体性就是常住清净的梵吗?如来慈悲方便,特在《楞伽经》中,抉择分明:"佛"是"说"那一切"法空性",称之"为如来藏"的。如说:"我说如来藏,不同外道所说之我。大慧!有时,空,无相,无愿,如,实际,法性,法身,涅槃,离(无)自性,不生不灭,本来寂静,自性涅槃,如是等句说如来藏已。如来应供等正觉为断愚夫畏无我句故,说离妄想无所有境界如来藏门。……譬如陶家,于一泥聚,以人工、水、木、轮、绳方便作种种器。如来亦复如是,于法无我离一切妄想相,以种种智慧善巧方便,或说如来藏,或说无我。"①所以,如来藏就是甚深法空性,是直指众生身心的当体——本性空寂性。所以要花样新翻,叫做如来藏,似乎神我一样,无非适应"畏无我句"的外道们,免得听了人法空无我,不肯信受,还要诽毁。不能不这样说来诱化他,这是如来的苦口婆心!如来的善巧在此,听起来宛然是神我样子,可是信受以后,渐次深入,才知以前是错用心了,原来就是以前听了就怕的空无我性。法空性——"真如"是"无差别"的,如《宝性论》说:"法

---

① 《楞伽阿跋多罗宝经》卷二(大正一六·四八九中)。

身遍无差,真如无差别,皆实有佛性;是故说众生,常有如来藏。"①从无差别来说,在众生就叫众生界,在佛就叫如来界了。无差别法性,是常恒清凉不变的,佛以此为性,以此为身,所以叫佛性、法身。约真如法性的无差别说,佛是这样,众生也还是这样,所以说一切众生成就如来藏了。《楞伽经》说:"为断愚夫畏无我句故";"开引计我诸外道故,说如来藏"。《宝性论》说:使众生远离五种过,所以说佛性,第五种是"计身有神我"②。这点,是如来藏教学的信行者,应深刻注意,"勿"自以为究竟了义,而其实是"滥"于"外道见"才好!

方便转转胜,法空性无二。智者善贯摄,一道一清净。

解说般若波罗蜜多,顺便略观法海的波澜,现在作一结束。

从大乘三系看来,不得不赞叹如来的善巧"方便",一"转"一"转"的,越来越殊"胜"! 如来藏说,可说是不可思议的方便了! 但考求内容——真实,始终是现证"法空性,无二"无别。如性空唯名系,以现观法性空为主要目的,是不消说了。虚妄唯识系,虽广说法相,而说到修证,先以识有遣境无,然后以境无而识也不起,这才到达心境的都无所得。因为说依他有自相,所以离执所显空性,也非实在不可。但到底可破无边烦恼,可息种种妄执。如能进步到五事具足,还不又归入极无自性的现观吗? 所以清辨辟实有空性为"似我真如"③,大可不必! 真常唯心系,

---

① 《究竟一乘宝性论》卷三(大正三一·八二八上)。
② 《究竟一乘宝性论》卷四(大正三一·八四〇下)。
③ 《大乘掌珍论》卷下(大正三〇·二七五上)。

虽立近似神我的如来藏说,但在修学过程中,佛早开示了"无我如来之藏"。修持次第,也还是先观外境非实有性,名观察义禅。进达二无我而不生妄想(识),名攀缘如禅。等到般若现前,就是"于法无我离一切妄想"的如来禅①,这与虚妄唯识者的现观次第一样。所以三系是适应众生的方便不同,而归宗于法空性的现证,毫无差别。

说到方便,第一、性空唯名系,能于毕竟空中立一切法;不能成立的,要以"依实立假"为方便,说依他自相有。这是最能适应小乘根性,依此而引导回小向大的。但一般凡夫、外道,不信无常、无我(空),不能于无常、无我立一切法,佛就不能不别出方便,说一切众生身中有如来藏了。这对于怖畏空、无我,摄引执我的(凡夫)外道,是非常有效的。摄化众生的根机,从五事具足,到五事不具的小乘等,再到一般凡夫外道,摄机越来越广,所以说方便以如来藏说为最胜,也就是最能通俗流行的理由。近见外道的《景风》说,如来藏佛性与上帝及灵性相近,应特为贯通。这当然是外道想以此诱化佛弟子,值得大家警觉;但还是由于形式上类似的缘故。第二、于一切法空性立一切法,真是担草束过大火而不烧的大作略,原非一般所能。但事实上,离此并无第二可为一切法依的。所以为了摄化计我外道,就密说法空性为如来藏。这是好像有我为依,而其实还是无我的法空性。对于五事不具,近于小乘的根性,经上又说:"佛说如来藏,以为阿赖耶。恶慧不能知,藏即赖耶识。"②原来阿赖耶,还是如来

---

① 《楞伽阿跋多罗宝经》卷二(大正一六·四九二上)。
② 《大乘密严经》卷上(大正一六·七四七上)。

藏。依如来藏而有无始虚妄熏习,名阿赖耶识,为杂染(清净)法所依。不知其实是依法空性——如来藏;可惜有些学者,不能自觉罢了!如约有漏的阿赖耶识,这只能说是生死杂染法的中心。阿赖耶识也还是依转识,要依转识的熏习,与转识有互为因果的关系。所以,阿赖耶识只是相对的依止。

如卖药一样(《楞伽经》有医师处方,陶家作器比喻),卖的是救命金丹。性空唯名系,是老店,不讲究装潢,老实卖药,只有真识货的人,才来买药救命。可是,有人嫌它不美观,气味重,不愿意买。这才新设门面,讲求推销术。装上精美的瓶子、盒子,包上糖衣、胶囊。这样,药的销路大了,救的命应该也多了。这如第三时教,虚妄唯识系一样。可是,幼稚的孩子们,还是不要。这才另想方法,渗和大量的糖,做成飞机、洋娃娃——玩具形式,满街兜售。这样,买的更多,照理救的命也更多了!这如真常唯心系一样。其实,吃到肚里,一样的救命。但能救命的,并非瓶子、盒子、糖衣、胶囊,更不是糖和洋娃娃,而还是那救命金丹。这叫做方便,以方便而至究竟。方便是手段,不是目的。所以"方便为究竟"的谬译,真是害尽众生!假使盒子、瓶子精美,竟然买盒子、瓶子,而不要药,不吃药,那可错了!假使买了飞机、洋娃娃,越看越好,真的当作玩具玩,那真该死了!而且,糖和得太多,有时会药力不足,有时会药性变质,吃了也救不到命。所以老实卖药,也有他的好处。三系原是同归一致的,"智者"应"善"巧地"贯摄",使成为"一道一清净"、一味一解脱的法门,免得多生争执。最要紧的是:不能执著方便,忘记真实。读者!到底什么是如来出世说法的大意!

成熟众生道，佛说以四摄：布施及爱语，利行与同事。

在菩提道中，自成熟佛道的六波罗蜜多，已经说过。说到"成熟众生"的利他"道，佛说"要"以四摄"来摄化众生。四摄，是四种摄受众生的方法。在家或出家的，无论是家庭、社会、国家，或在僧团中，在信徒中，要集成群的关系，起着领导作用，得到大众的信任，肯接受教化，见于实行，就决不能离开这四摄。四摄本为共世间的，世间的领导者都不能离四摄的原则。菩萨是以利他为先的，自然更需要四摄。从大乘的四摄利他，可知大乘的利他，是要有"同愿同行"，而菩萨处于领导的地位。

四摄中，一、"布施"：给以物质的利益，是摄受众生的要诀。无论怎样凶猛的兽类，天天喂它吃，它也会听从你。外道们以救济物资、医药等来引诱，得到信徒增加的效果，也就是合于布施的原则。所以菩萨的六度，以布施为第一。二、"爱语"：和乐的容貌，诚恳的态度，这是谈话所应有的态度。所说的话，或是世间善法，或是出世间的善法，总要使对方知道是为了他的利益。那就是呵责他，也会乐意接受的。这里面，需要谈话的技巧。三、"利行"：对他说的，要他做的，要能适合实情，使他得利益，于佛法中增长功德。所以凡是不合需要，不是他所希望，不是他所能做的，虽是善法善事，也常会使他离心。四、"同事"：要与他做同样的事。长官与士兵同甘苦，就能得兵士的爱护与尽力，这就是同事摄的一例。从前丛林里，住持与大众过一样的生活：过堂（吃饭）、上殿、坐香、出坡，一律平等，所以能统理大众，一切无碍。善财童子五十三参，善知识们都以自己所行的法门教他修学。自己所行的与教人的不一致，这怎能得人信任服从呢？

总之,菩萨是依此四摄去行,所以为众生导首,利益众生。

初修菩提心,习行十善业;成就心不退,入于大乘道。

　　菩萨修学的法门,以菩提心为本,三心相应,修六度、四摄。由浅而入深,所以经论安立行位次第。如前颂所说:"渐历于诸地",现在来作一简略的叙述。

　　发心修学大乘菩提道的,最"初"应发愿菩提心,"修菩提心"而使他成就。能常念上求佛道,下化众生,真的造次颠沛不离,不再退失。在行菩提心的修学中,就是受菩萨戒,修"习"奉"行十善业"。这是大乘常道,以人乘行入大乘,悲增上菩萨的风格。依经说:初学时,名十信菩萨,也叫十善菩萨。修习十心——信心,精进心,念心,定心,慧心,施心,戒心,护心,愿心,回向心;这是以修习大乘信心(菩提心)为主的。但起初,"经十千劫行十善行,有退有进,譬如轻毛,随风东西"①。如一直进修不退,那么经十千劫,就能"成就"菩提"心不退",不再退转而"入于大乘道"的初阶——发心住。修习信心,要以十善、六度等来使他成就。修习信心成就,如颂说:"清净增上力,坚固心升进,名菩萨初修,无数三大劫。"②但信心修习成就,也不太容易。为了维护初学而心性怯弱者的信心,佛说易行道方便,不妨往生净土,等忍力成就,再修成熟众生的广大难行。或劝修天色身,成持明仙人再说。有的受不了生死道长,众生性多,佛德难思,而忘失菩提心的,佛就为说化城,让他作有限修行,小小休

---

① 《仁王护国般若波罗蜜经》卷下(大正八·八四一中)。
② 《摄大乘论本》卷下(大正三一·一四六中)。

息，再来回入大乘。这些，都是在初学大乘而没有成就以前，别出的善巧方便。

以诸胜解行，广集二资粮；经一无数劫，证入于圣位。

修习信心成就，进入十住的第一住——发心住，从此一定进修大乘道。依一般的根性说，到这，菩萨道已有了一定的时限，已进入三大无数劫的开端。这里面，经说有三十位。（1）十住：一、发心住；二、治地住；三、修行住；四、生贵住；五、方便具足住；六、正心住；七、不退住；八、童真住；九、法王子住；十、灌顶住。（2）十行：一、欢喜行；二、饶益行；三、无恚恨行；四、无尽行；五、离痴乱行；六、善现行；七、无著行；八、尊重行；九、善法行；十、真实行。（3）十回向：一、救护一切众生离众生相回向；二、不坏回向；三、等一切佛回向；四、至一切回向；五、无尽功德藏回向；六、随顺平等善根回向；七、随顺等观一切众生回向；八、如相回向；九、无缚无著解脱回向；十、法界无量回向。这三阶三十位，总称为胜解行地。因为这还没有现证法性，而是"以诸胜解"来修"行"。在这三十位中，"广"修六度、四摄，积"集"福德、智慧——"二"种"资粮"，都是广大无边，所以也叫"资粮位"。这三十位的进修，一共要"经"历"一"大"无数劫"的漫长时间，才能圆满，而进到能"证入于"无漏现行的"圣位"——欢喜地。

这三阶位，依《菩萨璎珞本业经》说：十住着重于空性胜解的修习成就，安住胜义；十行着重在观即空的假名有，以大悲心利益众生；十回向着重在空假平等的观慧。在十回向终了时，随顺有部、瑜伽的学者，安立"暖、顶、忍、世第一法"的现观次第，名为四加行，所以又别开为"加行位"。修菩萨行的，是利他为先,所以这三十位(十信位也如此)菩萨,多在人间为政治领袖,施行仁政来普利人群。以功德的大小,而有国王大小的分别。十善菩萨,多为小国王,及以武力统一来施行仁政的铁轮王。十住菩萨,多做统一二洲的铜轮王。十行菩萨,多做统一三洲的银轮王。十回向菩萨,多做统一四洲、不依武力的金轮王。其实,修习十信而失败了的,名为败坏菩萨,也多数感报为国王,施行利人的善政。所以初学大乘菩萨道的,多在人间,不废人间的正法。等到证入圣位,这才遍处人天,随感而应化呢!

初住极喜地,生诸如来家,断除三种结,施德最增胜。

菩萨因地中,已现证法性的,有十地,也叫十住地。"初住"地,名为"极喜地",也译作欢喜地。地是能生功德意思;现证法性的,依法性能生种种无漏功德(所以也叫法界),如依地而生草木珍宝一样。初地,是菩萨入见道的位次,现证法性。菩提心与法性相应,名胜义菩提心。分证了无上菩提,所以也可称为(分证)成佛了。那时,欢喜已极,如初得定的,也欢喜踊跃一样。菩萨初证圣性,得到了从来未有的出世心,尝到了从来未有的离系乐,观察如来所有的一切功德,自己都有分,能得能成,所以得到无比的欢喜。由于通达法空性,也不再有"不活畏,恶名畏,死畏,堕恶道畏,大众威德畏"[①]了。进入初地的,名为"生诸如来家"。如来是一切佛;菩萨以智度为母,方便为父,分证了佛法身。从此能荷担佛的家业,绍隆佛种不断,真是佛子,所以说生如来家。凡是证法性的,就能断烦恼。初地菩萨所断的,是

[①] 《大方广佛华严经》卷二三(大正九·五四五上)。

见道所断的一切烦恼障，扼要地说："断除三种结"——身见、戒禁取、疑。中观者说：我执、法执，都是烦恼障，是大小二乘所共断的。差别是：声闻直观无我无我所，断惑证真，不一定深观法空，所以不能断除习气——所知障。而菩萨是：初学就胜解法空性，深细抉择，后观无我无我所而证入法空性，所以也断三结，而且能渐断习气，习气净尽就成佛了。约所修的菩萨行来说，当然是自利利他，广修六度，四摄，无边法门。但经中约特胜的意思说，初地菩萨的布"施"功"德"，最"为""增胜"，也称为布施波罗蜜多圆满，初地菩萨是没有一样不能舍的。一地一地的功德，非常广大，如《十地经》等详说。龙树菩萨曾略摄初地的功德说："初地名欢喜，于中喜希有；由三结灭尽，及生在佛家。因此地果报，现前修施度，于百佛世界，不动得自在。于剡浮等洲，为大转轮王；于世间恒转，宝轮及法轮。"①

戒德满清净，名为离垢地。

第二地菩萨，在十波罗蜜多中，戒波罗蜜多偏胜，持"戒"功"德"，圆"满清净"。戒就是十善行，如《十地经》说：二地菩萨，自修十善，也教人修十善。以大乘心行来广行十善，达到身、口、意业的圆满清净②，不再如初地那样，还有微细误犯的戒垢，所以"名为离垢地"。

发光地忍胜，慧火除诸冥。

在说明地地进修的功德中，有两项进修历程，调和在一起。

---

① 《宝行王正论》（大正三二·五〇三下）。
② 《大方广佛华严经》卷二四（大正九·五四九上）。

约十地修十波罗蜜多来说,前六地是施、戒、忍、勤、定、慧。但还有是:初、二、三地,修布施、戒善、禅定,这是以大乘心行,来修共五乘的世间善法。四、五、六地,修三十七道品、四谛、缘起,这是以大乘心行,来修共三乘的出世善法。这样,三、四、五的修道项目,就小有出入了。这只是为了安立十地阶位而作的善巧说明,其实是每一地都圆修一切法门的。所以这小小出入,不关大旨。

初地——布施胜……修布施

二地——持戒胜……修十善

三地——忍辱胜……修禅定

四地——精进胜……修道品

五地——禅定胜……修四谛

六地——般若胜……修缘起

第三是"发光地",在十度中,"忍"波罗蜜多偏"胜"、圆满。为什么叫发光?因为第三地菩萨勤求佛法,得闻持陀罗尼,能受持一切佛法。又勤修定学——四禅、四无色定、四无量定。由于闻法及修定,"慧"力增胜,"火"一样的火芒焕发,能"除诸冥"暗。如受持佛法,于佛法的不明,就去除了。入了深定,那邪贪、邪嗔、邪痴等暗蔽,也不会再起,心光更明净了。

进满修觉分,焰慧见无余。

第四地菩萨,约修十波罗蜜多说,精"进"波罗蜜多圆"满"了。约四、五、六地修共三乘法来说,是"修"习三十七"觉分"。因为精勤地修习觉分,火"焰"似的"慧"光炽盛起来,依我"见"而来的著我、著法,种种爱著,都如火烧薪一样,"无余"永灭,所以叫焰慧地。

难胜静虑胜,善达诸谛理。

第五地名"难胜"地。约修十波罗蜜多说,"静虑"波罗蜜多偏"胜"圆满了。约修共三乘圣法说,能"善"巧通"达诸谛理"——四谛、二谛等。为什么叫难胜呢?这是经过最极艰难才能够到达的。到达什么呢?从前,初地现证法空性时,尽灭一切戏论相,所以说:"般若波罗蜜,能灭诸邪见烦恼戏论,将至毕竟空中。"①等到从证真定而起时,有相又来了。或是无分别后得智,或是善分别慧,所以说"方便将出毕竟空"②;净佛世界成就众生。那时,虽说能了知诸行如幻,其实是依胜解力,而不是如实现见的。因为在所知境上,似有实性——戏论相,还是一样的现前,不过经过般若的现证空性,依性空慧的余力,能了解是无性如幻而已。这可以举例说:如仰观天上的"云驶月运",知道是浮云的移动,而不是明月的推移。但根识的感官经验上,还是月亮在动,不过经意识的判定,知道是云动而已。五地以前的菩萨心境,也是那样,见性空时,离一切相,不见一切法。等到了达法相时,又离去空性的证知了。一直是这样的空有不并,互相出没。由于性空慧的不断修证,般若力更强,这才能在现见一切有法时,离去那戏论的实有相,真的能双照极无自性的幻有与幻有的无自性空。这才真是真俗无碍,空有不二。这是经无限的修习而到达的,所以叫难胜。以前初地的现证空性,是凡圣关;

---

① 《大智度论》卷七一(大正二五・五五六中)。
② 《大智度论》卷七一(大正二五・五五六中)。

现在又通过第二关,可说是大小关。因为现证空有不二,才不会于生死起厌离想,于涅槃起欣乐想;真的能不住生死,不住涅槃,超出了小乘圣者的心境。

第六现前地,慧胜住灭定,佛法皆现见,缘起真实性。常寂常悲念,胜出于二乘。

进修到"第六现前地",约十波罗蜜多的修习说,是般若——"慧"波罗蜜多偏"胜"、圆满。到这,菩萨"住"于"灭"尽"定"中。灭尽定是最胜的定,有漏的心识,都因定力而不起。如二乘圣者入灭尽定,就以为证于实际,生起入涅槃的意想。《楞伽经》说小乘的醉三昧酒,也就是入灭尽定。所以《般若经》中,佛劝菩萨们,如悲愿力不充,不要入灭尽定,免堕小乘。但到了六地菩萨,在般若慧、大悲愿的资持下,能入灭尽定,而且于定中现证法性。那时,"佛法皆现"前,了了明"见",所以叫现前地。在这甚深的空慧中,"缘起真实性",也就是幻有即空、空即幻有的不二平等,也能深彻照见。第五地虽能达到真俗并观,但这是极难得的。到第六地,只要"多修无相作意",就能现证空有无碍的缘起中道。所以六地菩萨,能"常寂",又能常"常悲念"众生。常寂是般若的现证,所以这是大悲、般若不二,为大乘的不共胜法,而"胜"过了、超"出"了"二乘"的智证。

六地多修缘起观。缘起与空相应,所以也到了佛法皆现前——中道的证境。小乘有部说:缘起有四种,有名为一念缘起的,以为十二缘起,不一定约三世说,就是一念心中,也可以安立的。《华严经》的《十地品》,在说第六地时,广明缘起,也就说到这一心缘起说,如说:"三界虚妄,但是一心作。十二缘分,是皆依心……"①解说与有部的大致相同。这一法义,在适应唯心论的根机与学风,展开了大乘的唯心论,起着非常的影响,佛法真是不可思议!

远行于灭定,念念能起入;方便度炽然,二僧祇劫满。

到了第七"远行"地,那更深妙了。能"于灭"尽"定"中,"念念能起"定,也念念能"入"定。一般的入定出定,就是到了超作意位,也得有方便。而现在竟然念念能出能入。这不但是要入就入,要出就出,而且是入定就是出定,出定就是入定。这如《维摩经》说:"不起灭定而现诸威仪。"②由于定的深妙,依定的般若,也到了"无相有功用行"的境地。上面说过,初地以来,智证空性是无相的,但出了深观,就是后得智,也还是有相现前(不要误解,以为有相就是执著)。五地能难得地达到空有不二的无相行,六地进步到只要多修无相作意,就能无相现行,但总还是间断的时间多。到了七地,就能无间断的,无相现行了。

约十波罗蜜多说,第六般若波罗蜜多,重在实智。以后还有方便、愿、力、智——四波罗蜜多,都是般若的方便妙用。所以,如说六波罗蜜多,那后四波罗蜜多,就摄在般若中了。依十度说,第七地中的"方便度"最为殊胜,如火的越来越"炽然"一样。约修行的时间说,到第七地终了,就是第"二僧祇劫满"。三大阿僧祇劫的分别,也是有特殊意义的。从发心成就,修到临入现证空性,为第一阿僧祇大劫,以后是圣者,进入第二阿僧祇大劫

---

① 《大方广佛华严经》卷二五(大正九·五五八下)。
② 《维摩诘所说经》卷上(大正一四·五三九下)。

了。七地满,到了纯清净无相行的边缘,所以是第二阿僧祇大劫满,以后进入第三阿僧祇大劫了。因此经上说:七地如二国中间的瓯脱地带,以前是有相行,有相与无相的间杂行,无相而有功用行,以后纯是无相无功用了。第七地到了这一边缘,所以叫远行。

进入不动地,无相无功用,尽断三界惑,大愿极清净。以如幻三昧,三有普现身。

从第七地,"进入"第八地,名"不动地"。怎么叫不动呢?第七地的无相行,还是有功用的,八地是"无相"而又"无功用"的。到了这,智慧、功德,都任运地增进,烦恼也不再起现行。不为烦恼所动,也不为功用所动,所以叫不动。如人在梦中渡河,用尽一切伎俩,艰苦地用力过去,忽然醒来,就一切功用都息了。三界修所断的烦恼,过去没有断尽,但不致引生危险。因为菩萨并不急急地要断烦恼,只要能控制就得了。有时,还可利用烦恼,作自利利他的方便。但进入第八地,烦恼障已不断而自然断尽;所以在菩萨阶位中,八地得无生法忍,才"尽断三界惑",如阿罗汉一样。八地菩萨的无相行,证无分别法性,得无生法忍,都可说与阿罗汉的证入涅槃一致。而断尽三界烦恼,也与阿罗汉一样。所以《十地经》说:菩萨进入第八地,要入涅槃。以佛的加持力,菩萨的本愿力,当然不会像小乘那样入涅槃的。从此进入真正不共二乘的菩萨道。五地菩萨极艰难而能进入的大乘深境(无相行),到这才完全到达。约十度说,八地的"大愿"最"极清净",所以能于无相无功用行中,起"如幻三昧",于"三有"中,"普现"一切"身",普说一切法。如普门大士观世音菩萨那样，应以何身得度者，即现何身而为说法；这都是八地以上的深行菩萨境界。无相行中，不但能知有如幻，而且是显现如幻（无戏论相），与空性平等不二；八地菩萨纯无相行，所以说八地菩萨起如幻三昧了。

善慧无碍解，圆净一切力。

无相无功用行，到了第九"善慧"地，更为增胜。自证的，不用说是无功用的，就是为他说法，也能不待功用。九地菩萨，能得法、义、辞、辩——四"无碍解"智，在一切说法人中，为第一大法师，守护佛的法藏。菩萨能一音说一切法，为无量差别根性，一时说一切应机的法门，自然而然地不加功用。在十波罗蜜多中，九地能"圆"满清"净一切力"波罗蜜多。

第十法云地，诸佛光灌顶，智增澍法雨，长善如大云。

"第十"名"法云地"。如王子册封了太子，要正式登位，在印度要举行灌顶礼。取四大海的水，浇灌在王子的顶上，登位礼就告完成，这与近代的加冕礼一样。菩萨到了十地，是法王子，"位居补处"，也就要圆满成佛了。这就有十方一切"诸佛"，放大光明，集合而流入菩萨的顶内。这是佛"光灌顶"，象征了一切诸佛的菩提智光，入于菩萨心中；菩萨的菩提智光，与诸佛无二无别；也就是菩萨的菩提心宝，圆满清净得与诸佛一样，这是成佛的象征。为什么叫法云呢？因为在十度的修学中，十地是"智"波罗蜜多"增"胜。除佛以外，九地菩萨的一切智慧善根，都不能及。所以不但能自在说法，而且能遍法界而现神通，现身说法。降"澍"大"法雨"，如大雨滂沛，无处不满；大地的一切卉草树木,不问大小,都得到滋润而苗长一样。法雨从法云而来,十地菩萨是:"从愿力生大慈悲,福德智慧以为密云;现种种身为杂色云;通明无畏以为电光;震大雷音,说法降魔。一念一时,能于上所说微尘世界,皆悉周普,以雨善法甘露法雨。"①所以,十地菩萨的现通说法,能"长"养一切众生"善"根,"如大云"的时雨滂沛一样。

菩萨所修道,三祇历十地。顿入与渐入,随机有差别。

"菩萨所修"的"道",是发菩提心、受菩萨戒、六度、四摄。菩萨修行的时间,是"三"大阿僧"祇"劫。经历的行位,约证入法界性来说,是经"历十地"。这些,都已经在上面说到了。但还有一问题,需要解说。

菩萨修行三大阿僧祇劫,本是声闻佛教以来的定论,但大乘经却不一定。所以《起信论》抉择说:经说不定,是方便说;从信心成就到成佛,其实是一定经历三大阿僧祇劫的②。但龙树论的见地不同:成佛或快或慢;慢的,要无量无数阿僧祇劫呢!这到底修行成佛,有没有顿速与渐缓的分别?三大阿僧祇劫,本有二种解说。一、时间劫:如多少时间是一小劫,八十小劫为一大劫。这样的大劫,依十十为百、十百为千的进数,数到阿僧祇大劫(意思是无数,但这实在是有数量的),再数到三阿僧祇大劫,经这么久的时间修行,才能圆满成佛。二、德行劫:以功德来计算。这如以工作的产量,作为一工作日一样,要有三大阿僧祇

---

① 《大方广佛华严经》卷二七(大正九·五七三中)。
② 《大乘起信论》(大正三二·五八一中)。

劫——德行劫的功德，就能成就。约德行说，成佛的时间迟速就不同。如以一人的手工产量为一工作日，那以一人管理多少机器，一日的产量，就等于手工者三十或一百工作日了，这可能是相差很远的。所以，依功德来计算，三大阿僧祇劫，一切菩萨修行成佛，都是一样的，而约时间说，就大不相同了。依龙树论意，一般（如释迦佛）是经三大阿僧祇劫的，有的时间更长，但特殊的利根，是不要这样久的。也许这样的根性太少了，所以马鸣、无著菩萨们，都没有说到。总之，"顿入与渐入，随"菩萨的根"机"不同，经说是"有差别"的。现在，依龙树菩萨《往生品》说（龙树又配合了《入定不定印经》的次第），略为开示。

一、福薄根钝心不坚 —— 发心修行无量阿僧祇劫或至或不至
二、少福德利根 ——— 发心渐行六度或三大阿僧祇劫成佛
三、大福德利根心坚
　　甲　发心入菩萨位 ------------------（顶位）
　　　　发心小住入菩萨位 ------------（顶位）
　　乙 — 发心成佛转法轮 ---------------（初地）
　　丙 — 发心般若相应成熟众生庄严佛土（地上）

一、如乘羊而行的。发心前进，走了很久时间，有的还是不能到。如说："菩萨发大心，鱼子庵树华；三事因时多，成果时甚少"①，这也许是最一般的根性了。二、如乘马（经说如乘象）而行的。或修三大阿僧祇劫，或者百大阿僧祇劫，才能得阿耨多罗三藐三菩提。三、如乘神通行的，其中又有三类。甲（经说如乘日月神通而行）：龙树又分为二类：有的，初发心就上菩萨位；有

---

① 《大智度论》卷四（大正二五・八八上）。

的,多少修行,就上菩萨位。菩萨位,虽有多种解说,然依《般若经》说,是顶位,再不堕恶道、下贱家、二乘地了(如约《华严经》的行位说,是发心住)。乙(经说如声闻神通行):初发心就成大菩提,八相成道(初地分证,能于百佛世界,现身八相成道)。丙(经说如来神通行):初发心就般若相应,成熟众生,庄严佛土。这是方便道菩萨,初地以上到八地。这可见,初发心就圆满成佛,这是怎么也不会的。但发心就入初地,证阿耨多罗三藐三菩提,是有的;还有更高的,初发心就自利圆满,以方便道度众生了。第二类或修三大阿僧祇劫,圆满菩提,是渐机,释迦佛就是这样的根机。后三类是顿入的利根,但是希有难得的!

为什么根机有渐有顿,成佛有迟有速?问题在发心以前的准备不同。一是"先世福德因缘薄,而复钝根,心不坚固"①。难怪发心以来,久久都不能达到目的。如从来不曾修学,就发心去应考一样。二是"前世少有福德利根"②。这如学历差些,但在长期的服务中,经验丰富,只要不断学习,每年应考,就有录取的机会。三是"世世已来,常好真实,恶于欺诳。是菩萨亦利根坚心,久集无量福德智慧"③。这才初发菩提心,就能直登高位。这如学历高,研究深,一考就中。所以学佛的,最好不谈顿哪渐哪,这都是空话!最好是问问自己的准备如何!现代的中国佛教界,思想怪僻得很,不曾考虑自己:福德因缘怎样?根机怎样?福慧资粮怎样?发心学佛,非顿入不可,非立即成佛不可。不问

---

① 《大智度论》卷三五(大正二五·三四二下)。
② 《大智度论》卷三五(大正二五·三四二下)。
③ 《大智度论》卷三五(大正二五·三四二下)。

自己,不问自己的发心,却以为这是大法,这个法门成佛容易。这如不问自己的学历及经历,只想竞选总统,一下子就位居元首一样。还有些人更可笑了!承认自己的根机钝,业障重,智慧浅,却以为非修容易成佛的法门不可。这些思想,都与正法不相应!真正想发心而学佛的,应从集资粮、成利根、心志坚固——去努力修学,不问顿渐,更不问什么时候成佛,但知耕耘,才是菩萨的正常道。

三僧祇劫满,登于妙觉地。

修行到"三"大阿"僧祇劫"的功德圆"满",就从菩萨地而进"登""妙觉地"——佛地。佛的大菩提,称为"无上正等正觉"。正也译为妙,所以佛果是等觉又妙觉。从初地以来,到第八地,菩萨断尽了三界的烦恼障。而习气——所知障,从初地以上,一分分地除去。约心境说,习气是由於戏论相的显现,于法不能得无碍知见,有愚昧的意义。也因为无始来的烦恼惯习,烦恼障虽断了,而还有烦恼的气息。这些习气,声闻称之为"不染污无知",大乘是染污的无明"住地"。这些习气,由于无相智的进修,达到不现,愈来愈薄,法空性也愈来愈明净。等到尽净销融,智慧也能更悠久、更广大、更深细地了达一切。到终了时,净治了"于一切所知境界极微细著愚痴",及"极微细碍愚痴及彼粗重"①,这才究竟圆满成佛:"永无障一切相不显现,最清净真实显现"②;也就是"最清净法界"显现。《般若经》说:"一念相

---

① 《解深密经》卷四(大正一六・七〇四中——下)。
② 《摄大乘论本》卷下(大正三一・一四八下)。

应妙慧",断一切烦恼习气而成佛①。发心修学到此,才真正是功德圆满了。

佛身最寂灭,平等无分别。如彼摩尼珠,妙用利群生。

叙赞佛地功德,略依三身。一、"佛"自性"身":也叫法身,是与一切佛法相应的,一切佛法所依止的。法身约圆满觉证说,是出离了烦恼藏所显的最清净法空性,圆明自在,究竟无上。从菩萨地修行以来,到达了"永离诸障,一切相不现行",所以"最"为"寂灭"。约佛与佛说,"平等"平等。从佛而观一切——依正,生佛,人法,智如,一切一切,都是平等的。法空性"无分别",菩提也无分别,所以说:"如如如如智,名为法身"。法身的如智不可分别,如宝珠与宝珠的光明不能分别为二一样。经论中用种种的词句形容赞叹佛身,都不过仿佛而已。约利他功德说,"如""摩尼"宝"珠"一样,有微"妙"的神"用",能"利"益一切众"生"。摩尼珠,就是如意珠。能适应众生的需求,出种种的宝物,满足众生的心。宝珠并没有思惟,也不起加行、功用,只是自然如此。佛果的利益众生,也是这样。

法性所流身,念念现一切。佛事菩萨事,二乘众生事;三世尽十方,依正悉无碍。于一现一切,一切入于一。

二、佛的"法性所流身":或称法性所生身,就是平常所说的报身。在很多大乘经里,法身与法性所流身,并没有严格的分别(二身说)。只是约大菩萨所见的,显现无边功德的庄严相,所

---

① 《大般若波罗蜜多经》卷三七二(大正六·九一九中)。

以又从法身中别出这报身,这是因契证法性而有的功德身。流是流类,等流,无边的功德庄严,都是法性的等流,如光与热为太阳的等流一样。

功德圆满的法性所流身,现在略为解说。法性所流身,是"念念"显"现一切"的。一切是什么呢?如"佛事":如佛身的功德相好,佛土的清净庄严,佛的法会圆满,佛的音声遍布,佛的寿命无量,佛的智慧,神通,利益众生,八相成道等。"菩萨事":如初发心,受菩萨戒,行六度、四摄,遍游十方世界,亲近供养十方诸佛,闻持十方佛说法,度一切众生,种种难行苦行,种种本生等。"二乘"事:如声闻与缘觉的初心,修行,住阿兰若,行头陀行,游化人间,入涅槃等。"众生事":六道众生,有种种住处,种种名字,种种形态,各式各样的生活,各式各样的苦难等。这四类,就是十法界凡、圣的事。还有,"三世"事,约时间说:前生,今生,后生;一念,无量劫等。"尽十方"事,约空间说:十方的无量无数,不可说不可说世界,或大或小,或正或侧,或苦或乐;山河大地,草木丛林等。这一切,不外乎"依"报——器世界;"正"报——众生与佛。这一切,有各式各样的事,从一念到无量无数不可说不可说劫,从一微尘到十方无量无边不可说不可说世界。无限时空中的无限依事、正事,在念念中显现,都是"无碍"的。因为,法性所流身,遍一切处,无处不在;也就无一法而不在法性所流身中。法性所流身是无差别的,尽虚空,遍法界,等真如的,所以不离法性所流身的一切,也展转无碍而无二无别。随举"一"点,都是显"现一切",那"一切"也就是"入于一"了。古代天台与贤首宗师,都曾拟出了重重无尽的境界。这如《华严经》

广说。

十力四无畏,十八不共法,大悲三不护,妙智佛功德。

　　清净圆满的法身,与一切功德相应。但约证法性而成就佛功德来说,为法性所流身所摄。佛的果德,难以思量,或说一百四十不共功德等。现在举几项共知的来说。一、佛有"十力"德,以降伏魔外的胜能而安立。十力是:处非处智力,业异熟智力,静虑解脱等持等至智力,根胜劣智力,种种胜解智力,种种界智力,遍趣行智力,宿住随念智力,死生智力,漏尽智力。二、又有"四无"所"畏"德,表示自利他利的绝对自信。四无所畏是:说一切智无所畏,说漏尽无所畏,说尽苦道无所畏,说障道无所畏。三、又有"十八"佛"不共法"德,约不共凡夫、小乘而立。十八佛不共法是:身无失,语无失,念无失,无异想,无不定心,无不知已舍。欲无减,精进无减,念无减,慧无减,解脱无减,解脱知见无减。智知过去无著无碍,智知未来无著无碍,智知现在无著无碍。身业随智慧行,语业随智慧行,意业随智慧行。四、又有"大悲"德。五、"三不护"德。三不护是:如来的三业,清净现行,决无过失,不用怕人知而藏护自己。六、"妙智"德,就是如来的无师智、自然智、一切智、一切种智等。这些"佛功德",都是最清净、最圆满的。

佛住于净土,十八事圆满。与诸菩萨众,受用于法乐。

　　法性所流身"佛",是一定"住于净土"的。但这是遍法界土,以"十八事圆满"来表显的;不可说东方,西方,多大多小的。这圆满净土,如《佛地经》、《解深密经》序说:"薄伽梵住最胜光曜七宝庄严,放大光明,普照一切无边世界;无量方所,妙饰间列;周圆无际,其量难测;超过三界所行之处;胜出世间善根所起;最极自在净识为相;如来所都;诸大菩萨众所云集;无量天、龙、人、非人等常所翼从;广大法味喜乐所持;作诸众生一切义利;灭诸烦恼灾横缠垢;远离众魔;过诸庄严,如来庄严之所依处;大念慧行以为游路;大止妙观以为所乘;大空、无相、无愿解脱为所入门;无量功德众所庄严,大宝华王众所建立大宫殿中。"①这一段净土的叙述中,有十八圆满:一、显色圆满;二、形色圆满;三、分量圆满;四、方所圆满;五、因圆满;六、果圆满;七、主圆满;八、辅翼圆满;九、眷属圆满;十、任持圆满;十一、事业圆满;十二、摄益圆满;十三、无畏圆满;十四、住处圆满;十五、路圆满;十六、乘圆满;十七、门圆满;十八、依持圆满。

十八圆满净土的佛,是法性所流身。又可分为二:约佛说,又名自受用身;约大菩萨所见来说,又名他受用身。为什么叫受用呢? 如前任持圆满说:"广大法味喜乐所持。"佛住在净土中,自受用法乐,而为大菩萨说法,菩萨们也就受用法乐。在这圆满的净土中,法喜充满,所以说:佛"与诸菩萨众",都在净土里,"受用"大乘微妙的"法乐"。

诸法真实义,及证真实慧,无变异差别,是故无别乘。

住于圆满净土的法性所流身,为大菩萨说法,是五乘、三乘,还是一乘呢? 当然是一乘法。佛是觉者,以大菩提为体性;一切

---

① 《佛说佛地经》(大正一六・七二〇中——下),《解深密经》卷一(大正一六・六八八中)。

自利利他，都以觉为本。佛出世说法的大事因缘，就是要人开、示、悟、入佛之知见——大菩提。所以，佛法是以觉证为宗本的。说到觉证，分别来说，所证的"诸法真实义"，是离妄想的法空性。众生以为真实的，都是自性见、戏论相；法无性空，才是一切法的真相。所以经上说："诸法无所有性，是诸法自性。"①在这真实义中，没有差别可说。就是我空性与法空性，也是如草火与炭火一样，虽所烧不同，而火性并没有差别。能"证真实"义的智"慧"呢，一得永得，得到了就不会失去。无为般若，依无漏习气而显发，不是刹那生灭法。所以，这所证真如与能证的正智，都是"无变异"的。真如虽在缠而还是这样，离垢清净也还是这样，没有变异；正智是法性相应的无为功德，也没有变异。这都是无"差别"的：如与智，也只是依世俗而安立，而在现觉中，没有如与智的对立。佛法的真实是这样，没有变异，没有分别，这哪里还有五乘、三乘呢？"故"佛为大菩萨开示大法，"无"有"别乘"，唯是一道一清净的一佛乘。虽然菩萨要知权知实，所以于一乘说无量乘，但在菩萨法中，一切都归于一。

佛得不动身，悲愿化三有，示净或示秽，咸令入涅槃。

　　三、化身：化身是为地前菩萨、二乘、凡夫而现起的佛身。依法身而起法性所流身，如依太阳而有光与热；光与热遍一切处，但不能离于太阳。化身却不同了，如水中的月影一样，只是经水的反映而现起月的影子。法身"佛"是常住的，没有来去，也没有出没，所以说"得不动身"。但由"悲愿"所熏发，为了"化"度

---

① 《摩诃般若波罗蜜经》卷一〇（大正八·二九二中）。

"三有"众生,能无功用地现起化身,有来有去,有生有没,如长者入火宅那样。化身的化导众生,示现的佛身,有高大身——千丈、百丈,或者丈六身。示现的寿命,或千劫、百劫,或八十岁。"示"现的国土,或是"净"土,"或示"现"秽"土。虽然,圆满报土,遍一切处,只要众生的智慧增进,什么地方,当下就是圆满的净土。如娑婆世界是秽土,但在螺髻梵王看来,是宝庄严净土。如极乐世界,也是化土,但依《净土论》说,如圆修五门成就——智慧,慈悲,方便回向功德成就,也就能入圆满报土。但约适应部分众生的善根成熟而现起来说,凡国土而可说东方、西方、南方、北方的;佛寿与佛身的长短,可说有限量的,都是化身、化土。化身佛为什么示现这些差别呢?因众生根性不同,有的应以苦切语:三恶道是这样的苦,众生界是这样的苦,能因此发心修行,这是折伏门。有的应以爱语:这么清净,那么自在,就肯发心修行,这是摄受门。化身佛就是以这折、摄二门来成就众生的。随机适应,如药能治病,就是妙药,所以不应该生优劣想。如释迦佛出秽土,弥勒佛出净土,佛法并没有什么差别。又如秽土修行不容易,佛劝人往生净土,容易成就。但《维摩诘经》、《无量寿佛经》却说:秽土修行一日,胜于在净土修行一劫,秽土比净土修行更容易①。又如经中,释迦佛赞叹净土,使大众羡慕,而净土菩萨来参加释迦佛的法会,净土佛总是告诫大众,不要生轻慢心。所以,这是佛的悲愿,应化三界众生的二大方便,目的都是"令入涅槃",出离生死,同归佛道。

---

① 《大阿弥陀经》卷下(大正一二・三三八中),《维摩诘所说经》卷下(大正一四・五五二中)。

为除众疲乏,化作可爱城;终示真实相,故唯一佛乘。

　　化身佛的说法,是不尽一致的。有的佛土,杂说五乘、三乘法,有出家与在家。有的但说一乘法,没有出家众;有的佛也不现出家相的(传说天王佛如此)。有的说三乘而终归于一乘法的;有的说三乘法,因为听众的根机不成熟,没有说一乘而佛就入了涅槃(传说多宝佛如此)。以释迦佛应化娑婆世界而说法来说,起初说三乘法,末后才会归一乘。佛在《法华经》中,开示这"为实施权,开权显实"的教化历程说:有些发了菩提心的,但在生死道长、众生性多的情形下,忘失了,退失了。像这类根性,越是给他说佛道的高深伟大,越是不敢修学。所以佛设方便,说有声闻与缘觉乘,容易修行,容易了生死,又快又好,能得究竟的解脱,大家这才发心修学了。这如商队远行,经不起长途跋涉的疲劳,有的不愿前进。商主"为"了解"除"大"众"的"疲乏",免得大众退回,所以方便"化作可爱"的"城"市。向大众宣告:经商的目的地到了,就在前面。大家这才鼓起勇气前进,在都市中,衣食起居,一切都得了满足。等到大众休息一番,疲劳恢复了,商主这才对大众说:这是化城,真正的目的地——宝城,还在前面。大众精神饱满,再向目的地前进。这如佛等弟子依法修行,证了阿罗汉果,"终"于又说明二乘是方便的,开"示"为令众生悟入佛之知见的"真实相"。"故"佛虽说三乘,其实"唯一佛乘";唯有佛是大涅槃,二乘的涅槃也不是真实的。佛说一乘,经论中虽约种种的意义说,然总不外乎:如实道无二无别,所以终归于一极。

一切诸善法,同归于佛道;所有众生类,究竟得成佛。

从一佛乘的立场来说,"一切诸善法",都是"同归于佛道"的。不但是出世的三乘善法归于佛道,就是人乘、天乘善法,世间的一切——一念善心,一毫善行,都是会归于佛道的。所以,佛法是善法的别名。到底什么是善法?向于法的,顺于法的,与法相应的,就是善,就是佛法。所以凡随顺或契合缘起法性空的,无论是心念,对人应事,没有不是善的。因此,善的也叫法,不善的叫做非法。有些论师,于法起自性见,这才说:这是有漏善法,这是无漏善法,这是二乘善法,这是佛善法。随众生的情执来分别,善法就被分割为不同的性类。虽然现实众生界确是这样的,但约契理来说,就不是这样。善法就是善法;善法所以有有漏的、无漏的,那是与漏相应或不相应而已。如加以分析,有漏善是善与烦恼的杂糅,如离烦恼,就是无漏善了。所以古代有"善不受报"的名论;众生的流转生死,是由于烦恼及业。生人及天,并不由于善法,而是与善法相杂的烦恼。一切众生,"初一念识异木石,生得善,生得恶"[1],生来都是有善的,所以都有向上、向乐、向光明的趣向。不过没有以佛道为宗时,就演成种种歧途、种种外道,生人、生天。如一旦发见究竟目标,归心于佛乘时,这一切都是成佛的方便。所以,向佛一举手,一低头;"一称南无佛,皆已成佛道"[2]。这如民族而缺乏贤明领袖,没有正确国策,虽人民还是那样的人民,也还是想求进步,而结果往往走入歧途,国计民生,都很不理想。如有贤明领袖,提示完善政策,大家向这而集中力量,齐一步伐,就会进入理想的时代——

---

[1] 《仁王护国般若波罗蜜经》(大正八·八二八下)。
[2] 《妙法莲华经》卷一(大正九·九上)。

样。所以,一切"众生类",不是没有善法,而只是还没有贯彻。但有了善法,向上向光明,终究会向佛道而迈进的,也就"究竟"要"得成佛"的。一切众生,同成佛道,是了义的、究竟的。所以修学佛法的,应不废一切善法,摄一切善法,同归于佛道,才是佛法的真实意趣!

末了,谨祝读者必当成佛!